中国中小企业集群竞争力的环境探究

任熹真　程玉林　常云峰　著

中国环境出版社 · 北京

图书在版编目（CIP）数据

中国中小企业集群竞争力的环境探究/任熹真，程玉林，常云峰著. —北京：中国环境出版社，2014.3
（哈尔滨工业大学学术文集）
ISBN 978-7-5111-1704-5

Ⅰ. ①中…　Ⅱ. ①任…②程…③常…　Ⅲ. ①中小企业—企业竞争—研究—中国　Ⅳ. ①F279.243

中国版本图书馆 CIP 数据核字（2014）第 010175 号

出 版 人　王新程
责任编辑　孔　锦　郭缓缓
助理编辑　李雅思
责任校对　唐丽虹
封面设计　金　喆

出版发行　中国环境出版社
（100062　北京市东城区广渠门内大街 16 号）
网　　址：http://www.cesp.com.cn
电子邮箱：bjgl@cesp.com.cn
联系电话：010-67112765（编辑管理部）
010-67187041（学术著作图书出版中心）
发行热线：010-67125803，010-67113405（传真）
印　　刷　北京市联华印刷厂
经　　销　各地新华书店
版　　次　2014 年 5 月第 1 版
印　　次　2014 年 5 月第 1 次印刷
开　　本　787×960　1/16
印　　张　14
字　　数　250 千字
定　　价　60.00 元

前 言

企业集群是一种世界性的经济现象,发达国家的企业集群是伴随着工业化的产生和发展而逐渐走向成熟和完善的。近些年,发展中国家的企业集群也渐渐崛起,企业集群所形成的集聚经济能够降低单个企业的运行成本,形成集体的营销优势和创新优势,从而有助于形成区域的竞争优势,并对一国经济竞争能力的提升起着举足轻重的作用。中小企业的空间集聚所形成的中小企业集群是企业集群中占绝对多数的一种类型,中小企业集群的竞争力不仅影响到集群所在区域经济的发展,更在很大程度上决定了一国的经济竞争能力。现实中的中小企业集群现象已相当普遍,但这些企业集群仍然存在诸如集群不经济以及如何实现集群的扩张与升级等问题,此类问题的解决,既需要实践的探索,也需要发挥理论研究及前瞻思维为其提供依据并指导。从经济学角度看,企业集群研究将导致理论视野的拓宽,而为我国未来经济学研究提供新的视点。发展中小企业集群的核心问题归结为一点,就是如何提高竞争力,而提高竞争力的关键则是把握中小企业集群竞争力形成的系统环境,并在此基础上洞悉中小企业集群竞争力发展的路径。

本书力求从环境作为切入点论证中小企业集群竞争力发挥的能力。可以把中小企业集群视为经济社会的主体,而经济社会的各个方面视为客体,主体和客体之间是唇齿相依、相互制约、相互联系、互为条件的关系。在本书中侧重论述作为客体的社会各个方面对作为主体的中小企业集群的影响作用。仅举几例说明:

（1）在中小企业集群的内部和外部环境中阐述关于内部各企业之间的竞合关系。中小企业集群的形成是一个复杂的企业组织现象，是经济、社会、自然地理、历史、人文等诸多因素综合作用的结果。思考中小企业和中小企业集群成长的内部和外部环境，寻求其中的规律可以更好地丰富企业集群方面的理论，给成长中的中小企业集群提供理论指导。

（2）在中小企业集群的资源和区位环境中阐明全球化的活动空间和本地化的集群经济的相互推动。集群经济已经成为区域参与全球竞争的重要力量；国家和区域的竞争力表现为对各种流动财富的吸引力和利用这些财富创造新价值的能力。集群经济是在全球化与区域化交互作用下参与竞争的骨干力量，发达国家和发展中国家大量的集群经济的出现使世界版图形成了色彩斑斓、块状明显的"经济马赛克"，世界财富主要是在这里创造的。

（3）中小企业集群竞争力在城镇化建设的环境中阐述中小企业集群是推进城镇化发展的根本动力。中小企业集群与城镇化协调发展已成为当代区域经济发展的增长点。在集群效应下，中小企业集群与城镇化在人口集中、产业集中、区位品牌的创新、要素的优化整合、信息的扩散、技术创新和规模经济的发展、生态经济和结构调整以及经济增长等方面互为条件，互相推动和协调发展，终将形成较强的城镇竞争力，以推动城镇经济社会的科学发展。我国的城镇化的发展历程可以说明中小企业集群促进了城镇经济的发展，而城镇化的发展也对中小企业集群起了很大的推动作用　在一定程度上，城镇化和中小企业集群是驱动城镇经济的两个轮子。

（4）在中小企业集群竞争力的融资环境中，阐述中小企业不论是在集群内还是游离于集群外都遇到了融资问题。这些融资问题已经成为了中小企业发展壮大的"瓶颈"，严重制约着我国中小企业做大做强。中小企业集群融资的价值在于：通过对我国中小企业融资模式的分析，找出我国中小企业目前融资时普遍存在的问题，在集群背景下研究中小企业的融资方式、融资效果，从宏观角度上进一步探索中小企业融资难问题产生的根源；可以提出中小企业以一种整体的模式进行融资，即中小企业集群式融资，用来解决我国中小企业普遍面临的融资难问题；设计中小企业集群融资的流程，使理论研究与实践紧密结合。中小企业集群式融资是一个涉及企业、金融机构、政府职能部门等众多经济实体的系统工程。实行中小企业集群式融资必须考虑到每一个经济实体在融资过程中发挥的作用，使设计流程尽可能与现实经济行为吻合，真正能够实用。

（5）在中小企业集群竞争力的文化环境中阐述中小企业集群作为一个整体是一个开放的、相对松散的组织，但内部结构复杂，参与其中的每一个中小企业没有绝对意义上控制与被控制的关系。因此，集群的统一和一致需要集群内企业都认同一种文化并进行串联。当中小企业集群以一个整体参与市场时，其影响力和竞争力就会得到提高，而文化的认同则决定着中小企业集群竞争力提升的程度。中小企业集群本身具有社会文化特征，集群内企业家具有相同或相近的社会文化背景和文化环境，以此为基础，人们之间在经常的联系、互动过程中所采取的各种经济行为深深根植于大家所熟悉的文化语言环境、背景知识中，因而具有可靠性、可预见性，避免了彼此陌生的人进行交易时可能产生的问题。集群文化的导向和影响作用虽然是间接的，但是更持久、更深远、更加根深蒂固。强有力的集群文化使中小企业集群成为具有凝聚力的集团、在市场竞争中发挥着资金、物资等无法相比的巨大作用。良好的集群文化是中小企业集群久盛不衰的重要原因。资源是会枯竭的，唯有文化生生不息。优秀的集群文化在长期的合作实践中建立和升华，它不会因为集群组织和结构的变化而衰落，而会持续稳定地发挥作用。

（6）在中小企业集群竞争力的政策环境中阐述通过调整投资、信贷、基础设施建设等方面政策可以有效地促进中小企业集群的发展，而高新技术对中小企业集群来说，更是需要从战略高度制定相关政策给予支持，通过集群式发展获得整体竞争优势。走集群式发展道路对于提升传统产业的竞争力至关重要，而传统产业集群的发展也需要国家在政策上给予相应支持。国际经验显示，这方面政策是积极有效的，也是必需的，发达国家也在务实地调整其政策方向，充分发挥政府规划和政策在促进企业集群发展中的重要作用，以便加快在高新技术方面的发展步伐，并保持传统企业的国际竞争优势。增强中小企业集群竞争力有赖于政策上的宽松环境。我国要借鉴西方国家的经验，制定促进中小企业集群竞争力持续提高的相应政策，创造良好的政策环境。

本书是在作者主持的科技部研究项目的基础上完成的。该项目《我国中小企业集群竞争力的政策与环境系统研究》的主持者为任熹真，主要参加者为程玉林、袁晶明、常云峰、杨波、陈红霞、宋萧竹等，本书的完成倾注了参加者的辛勤劳动。还要感谢一些专家、同行和老师们，他们的研究成果和研究思路对本书有启迪，并在一定程度上借鉴了他们的研究成果，在此深表谢意。本书在写作过程中曾遇到这样或那样的困难，在学校、院、系老师帮助下一一得到解决。在此表示真诚的感激。作者在本书写作过程中至完稿都深感不足之处甚多，虽然为以后的深入研究留有余地，由于水平有限，难免有纰漏之处，敬请读者指正和包涵。

著 者

2013 年 11 月

目　录

第一章　中小企业及集群的演进与理论渊源

伴随着生产的社会化、国际化的发展和资本的国际扩张，经济资源日益跨越国界在全球范围内自由、全面、大量、结合地流动和配置，使得世界各国经济日益相互开放和融合，各国经济的发展与外部世界经济的变动日益相互影响和制约。经济全球化的微观基础是企业的国际化、全球化，随着世界经济的进一步开放和融合，必然使企业获得更广阔的成长空间和更多的发展机遇。越来越多的企业及集群开始涉足国际经营领域，寻求新的发展和商机。

一、中小企业的发展历程

通常，各国对中小企业的界定有定量界定和定性界定两种方法。定量界定主要包括从企业雇员人数、资产额以及营业额三个方面进行界定，定性界定一般从企业质量和地位两方面进行界定。定量界定标准具有很大的相对性，首先是空间的相对性，不同国家和地区偏爱的定量标准区间可能不同，不同行业选择的标准区间也可能不同。其次是时间的相对性，即使是同一国家同一行业，采用的同一标准，在不同经济发展阶段，取值区间也可能变化。与定量标准相比，定性标准的优点是明显的：一是该标准反映了企业内部具有生命力的特征，更具稳定性，有助于从长远角度把握中小企业这一范畴；二是中小企业备受关注，主要是由于其在竞争中先天的弱势地位，政府扶持中小企业正是为了弥补市场缺陷、保护公平竞争以促进整个社会经济效益的提高。定性标准以是否在行业中占垄断地位作为一条分界线，为政府政策提供了决策证据。

我国对中小企业的界定先后经过几次调整，1999 年经过修改，将销售收入和资产总额作为主要考察指标并分为：特大型、大型、中型、小型 4 类，其中年销售收入和资产总额均在 5 亿元以下，5 000 万元以上的为中型企业，年销售收入和资产总额均在 5 000 万元以下的为小型企业，参与划型的企业范围，原则上包括所有行业各种所有形式的工业企业。

中小企业就是相对于大型企业而言是“中小”的，但“小的是美的”。无论是哪个国家都存在着数量众多的中小企业。被视为“大企业王国”的美国，1982年就有360.78万个中小企业，占全部企业的99.6%，提供45%的国民生产总值。我国1995年有工业企业51万多个，其中中小企业503 965个，占全部工业企业总数的98.8%，创造了72.7%的工业产值。由此可见，中小企业对于一国经济有着重要的作用。我国中小企业自改革开放以来不仅成了推动国民经济持续、快速发展的重要力量，而且在促进经济的市场化、国际化，改善经济结构等方面发挥了不可替代的作用。

我国在经济改革过程中保持了经济增长与社会的稳定，成为迄今为止经济转轨比较平稳的国家，其中一个重要经验，是十分重视中小企业的发展与改革。中小企业不仅仅是大型企业的配角，而且是我国国民经济增长和社会发展进步的一大动力，在建立社会主义市场经济新体制过程中发挥着群体基础作用，现代经济不仅不排斥中小企业，而且充分的市场竞争和日新月异的技术革新，特别是第三产业的飞速发展为中小企业提供了广阔的空间。

二、中小企业的理论渊源

中小企业在很多方面较大企业显示出更多的优势，中小企业现已成为现代经济体系中最重要的组成部分。因此，诞生于这一时期的“中小企业发展理论”，不再从中小企业是在大企业的夹缝中苦苦求生存去解释中小企业存在的原因，而是力图科学地论证中小企业适应现代经济的发展，在社会经济结构中发挥着不可替代作用的机理。

1．“社会分工论”

随着社会经济的迅速发展，中小企业的生命力即在经济中的地位和作用日益上升，大企业与中小企业的关系发生了深刻的变化，由过去弱肉强食的外部竞争关系变为企业间的协调合作关系，从直接竞争变为协调竞争，从而出现了社会分工的深化。①产业（或行业、部门）分工论。施太莱（Staley）和莫斯（Morse）1965年对美国产业组织结构作了实证分析后，认为从技术和经济两方面分析生产成本、规模经济、市场特性及地缘区位等因素，可知不同产业适于不同规模的企业经营。根据这些因素，他们归纳出 8 种适合中小企业经营的细分产业。日本学者太田一郎则将经济部门分集中型部门和分散型部门，前者往往需要大型设备或巨额投资或产品易标准化且量大品种少，较适合大企业经营；后者则往往是多品种、小批量生产或是与大企业相关的生产资料加工、零部件生产等部门，较适合中小企业生存和发展。② 系列化论。系列化论产生于日本，提倡以大企业为顶点，以中坚企业为骨干，以广大中小企业为基础而组成“垂直型”协作方式。大企业通过原材料供应、加工订货、技术指导把中小企业纳入生产体系，而中小企业为其生产零部件或提供某种服务。系列化论的核心，是通过建立系列化生产经营体制，充分发挥不同规模、不同技术水平企业的优势，从而创造出大大超过各类企业独立生产经营的生产力，实现双赢。系列化不仅通过长期持续交易所建立的信赖合作关系，为大企业节约了交易成本、新产品开发的时间和费用、生产和管理成本，也减少了中小企业信息收集成本和销售成本，提高了中小企业经营的稳定性。③ 缝隙论。针对美国研究开发型即风险企业的广泛发展，霍兰德（E. D. Hollander）在《中小企业的未来》一书中指出，市场与技术变化的不断相互作用，尽管使资源和经济力量向巨大企业集中，但因为要弥补大规模生产和大量流通之间的缝隙，给中小企业的发展创造了机会。……对于许多领域，在相对参加自由的动态经济之中，某一领域大企业的巨大性与其他领域中小企业的存在绝不矛盾。只要生产、流通和市场技术适应市场扩大的需要而不断进化，企业合并与分化的交互作用就会继续为中小企业创造出发展的机会。中小企业可充分发挥“产品差异化”形成的专业技术和经营管理能力，寻找市场的“缝隙”。由于技术革新与市场的动态结合所导致的服务经济化和科技创新的发展，中小企业带来新的缝隙市场，结果大企业越来越大，小企业越来越多。

2．“大规模时代终结论”

日本进入 20 世纪 70 年代初期后，随着以大型重化工业为核心的“黄金增长阶段”的结束，高速增长期的内外条件逐渐丧失，以及此后国际环境的变化，特别是新技术革命的蓬勃发展，大企业的发展遇到阻力，多元化产业结构应运而生，中小企业越来越具生存条件。对此，中村季一郎教授在《大规模时代的终结——多元化产业组织》一书中批判了在大企业支配和控制下中小企业永远处于不稳定和“无力化”状态的这一近代经济学中的中小企业论的错误观点，认为随着现代资本主义的变化，由于产业结构和需求结构变动等诸多原因，大企业生产经营步履维艰，大规模时代已经终结；相反，中小企业有出现结构性大发展的可能性，因为促使中小企业存在和发展的客观基础正在形成。

英国学者舒马赫（E. F. Schumacher）在《小的是美好的》（1973 年）一书中，主要从社会的角度指出：专业化、大型化的生产模式，看上去是解决了生产问题，但实际上是一种假象。这种生产模式导致经济效益降低、环境污染、资源枯竭、并滋生了许多社会问题，不能成为经济发展和工业发展的方向，必须重新选择一条发展模式和道路。大型化与自动化的经济理论是 19 世纪思想遗留的产物，不能解决今天的任何实际问题。今天需要有一种崭新的思想体系，一种以人为重点而不是以物为重点的体系，即大众生产而不是大量生产。要使社会“持久发展”必须要走小型化、中间化的发展道路，特别是要发展小企业和“中间技术”。

3.“竞争族群论”

哈佛商学院教授迈克尔·波特（M. E. Porter）在《簇群与新经济学》一书中认为，“簇群”是位于某个地方，在特定领域获得不同寻常的竞争胜利的公司和机构的集合。簇群既促进竞争又促进合作，竞争是为取胜和保留客户，合作则大多是垂直的，介于相关产业中的公司和本地机构之中。竞争与合作能够并存是因为它们发生在不同的领域，发生在不同的参与者身上。一个由相互独立而又非正式联盟的公司和机构组成的簇群，代表着一种富有活力的组织形式，具有效率、有效性和灵活性方面的优势。波特进一步指出：现代竞争取决于生产力，而非取决于投入或单个企业的规模。生产力取决于公司如何竞争，而非它们在何领域竞争。如果公司运用熟练的方法和先进的技术，提供独特的产品和服务，那么都能产生较高的生产力。所有产业都能够运用先进的技术，所有产业都能成为知识密集型产业。波特还认为：簇群一旦开始形成，就会出现一个自我强化的循环，这个循环能促进它的发展，尤其是当地方机构持支持态度和地方竞争富有活力时更是如此。

4.“技术创新论”

从 20 世纪 60 年代起，许多学者研究了中小企业在技术创新进程中的作用。曼斯菲尔德（E. Mansfield）通过对一些产业的实证分析，发现技术创新与垄断的关系因产业的不同而不同。谢勒尔（F. Scherer）的结论是专利发明（创新）并不与企业规模的增长成正比，且认为，伴随着企业规模的扩大，常常会出现活力的衰退。卡尔松（B. Carlsson）认为技术的进步降低了生产的最小有效规模，即平均成本曲线向左移。卡米恩（M. Kamien）和施瓦茨（N. Schwoutz）则指出：一个介于垄断和完全竞争的市场结构，将促进最高速度的发明创新活动，而由各具特色的中型企业组成的新企业可以随时进入的行业，最适合技术的进步。罗斯韦尔（R. Rothwell）则根据大企业和中小企业管理结构的不同特点，论证了中小企业在技术创新上的优势。阿科斯（Z. J. Acs）和奥德斯（D. B. Audretsch）对1982年美国34个创新最多的行业中不同规模企业创新数进行比较分析，结论是：随着集中程度的提高，企业的创新趋于下降。在不完全竞争的市场中，大企业的创新优势比较明显；而在产业成长的早期，创新和熟练劳动力的使用相对较重要的行业，以及进入完全竞争的市场中，中小企业的技术创新表现出明显的优势；创新可以在某种程度上抵消中小企业内在成本劣势，有效地帮助其进入一个行业，并提高其创新的活力。温特（S. Winter）在上述研究成果上提出："企业家体系"（Entrepreneurial regime）和"常规体系"（Routinzed regime）是两种技术体系的概念，其中资本密集型、广告密集型、高度集中行业属常规体系，而创新活动密集、知识密集、熟练劳动力相对重要、竞争性较强的行业属于企业家体系。他认为"企业家体系"的市场环境有利于中小企业的创新活动。上述研究表明，与大企业相比，中小企业在技术创新上并不处于劣势。

5．"内部化理论"

内部化超越国界就产生了跨国公司。市场内部化的过程取决于四个因素：一是产业特定因素，这与产品性质、外部市场的结构和规模经济有关；二是区位特定因素，如地理上的距离、文化差异和社会特点等：三是国家特定因素，如有关国家的政治、财政制度；四是公司特定因素，此理论是由英国学者巴克尔（J. Buckiey）、卡森（O. Casson）和加拿大学者拉格曼共同提出的，他们认为由于市场存在不完整性和交易成本上升，企业通过外部市场买卖关系不能保证企业获利，并导致许多附加成本。因此，建立企业内部市场，即通过跨国公司形成的公司内部市场，就能克服外部市场和市场不完整所造成的风险与损失。内部化理论建立在三个假设基础之上：一是企业是在不完全市场上从事经营的，目的是追求利润的最大化；二是当生产要素特别是中间产品的市场不完全，企业就可能以内部市场取代外部市场，统一管理经营活动；三是如不同企业组织内部市场的管理能力。在这几个因素中，产业特定因素最关键，因为如果某一产业的生产活动存在着多阶段生产的特点，那么就必然存在着中间产品，若中间产品的供需在外部市场进行则供需双方无论如何，也难以排除外部市场供需间的摩擦，为了克服中间产品市场的不完全性就可能出现市场内部化。

6．海默的"垄断优势论"

海默研究了美国企业对外直接投资的工业部门构成，发现对外投资和垄断的工业部门结构有关。美国从事对外直接投资的企业主要集中在具有特点的少数部门。这些部门的企业走向国际化的主要动机是为了充分利用自己独占性的生产要素优势，以谋取高额利润。这些优势具体表现在技术、规模、管理、资金实力、销售渠道等方面。海默认为，其他国家的对外直接投资也与部门的垄断程度有关。另一方面，海默还分析了产品和生产要素市场的不完全性对外直接投资的影响，在市场完全情况下，国际贸易是企业参与和进入国际市场和对外扩张的唯一方式，企业将根据比较利益原则从事进出口活动。但在现实生活中，市场是不完全的，这种不完全性对外直接投资打开了大门。所谓市场不完全性，是指竞争是不完全的，市场上存在着一些障碍和干扰，如关税和非关税壁垒，少数卖方或买主能够凭借控制产量或购买量来影响市场价格，及政府对价格和利润的管制等等。正是由于上述障碍和干扰的存在，严重阻碍了国际贸易的顺利进行，减少了贸易带来的益处，从而导致企业利用自己拥有的垄断优势通过对外直接投资参与和进入国际市场。

7．邓宁的"国际生产折中理论"

垄断优势理论、内部化理论、区位理论都仅仅从某一个侧面研究跨国公司对外直接投资的基础，但又各自存在片面性，因此应该把这三个理论结合起来，创立折中的方法和分析框架。邓宁的国际生产折中理论认为，一个企业要从事对外直接投资必须同时具有三个优势，即所有权优势、内部化优势和区位优势。如果一个企业同时具有这三种优势，它就可以进行对外直接投资。这三种优势的不同组合，还决定了对外直接投资的部门结构和国际生产类型。

三、关于企业集群的理论概述

纵观集群研究成果，国外对企业集群的研究起步较早，发展到现在大约有 100

多年的历史，国内对企业集群的研究则出现在20世纪70年代后期，但发展较快。

1．集群基础性理论概述

国外对于企业集群形成机理等基础性理论的研究较为成熟，其理论散见于外部经济理论、聚集经济理论和新产业空间理论等理论之中。早在19世纪末，马歇尔（Marshall）观察到，由于信息溢出效应，专业化供给者和熟练劳动力的存在，企业在空间的集聚能够降低信息交易成本，“如果一个人有了一种思想，就会为别人所采纳，并与别人的意见结合起来，因此，它就成为更新的思想源泉”。克鲁格曼（Krugman）继承了马歇尔的外部经济理论，他把特定区域某一产业的比较优势看作是产业水平上的规模经济。还有学者进一步指出，对于落后地区和大多数中小企业（尤其在传统企业中）来说，由于经济实力较弱，无法真正利用先进的交通和通信技术，靠地理上的靠近来节约成本是切实可行的。

与马歇尔的外部经济理论不同，区位经济学家提出了旨在指导投资区位选择的聚集经济理论，其中企业集群理论是重要的组成部分。韦伯（Weber）在1909年出版的《工业区位论》一书中，把区位因素分为区域因素和聚集因素。20世纪80年代，斯科特（Scott）、斯托伯（Storper）、哈里森（Harrison）和沃尔（Waler）等试图建立地区经济动态学新产业空间的理论框架，其理论核心是假定纵向分化和生产组织的关系是相互的。与国外的研究相比，国内关于集群形成机理等基础性理论的研究起步虽晚，但发展较快。我国的地理学界从70年代末开始注重企业集群的研究（当时称为工业地域组合），陆大道、魏心镇、周世宽、仇为之等结合国内实践写出了有关论著，提供了珍贵的研究资料。集群的形成原因多种多样，我国学者从不同的视角对其进行探索和揭示，其中比较有代表性的有以下几种观点：仇保兴、金祥荣等运用新制度经济学的观点，认为：企业集群是在特定区域里由众多生产同类产品的中小企业根据专业化分工和协作原理建立起来的，它是经济发展过程中通过企业内部分工的外部化或社会化及生产专业化而产生的，是市场竞争中经济组织演进的结果。仇保兴还用“生态系统”（ecosystem）和“生态位”（niche）比拟企业集群的系统结构。朱康对、陆立军、陈雪梅等则通过具体案例，从内生和外生两个角度解析企业集群的形成因素。王缉慈教授将内生因素驱动的企业集群称为“自发全球化”，将外生因素驱动的企业集群称为“边缘工业化”。石忆邵则将企业集群崛起概括为五种机制：人文环境的传导和更新机制、企业群落和市场群落的协同互动机制、可选择并联耦合机制、价值链与技术传递链的整合机制和地方政府的扶持推动机制。

2．集群竞争力的概述

竞争力的概念从产生到今天虽然已经有了 30 多年的历史，但是在经济学家的眼中，竞争力研究看起来并不像人们认识的那样深刻。在企业集群对区域经济的促进作用这一研究领域里，最具有代表性的是增长极理论。佩鲁提出的增长极理论认为，主导部门和有创新能力的企业，在某些地区或大城市聚集发展而形成的生产、贸易、金融、科技、人才、信息、交通运输、服务、决策等经济活动中心恰似一个“磁极”一样，能够产生较强的吸纳辐射作用。迪肯（Diken）等学者认为，一个无国界的国际竞争时代的来临，全球性的经济活动则是由全球性的企业以及它们的网络为主导的，学者哈瑞森（Harrison）也有相似的研究结果，即：企业网络促进了全球经济的运行。1998 年波特（Porter）在哈佛《商业评论》上发表了《企业集群和新竞争经济学》一文，系统提出了以企业集群为主要研究目标的新竞争经济理论。波特认为企业集群是集中在特定区域的在业务上相互联系的一群企业和相关机构，这种由独立的、非正式联系的企业及相关机构形成的企业集群代表着一种能在效率、效益及韧性方面创造竞争优势的空间组织形式，它所产生的持续竞争优势源于特定区域的知识、联系及激励，是远距离的竞争对手所不能达到的。我国对企业集群竞争力问题的研究始于 20 世纪 80 年代末，在吸收波特（Porter）的三个因素（成本、差异化和聚焦）影响企业和区域竞争能力的这一思想基础上，我国学者进行各种延伸和阐发。例如，安虎森等认为新产业区是“孕育创新过程的区域组织”，是本地化的一种网络结构。还有学者通过企业集群抗产业衰老的机理，提出构建集群式创新网络是重振工业衰退地区竞争力的重要出路。这几种思路为企业集群的竞争优势提供了更加宏观层面上的注解。还有人从社会学角度专门论述了集群的独特社会资本优势对区域和国家持续竞争优势的意义。

集群对区域经济发展以及国家经济实力的提升都具有十分重要的意义，这一点已经日益引起人们的广泛关注，许多国家和地区都把大力发展企业集群作为增强区域和国家竞争优势的有效手段。随着对企业集群影响区域经济发展和区域竞争力方面认识的逐渐加深，我国学者从不同的领域对企业集群的培育和构建问题进行了深入的探讨和研究。仇保兴提出推进“内生型”企业集群发展的对策，王缉慈等提出，促进外商投资企业集群发展的关键在于提高集体学习能力和创新能力。

虽然以上关于企业集群基础性理论、竞争力问题以及集群的建构和发展等方面的研究各有侧重，但是总体上来说，这些成果在时间上具有一定的传承性。综观国内外企业集群竞争力的研究，探讨多是对企业集群竞争优势的描述和技术扩散方面的解释，而中小企业集群这一区别于单个企业和企业集团的特殊的经济单位，它的内部经济联系才是其竞争力形成和发展的基础，关于这一基本问题的研究具有非常重要的意义，本书的目的在于力求解决这个问题。

四、基于核心能力的中小企业集群国际化成长概述

企业集群的核心能力是企业集群能力的精髓所在，是所有能力中最核心、最根本的部分。沿用美国著名战略学家普拉哈拉德和哈默的定义，将核心能力解释为"一组先进技术的和谐组合"，这里的"技术"不是一般意义上的技术，它既包括传统意义上的科学技术，又包括管理、组织及营销等方面的技能；它也不是一两项单项技术，而是以一定方式结合在一起的技术群体，比如，产品开发能力、制造技能、成本控制能力、市场开发技能、售后服务能力、市场反应能力等，这些技术的结合方式和技术的先进水平共同决定着企业集群整体核心能力的强弱，决定着企业集群开发新产品、服务市场、挖掘新的市场机会的潜力，体现着企业集群的竞争优势和成长潜力。

此外，核心能力对企业集群的人力资源具有高度的依赖性，因为企业集群的员工部分地充当了核心能力的承担者。然而，核心能力又不能仅仅存在于任何单个人身上，否则企业集群会因为一两个"关键人物"的离去而丧失核心能力。企业集群必须将个人的能力转化为企业集群的声誉或文化，这样才能摆脱个别人对企业集群能力的影响。因此，核心能力必须置身于企业集群的组织环境中，通过规范的制度结构来体现。

划分核心能力的方法可能有很多种，为了便于本研究的理论分析，可将核心能力分为三大类：技术核心能力、管理核心能力和文化核心能力。用函数形式表达如下：

核心能力=f（技术核心能力，管理核心能力，文化核心能力）

该表达式的含义在于：括号内的三种核心能力是企业集群整体核心能力的组成部分，f代表三种核心能力之间的结合方式，体现着相互之间的协同。对于不同的企业集群来讲，f 的内涵是不一样的。下面将具体探讨三类核心能力的含义。

①技术核心能力：在概念上，技术核心能力等同于核心技术。在核心能力讨论之初，许多学者认为核心能力就是先进技术。有必要澄清的是，尽管在许多企业集群的核心能力体中，技术核心能力最为突出，但绝对不能简单地将核心能力归结为先进技术，技术可能是核心能力中最核心的部分，但绝对不是全部。技术核心能力指的是核心能力中依靠先进科学技术所支撑的、决定着企业集群最终产品的先进性和革新速度的核心能力，如本田的发动机技术、NEC的数字化技术、佳能的精密光学技术和Intel公司微处理器技术等。②管理核心能力：管理核心能力指的是企业集群通过计划、组织、领导、指挥和控制，运用最优方法来配置和使用其所拥有的资源——人力资源、金融资源、物资资源和信息情报资源等，实现企业集群内部低耗高效运转的能力。管理核心能力体现在企业集群的组织结构和管理机制之中，具体可分为管理制度、战略规划能力、领导能力、人力资源开发能力、改造不良企业集群的能力、组织路线、财务控制能力、市场开发能力、分销渠道和系统等。③文化核心能力：从基于文化观的核心能力理论中，我们不难看出，核心能力也体现在企业集群文化之中。对于企业集群文化的定义，威廉·大内认为，"一个公司的文化由其传统和风气构成。此外，文化还包括一个公司的价值观，如进取性、守势、灵活性——即确定活动、意见和行动模式的价值观。"可见，企业集群文化作为企业集群员工所拥有的共同信念和辨别是非的标准以及调节行为及企业集群内外关系的规范，对企业集群的生存和发展至关重要。

三种核心能力在企业集群中都起着重要的作用，共同支撑着企业集群的生存和发展，维系着企业集群的差别化竞争优势。三种核心能力协调互动，促进企业集群业绩的增加。

根据基于核心能力的成长观点——"中小企业集群的成长是企业集群规模扩张与能力不断演化适应的良性互动过程"，中小企业集群的国际化成长可能表现为一定程度的规模扩张，但更主要的是核心能力的积累演化以及对目标国际环境的不断适应。其成长动机乃是追求核心能力积累的最大化和适应的最佳状态。因此，在中小企业集群国际化成长中，与国内环境相比，其国际化成长所面临的国际环境更为复杂，核心能力如何在新的国际环境中实现积累、不断地适应国际环境甚至引导国际环境的变革（积极地适应），也就成为企业集群国际化成长成败的关键。

为了便于探讨企业集群内部各种核心能力与特定外部环境的适应状况，更好地把握企业集群核心能力构成诸要素的变化特点，可用三种特性来描述各种核心能力：可移植性、可支撑性和相容性（包容性）。

可移植性指的是核心能力本身是否能够脱离培育土壤而在新环境中生存。一般来说，在可移植性上，技术核心能力最强，管理核心能力居中，文化核心能力最弱。

可支撑性指的是现有核心能力是否足以支撑企业集群在新环境中的成长。各种核心能力的可支撑性如何，取决于企业集群核心能力的具体构成和发展方向，即三类核心能力在企业集群核心能力中的地位、培养的方向及相互之间的协同。

相容性指的是现有核心能力是否能够与新环境相融合并吸纳新环境中的有效成分；发生冲突时，是否存在有效的解决机制。一般来说，核心能力的相容性越强，越能与新环境融合，有利于企业集群在新环境中的生存和发展。具体而言，技术核心能力的相容性指的是企业集群当前的核心技术能否适应新环境的要求，能否融合新环境下的技术成分，为了适应新环境，是否易于做出相应的调整。管理核心能力的相容性指的是企业集群当前的管理体系在新环境下是否有效，能否接纳新环境下的管理体系。文化核心能力的相容性指的是企业集群当前的价值观念与新环境是否冲突，为了适应新环境，能否改变原有的价值观念。

国内在中小企业集群国际化发展领域的研究未形成系统的理论，但有如下的观点：社科院产业结构问题专家郭克莎指出“中小企业集群实施国际化战略是世界经济全球化的必然选择”。社科院工业经济研究所张其仔博士认为，“开展合资与合作有利于中小企业集群参与国际竞争”。郑州大学商学院温太璞认为，外部规模经济、内部规模经济、产品差别特色、专业分工的深化以及体制政策优惠为中小企业集群国际化经营创造了条件。

综上所述，“社会分工论”是从社会分工的角度，论证了中小企业集群同大企业集群一样，均为适应现代经济发展的产业组织形式，中小企业集群已是社会经济发展不可或缺、不可替代的组成部分。但“社会分工论”仍存在局限性，其分工是以大企业集群的核心作为前提，大企业集群与中小企业集群之间的协调竞争关系存在着竞争不完全，交易关系不平等，缺乏透明度等问题。“大规模时代终结论”基于大规模生产所引发的各种问题，主要论证当经济、社会出现一系列的重大变化后，大企业集群所表现出的种种不适应性；相反，中小企业集群较之大企业集群更具活力，也更有生命力，可能获得结构性大发展。“竞争簇群论”彻底打破了“规模经济”对中小企业集群发展的制约。“竞争簇群论”认为，由相互独立而又非正式联盟而组成的公司和机构组成的公司和机构组成的簇群，代表着一种富有活力的组织形式，一个簇群的成员之间广泛连接而产生的总体力量大于其各部分之和，故由中小企业集群组成的专业化簇群同样较易获得规模经济。如意大利佩北罗家具工业区的“零部件规模经济”、威内托家具工业区、普拉托毛纺织工业区的“集中式规模经济”，或“地区规模经济”。这样，就将规模经济一词的内涵，外延及研究的角度进一步强化和拓宽了。更具意义的是，“竞争簇群论”将中小企业集群存在的形式，存在的领域及中小企业集群之间的竞争与协调的理论研究，引入了一条新的途径。“技术创新论”对大企业集群在技术创新上占据优势的传统观念提出了质疑，并论证了中小企业集群在技术创新上，相对于大企业集群并不处于劣势，相反在很多方面处于优势。这一结论，对中小企业集群的生存发展无疑具有深远的意义。创新既为中小企业集群创造了最新的生产手段，也为中小企业的发展开辟了广阔的天地，从而使中小企业集群具备了再次扩大经营规模的社会经济条件。

上述中小企业集群发展理论从不同角度论证了中小企业集群在经济社会中存在的可能性，但对于如何进行国际化成长未能进行阐述。

传统的国际化阶段理论揭示了企业集群的国际化是一个分阶段的渐进过程，企业集群对国际环境每产生一次新的适应就使企业集群进入了一个新的国际化成长阶段。基于核心能力的中小企业集群国际成长理论同样十分强调对环境的适应，因此，这一点上与国际化阶段理论不相矛盾。不同的是，核心理论对企业集群国际化的初始阶段没有规定，企业集群在国际化成长之初，选择什么成长模式或是处于哪个阶段，完全取决于企业集群自身核心能力与目标国际环境的互动适应结果而且完全有可能跨越传统理论中的几个阶段，直接进入更高的国际化成长阶段。

与传统的动机型国际投资直接投资理论相比，基于核心能力的中小企业集群国际化成长理论秉承了传统理论如垄断优论、内部化理论、折中主义理论的研究思路，对传统理论中的要点均有所解释。如因产品或生产要素的市场不完全性所产生的垄断优势实际上就体现在企业集群的核心能力上，如技术核心能力所产生的专有技术和产品优势、管理核心能力所产生的企业集群经营优势、文化核心能力所产生的公司声誉和凝聚力优势等。这些核心能力所形成的优势可以为整个企业集群共享，为各海外子公司所用。

对于内部化理论有关国际直接投资的描述，核心理论解释如下：当企业集群的核心能力足以适应其海外环境，进行海外投资，走内部化成长道路是最优的。但如果企业集群的核心能力不能完全适应海外环境，就必须借助外部力量，将外部资源内部化或走外部化成长的道路。此外，内部化理论是一种静态的观点，不能解释从一种方式（内部或外部）向另一种方式是如何转变的。而核心理论从动态的角度来分析企业集群的成长过程、成长方式的演变。

对于邓宁的国际生产折中理论所解释的三种优势：厂商优势、内部化优势、区位优势。核心理论把区位优势看做是海外环境因素有利于企业集群核心能力的发挥，再加上企业集群具有厂商优势和内部化优势，其核心能力能够适应海外环境，核心能力与海外环境的互动决定了企业集群可以采用直接投资的模式。

值得一提的是，动机型国际直接投资理论主要解决的是国际直接投资的产生机理。但直接投资并非企业集群国际化的唯一模式，动机型国际直接投资理论对此解释不够。特别是在当今国际环境中，竞争高度激烈化，中小企业集群特别是一些实力相对较弱的企业集群，采用直接投资的方式，单靠自身的力量无法有效地开拓海外市场，在海外市场达到规模经济。为了实现中小企业集群的快速成长，可以采用并购海外企业集群或与海外企业集群建立合作的方式来快速积累自身的核心能力，达到对环境的最佳适应状态。

五、我国中小企业集群发展的实践历程

中小企业集群是工业经济时代市场经济的产物，市场经济与工业文明共同催生了中小企业集群。或者说市场经济是中小企业集群产生的深厚土壤，工业文明的兴起加速了中小企业集群的生成。探求中小企业集群形成和发展的实践逻辑，对于理解中小企业集群本身以及能够影响它成长的因素都有一定的价值。追根溯源和现实观察，中小企业集群形成可以从自然生成和进一步发展两个方面加以考察。

1. 中小企业集群的自然生成

之所以用“自然生成”一词核心是强调中小企业集群并非人们按照主观意愿创造出来的，而是经济资源市场化配置自发形成的结果。当下我们见多了各种各样的政策，似乎到了政策无所不在和无所不能的地步，陷入政策乱象之中。经济体制改革确立的市场化道路有偏离方向之感，行政之手与市场之手彼此较劲，市场之手有被行政之手替代的趋势。真正的企业乃至企业集群是在市场体制中诞生的，不是用行政手段强行植入的。

从经济演化过程看，中小企业集群的自然生成从古至今，只要是市场体制不变，此集群仍将会自然生成，由此自然生成阶段不能给出具体结束的时间界限。

回顾历史率先成为商业发达的地区，中小企业集群形成得早，集群的规模也会大一些。自然经济占据主体和基础地位的时代，最初的中小企业集群就已经成为现实。马克思说 14—15 世纪地中海沿岸的某些城市已经稀疏地产生了资本主义萌芽，这些城市包括米兰、威尼斯、热那亚等。马克思侧重于封建社会内部产生的资本经济关系，以此说明资本关系萌生于自然经济。14—15 世纪的那些商业城市孕育着中小企业集群的最初萌芽，即从事相同商品或相关商品生产经营的手工作坊已经向特定地域集中。

明末清初我国的商品经济已经有了相当发展，出现了明显的社会分工态势，商品生产和经营向某些地区集聚，出现了集群发展态势，催生了具有产业集聚效应的城镇。新兴市镇有许多以某种特定产业而闻名的，例如上海的纱布，苏州、江宁、杭州的丝绸，景德镇的瓷器，佛山镇的铁器等，呈现出地域品牌特征。例如江南的丝绸名扬天下，“朝觐、祭祀、宾客，非宁绸贡缎，人或目慑之”；行业内部有了细致的生产分工，如棉纺织业中就出现了轧花、纺纱、织布、印染等专业化的现象；工具制造向专业化方向发展，品牌效应出现，例如清朝松江地区有一句俗谚“金泽锭子谢家车”[①]；专业技术劳动力市场出现，例如苏州“东城之民多习机业，机户名隶官籍。佣工之人，计日受值，各有常主。其无常主者，黎明立桥以待唤。缎工立花桥，纱工立广化桥。又有以车纺丝者曰车匠，立濂溪坊，什百为群，粥后始散。”[②]与产业集群发展相配套服务也随之发展，许多大商人贩运棉花、棉布、蚕丝、瓷器、盐、铁等原料品和消费品，动用的白银“多或数十万两，少亦以万计”。商人活动的地区越来越大，携带大量现银极不方便，这样就产生了对金融服务的要求，异地汇兑为业务组成部分的钱庄和票号就应运而生。企业结构呈现出中小企业集群态势，纺织业中大业主“有开五六百张机者”，即使按照当下的标准，足以称得上中型企业。中小企业有部分还控制着小微作坊，进行生产外包。中小企业集群特征鲜明，集群进化到社会网络集聚型。

应当强调的是，自然经济汪洋大海一样的时代中出现的中小企业集群是在政府的种种限制和管制下发展的，生命力之顽强也只能够用生产力自身发展规律给出解释，此时的生产关系没有与生产力发展相匹配，是生产力发展的桎梏。此间既有“重本抑末”的政策歧视，又有官府及官吏对工商业的横征暴敛，也有民族

① 彭泽益. 中国近代手工业史资料[M]. 北京：三联书店，1957：238.

② 刘克祥，吴太昌. 中国近代经济史[M]. 北京：人民出版社，1976：27.

狭隘心态导致的对工商业的管制。“天朝物产丰盈，无所不有，原不借外夷货物，以通有无。”对此，马克思道出了本质，“推动这个新的王朝实行这种政策的更主要的原因，是它害怕外国人会支持很多的中国人在中国被鞑靼人征服以后大约最初半个世纪里所怀抱的不满情绪。由于这种原因，外国人才被禁止同中国人有任何往来，要往来只有通过离北京和产茶区很远的一个城市广州。”[①]凡此种种都是限制工商业发展的上层建筑。在此种状态下，中小企业集群属于自然形成，没有政府的有意识地参与或进行所谓的指导，更谈不上所谓的政策措施。相反明清时期政府对人对经济管制的放松都直接推动了中小企业集群的发展。政府管制的放松，才能够“有力者畅所欲为”，才能够扩张生产规模。

2. 中小企业集群生成的土壤

新中国成立之后，计划经济逐步大行其道，企业布局的计划色彩断绝了中小企业集群分布的市场取向，工商业中进行的社会主义改造和之后在所有制上的升级运动，更使得中小企业集群发展越来越不可能。中小企业集群继鸦片战争，受到外来廉价商品冲击以及长期战争的破坏走向衰落之后，新中国也出现了中小企业集群的真空期，生成于商品经济的中小企业集群，失去了存在的土壤。虽然在个别地区、个别领域名义上存在中小企业集群形式，但是名存实亡，处于集群中的中小企业不再是商品经济中形成的竞合关系，不是从企业内外分工协作中定位企业的规模，不是因为竞争需要形成社会网络集聚，因此，虽然在一些地区仍然有相同生产加工属性的中小企业存在，已不是规范意义上的中小企业集群。

商品生产和商品交换还是能够在计划经济内部萌生，这是件奇特的事情。严格的计划经济内生私有产权，一定是生存需要的本能促使商品生产和交换得以延续，商品经济的产生有深刻的社会基础。20 世纪 70 年代后期，浙江省诸暨市大唐镇人多地少，严格的计划管制，使有限的土地无法供养这片土地上日益增多的人口，于是一些农民自办家庭作坊，到国有企业偷学技术，搜集大企业丢弃的棉线，使用手摇纺机从事袜子生产，由此开始了后来全球有名的大唐袜业中小企业集群模式。大唐镇位于西施故里诸暨市中部，总面积 53.8 km^2，居住人口 9.9 万，其中外来人口 6 万。大唐袜业的发展萌芽于 60 年代，经过 30 多年的发展，已经形成以大唐镇为中心，辐射周边 12 个乡镇，吸纳从业人员近 20 万人，集织袜、

① 马克思. 中国革命和欧洲革命[M]//马克思恩格斯选集（第 2 卷）. 北京：人民出版社，1972：6-7.

化纤、染整、机械、营销、运输等全过程的完整产业链。截至目前，袜业集群织袜机达到 12.7 万台，织袜企业 8 879 家（亿元以上企业 29 家），原料企业 1 833 家（亿元以上企业 6 家），纱线经销企业 400 家，缝头企业 300 家，定型企业 100 家，包装企业 300 家，设备生产企业 88 家，印染企业 8 家。拥有 5 家袜业研究所，2 家轻纺产品检测中心，30 多家厂级研究组织。拥有商贸街道 60 多条，专业市场 6 个，货物托运线路 60 条。2011 年，大唐袜业生产袜子 193 亿双，袜子及配套业实现产值 555 亿元，销售收入 539 亿元，利润 46 亿元，自营出口 11.46 亿美元，袜子产量占全国的 65%、全球的 1/3 强，成为全球最大的袜业生产基地。先后被授予"全国百佳产业集群"、"中国针织原料生产基地"、"中国针织原料市场"和"华东精品袜业园"等称号，经济学家将其称之为"世界上没有一个产业集群能与之相匹敌"。

20 世纪 80 年代中期，领带产业在嵊州诞生并逐步兴起，短短 20 多年的时间，嵊州发展成为全国乃至全球最大的领带生产加工基地，拥有中国驰名商标 6 只，中国名牌 2 只，国家免检产品 11 只，阿玛尼皮尔•卡丹、华伦天奴、梦特娇、雅戈尔等 80 多个国内外著名品牌在嵊州定牌或特许经营。目前，嵊州领带产业集群拥有 1 300 多家企业，从业人员 5 万余人，年产值超百亿元，年产领带 3 亿多条，年出口 1.6 亿条，远销 80 多个国家和地区，领带产量占据全国市场的 90%，世界市场的 50%。集群内高档电脑提花织机数量达到 1 300 多台，占世界上已有最先进领带制造设备的 60%多，是全球拥有同类织机最集中的区域之一；年产高档面料 2 000 多万 m，高档提花织物面料产量超过世界上其他主要生产国家的总和。在嵊州，领带生产过程中的染色、打捻、织造、设计、印花、定型、缝制、后整理、包装、销售等十多道环节都有大量的配套企业，产业链条十分完整。

有着"五金之乡"美誉的店口镇位于诸暨北部一个"三不靠"的山区，曾经是一个交通不便、信息闭塞、贫穷落后、未解决温饱问题的偏僻小镇。从 20 世纪 70 年代农民办起第一家五金小厂开始，店口镇用 40 年时间创造了令人瞩目的经济奇迹，截至目前，该镇拥有大小五金生产企业 4 000 多家，其中年产值超 100 亿元企业 2 家，超 10 亿元企业 5 家，超亿元企业 21 家，并涌现出以海亮集团为龙头的铜加工企业群、以盾安集团为龙头的制冷设备配件企业群、以万安集团为龙头的汽车配件企业群、以枫叶集团为龙头的新型管材企业群，五金业年创产值 255 亿元，铝塑复合管件产量占全国的 70%，铜加工能力在亚洲居于领先地位。累计获得中国名牌产品 3 只，中国驰名商标 2 只，省名牌产品 21 只，省著名商标

20只；有16家企业先后独家起草或参与起草国家行业标准86个，135家企业与国内50多家高等院校建立长期合作关系。这个面积仅105.7 km^2的弹丸小镇，以占诸暨4.6%的土地、5.8%的人口，创造了诸暨1/4的工业产值、1/6的财政收入，农民人均纯收入超过2万元，镇综合经济实力列浙江省百强镇第4位，全国千强镇第18位，直接上市或间接控股的上市公司达到6家，成为“浙江资本市场第一镇”。

近年来，石家庄市以中小企业为主体的产业集群有了较快发展，集群经济已经占到全市经济总量的30%以上，成为石家庄市经济建设中一支具有鲜明特色的生力军。截至2006年年底，全市现有中小企业3.34万个，而产业集群已带动了10 000多家企业的发展，其中生产企业9 417家，配套企业2 949家，从业人员53万人。在这些产业集群中，营业收入5亿元以上的重点产业集群达到38个，10亿元以上的18个，50亿元以上的8个，7个省级重点产业集群均突破了20亿元。辛集市皮革产业集群和平山冶金产业集群营业收入则首次突破百亿元大关，分别达到100亿元和138亿元。石家庄市中小企业产业集群覆盖了绝大部分主导产业和传统产业，形成了较大的经济规模，涌现了一大批特色产业和名牌产品，组成了龙头企业带动企业分工合作的产业链条，建成了一批市场占有率高、影响力较大、对同行业起主导作用的产业基地，有些产业集群已经成为县域经济的重要支柱。以京广铁路为线，铁路以西的山区、丘陵县（市）区，矿产资源丰富，主要生产钢铁、水泥、石材、建陶、化工等产品；铁路以东的平原县、市，主要生产皮革、淀粉、纺织、板材、医药等产品。石家庄市产业集群的发展优化了区域经济布局，实现了资源的合理配置，提高了区域经济的核心竞争力，同时产业集群也为社会提供了大量的就业岗位，带动了城市交通、商业和旅游业等第三产业的发展。

上述实例是我国中小企业集群最初形成的基本途径。中小企业集群的出现与发展几乎与改革开放的进程高度契合。或者说经济基础的变化先于上层建筑的变革。这与社会发展的基本规律一致，即生产力决定生产关系，经济基础决定上层建筑。生产关系与上层建筑必须适应生产力发展水平，即适应老百姓的普遍社会要求，适应老百姓过好日子的要求。一旦政策能够适应这种要求，中小企业集群的形成和发展就是一个自然的历史过程。

中小企业集群形成大都经历从基本要素集聚到价值链集聚，从价值链集聚到社会网络集聚的具有规律性的成长阶段。此规律基本上描述了中小企业集群产生和发展的自然性。无论是历史上景德镇陶瓷业的中小企业集群、苏州纺织业中小企业集群，还是现实世界分布在全国相关地域的中小企业集群概莫如此。

从生产力本身观察中小企业集群形成的自然性，第一，企业内部分工走向社会分工，中小企业集群最终分享的是社会分工产生协同竞争优势。企业内部分工与社会内部分工被权衡，社会分工细化，企业向专业化方向发展，各自专注各自的优势。第二，此种自然性从产业集聚方面看，是相同或相关性产业在地域上的收缩过程，企业在地域上从点式布局到集中连片，呈现出明显的竞争优势，代表此种竞争优势就是区域品牌。例如人们习惯于把某种产品与特定的地域联系起来，这种联系又成为中小企业集群发展的资源。第三，专业化服务从无到有，从有到优。中小企业集群的发展过程往往伴随着服务业水平的提升，以适应企业集群的需要，金融服务、通信服务、餐饮服务、劳动培训服务等必然社会化。第四，市场份额扩大能够加速中小企业集群形成。地理大发现和海内外市场的开拓都在历史上起到了此种作用。第五，中小企业集群也是产业结构和就业结构变革的催化剂。中小企业集群的持续扩张，使第一、二、三产业结构发生变化，大量的农业人口转向第二、三产业，第二、三产业在地区经济结构中比重上升，居民收入来源转向第二、三产业。第六，中小企业集群与城镇化相互作用，企业集群化使人口向城镇集中，推动城镇化进程；城镇化的推进又成为区域产业结构升级的基础和契机。

从生产关系看中小企业集群形成的自然性有这样几个变化。第一，资本在地域上的集结必然加剧资本之间的竞争，催生行会、商会等自组织形式的产生，协调资本自身的行为，同时资本之间的竞争也使资本相互学习，经验、管理、技术等能够被快速分享；第二，劳动力的地域集聚也会催生劳动力之间的竞争，客观上提升了劳动技能和生活观念的转变，也会激发劳动者创业积极性，为集群创新发展持续注入力量；第三，随着中小企业集群发展，劳资纠纷增加，协调劳资关系成为经济生活中的常态。提供劳务信息，规范劳动用工制度，保护劳工权益，改善用工生态，是劳资双方共同需要。

从经济学相关理论看中小企业集群形成的自然性，当中小企业集群最初形成的时候，严格意义上的经济学还没有产生，经济学产生后，最早注意到企业集群现象并对此进行分析和总结的理论基本上还没有涉及政府政策，理论本身停留在资源禀赋、工业区位等生产力自身形成的机理上。

第二章　中小企业集群核心竞争力提升的系统环境

核心竞争力是指企业的核心技术能力、战略决策能力、生产制造能力、营销能力、组织协调能力以及企业文化与价值观等因素。其中，核心技术能力是核心，它包含企业的研发能力、产品与工艺的创新能力等。这一能力的强弱决定着企业将技术资源向技术优势转换的速度与效率。战略决策能力是企业对复杂的环境、多变的机会作出灵敏的反应以及规划、预测未来发展趋势的能力，它决定着企业资源配置的效率及未来发展的兴衰。生产制造能力是企业核心竞争力赖以形成的基础，因为如果企业生产不出被市场认可的产品，那么核心竞争力将成为一纸空谈。营销能力和组织协调能力是企业核心竞争力实现的重要保证。企业文化与价值观是企业核心竞争力形成与发展的重要条件。根据“限定因素原理”，上述任何一种能力的大小都在很大程度上影响和制约着企业核心竞争力的高低。

一、核心竞争力的基本特性

1．实用性

实用性。即核心竞争力首先必须能够为顾客提供实用价值高的产品或服务，并且与竞争对手相比较，它能为用户带来显著的超值效益，使他们获得充分的满足感。如沃尔玛连锁经营的管理方式，让消费者真正享受到物美价廉的好处；索尼公司的核心能力是“迷你化”，它给顾客带来的核心利益是携带方便。联邦快递高水平的后勤管理，给顾客带来了即时运送的实用与方便。海尔的核心品牌是快捷、及时、廉价的服务，顾客与其说购买了海尔的产品，不如说购买的是海尔的服务。

2．独特性

独特性。即核心竞争力必须是企业所特有的，并且是竞争对手无法模仿的，也就是说它不像原材料、机器设备那样可以随意在市场上买到，是不可能被剽窃和复制的，即使竞争对手“照着葫芦”也“画不出瓢”来。如佳能公司利用其光学镜片成像技术和微机处理技术方面的优势，成功地进入了复印机、激光打印机、照相机、扫描仪及传真机等20多个产品领域。本田公司的核心专长是引擎设计和制造，从而成为汽车、摩托车、割草机和方程式赛车制造的强有力的技术支撑。

3．稀缺性

稀缺性。在日益激烈的市场竞争中，企业要想持久地立于不败之地，鲜明而强大的竞争优势是不可或缺的。而核心竞争力正是企业这种竞争优势的源泉和保障，只有核心竞争力，才能可持续地维系与壮大这种竞争优势。此优势通常不具备广泛性和社会性，同类企业是很难拥有的。从这个意义上说，核心竞争力是企业的一种不可多得的稀缺资源。如波音公司的飞机制造技术就是其稀缺的核心竞争力。

4．递延性

递延性。就是说企业的核心竞争力具有“核心竞争力—核心技术—核心产品—最终产品”的逻辑延伸性。即通过核心竞争力，形成一项或几项核心技术，再将核心技术渗透到核心产品中，最终形成一个或多个最终产品。普拉哈德教授的“树型理论”，将核心竞争力的延伸性形象地描述为“就像是树根生出枝干、叶子和果实一样”。

5．可变性

可变性。即随着时间的推移和环境的变化，企业的核心竞争力也会经历从量变到质变的发展过程和从产生、成长、壮大直至衰亡的生命周期。企业若想保持核心竞争力的领先优势，就必须对核心竞争力尤其是核心技术能力进行持续不断地维护、培育与创新，否则任何外部环境的冲击，都会导致核心竞争力的削弱或丧失。

当今企业追求的目标已不仅仅是短期利润，它们更关注长远发展。企业要保证长期的可持续发展离不开长期竞争优势的培育，而长期竞争优势的获得有赖于企业核心竞争力的构建。培育核心竞争力的必要性可以从下面几点认识：① 核心竞争力是企业特色的体现和持续发展的源泉。核心竞争力具有明显的异质性，由于企业管理人员难以识别、实施，外部竞争者难以复制和模仿，从而使得拥有某方面核心竞争力的企业长期保持与其他企业不同的特点，形成自身的特色，同时由于核心竞争力经历了市场的长期检验，易于被消费者所识别，从而获得消费者的特殊青睐，因此会推动企业长期的可持续发展。② 核心竞争力是企业占领市场的基础和成败的关键。市场经济中，市场就是企业的命根子，占领市场，企业就有希望和前途，失掉市场，企业就面临悲哀。中小企业集群要做大做强，在市场中不被吞掉，就必须占领市场，企业必须要有自身独特的核心竞争力。青岛海尔集团原本是一家亏损、面临倒闭的小厂，从1984年至今已成为家电行业的龙头老大，发展成为跨国企业集团，呈现急速发展的旺盛势头，根本原因在于它有独特的核心竞争力，即技术创新。海信集团近年成为IT业的一匹黑马，靠的不是什么尖端技术，而是IT的前沿观念把海信长期积累起来的研发、市场资源重新整合，局部收缩，突出重点，明确了战略主导方向，找到新的竞争突破口。事实证明，核心竞争力是企业占领市场的基础，是企业制胜的法宝。③ 企业核心能力是企业长期竞争优势的源泉。在产品生命周期日渐缩短和企业经营日益国际化的今天，竞争成功不再被看做是转瞬即逝的产品开发和市场战略的结果，而是企业具有不断开发新产品和开拓市场的特殊能力的体现。企业的长期竞争优势是单个企业拥有的比竞争对手能够更加卓越有成效地从事生产经营活动和解决各种难题的能力。

二、中小企业集群核心竞争力的现状

1. 中小企业集群的发展规划缺乏前瞻性和战略性

战略定位不足，盲目选择产业方向，有限的资源分散，跌入多元化陷阱。现代企业战略理论告诉我们，企业的经营管理理念及发展方向，很大程度上取决于企业具有战略性、前瞻性的发展规划，它是企业生死攸关的重大决策。然而，我国许多中小企业集群中管理层的决策者对此却充耳不闻，视而不见，往往仅凭借自身的直觉、感觉和陈旧过时的经验，对发展方向、管理举措及价值取向盲目地做出判断和决策，缺乏科学的定性和定量相结合的分析与研究，这样难免使企业的生存与发展失之偏颇，经营的盲目性、投机性、随意性特点突出。从而独特性、递延性的核心竞争力也就无从谈起。

有的企业在发展过程中存在短期行为，战略定位不足，当市场上出现某种产品有利可图时，不分析自己的核心能力，纷纷涌进，有的企业脱离实际，盲目投资，乱上项目，追求大规模、超常规发展，盲目进入多个行业和领域，导致企业资源分散、管理成本加大、经营战线拉长、凝聚力减弱，疲于应付多个行业和领域，无法形成核心竞争力。

长期以来，我国中小企业集群在产业选择上普遍存在盲目性，没有长远的战略规划，不考虑经济规模的因素，盲目跟风，造成产业和产品结构同大企业有严重的同构性。在市场格局由卖方市场转向买方市场的形势下，如此严重的“同构性”，形成了低水平上的过度竞争。中小企业集群相对于大型企业，由于具有规模小，技术落后，观念陈旧，人才匮乏，抗风险的能力差、管理落后等特点，因而无法取得比较优势，经营日益陷入困境。“同构性”的困境又会使中小企业集群面临诸如生产能力过剩，开工不足，收益率低甚至亏损、资金积累能力减弱等问题。

多元化经营被很多中小企业集群认为是企业寻求规模扩张、利润增长、分散风险的策略。目前很多中小企业集群在主营业务尚不具备较强竞争力的状况下，盲目实施多元化经营，由于资源分散在多个业务领域，分散了企业在具体业务领域的资源实力，尤其是影响了需要资源保证的核心领域或主营业务领域的竞争力，损害了对核心竞争力的培养，一些企业甚至丧失了原有的优势。

2．僵硬、滞后的管理体制制约着人才的充分挖掘与利用

在日趋激烈的生存竞争中，人才、管理和技术是企业能否取胜的关键要素。而技术能否转化成竞争优势，人才能否充分发挥其应有的作用，则关键取决于管理机制是否先进和灵活。当前大多数中小企业集群的管理体制和经营机制是在计划经济向市场经济转轨时期形成的，尚未按照现代企业制度进行理顺和再造，加之其市场主体地位尚不突出，人才激励机制不完善，从而严重地阻碍了企业技术创新机制的形成和员工积极性的充分发挥，导致其技术创新、管理创新的动力和能力严重不足，从而难以形成自己独特的核心竞争力。

3．产权制度不合理，企业治理结构问题突出

核心竞争力是成长在企业良好的土壤之中的，中小企业集群搞不活和竞争力不强在很大程度上受到企业制度的束缚和制约，特别是产权不明晰、出资人不到位、法人治理结构不健全、组织和管理不对称等，使得企业无力或无暇顾及和增强自身的核心竞争力。

中小企业集群中原有集体企业产权属于一次性博弈制度，即企业职工同集体企业财产之间的关系是一次性固定下来，不受企业职工流入和流出的影响。这种封闭性的产权制度，给职工进入或退出企业的行为造成障碍，不利于生产要素的自由流动和资源的合理配备，限制了企业规模的扩大和竞争力的提高。此外，私有企业的产权制度也存在一定的不合理性。我国大多数私有企业起源于家庭企业，其产权制度除了缺乏流动性外，在很大程度上其产权是不清晰的，企业治理结构问题突出。从法律上讲，其产权属于整个家族，而没有明确归属于某个人。企业好时相安无事，当企业发展到一定程度时，权力的较量，利益的纷争，致使家庭成员不和，从而导致企业的衰微，甚至是倒闭。

4. 中小企业集群技术水平低下，技术创新能力和人力严重缺乏

打造中小企业集群核心竞争力，技术是一种非常重要的资源。技术有两个重要职能：一是可以降低成本，提高产品质量，增强企业的竞争力；二是可以创造需求，创造市场。但是在我国除了高科技中小企业集群之外，大多数的中小企业集群技术状况不容乐观。低下的技术水平严重制约了企业竞争力的提高。目前，整个中国大约有 60%的中小企业集群仍然采用 20 世纪 60—70 年代的技术，30%左右采用 80 年代的技术，只有 10%左右采用 90 年代的先进技术。没有技术研发机构，技术来源主要是通过引进设备，购买技术。产品技术含量低、质量差。这些不容乐观的技术状况和十分低下的技术水平，严重制约了企业竞争力的提升。中小企业集群由于规模小，资金短缺，没有实力去搞技术创新，更由于受传统的经济体制和思维模式的影响，我国大多数中小企业集群的经营者观念落后，墨守成规，惧怕风险，排斥创新，以至于企业内部尚未形成创新机制。统计结果表明，目前我国大多数中小企业集群对技术的研究和开发极不重视，既无从事研究开发的专门机构和专业人才，也无足够的科技开发经费。即使设有科研机构，科研人员的数量、科研实力和水平及科研费用均极为有限。据江苏某市对 20 家中小企业集群的抽样调查，研发人员占职工总数的比例仅为 1 .8%，科研费用占销售收入的比例仅为 0.42%，日本学者将企业竞争力与企业的技术创新投资联系起来，他们经过研究指出，一个企业的研发费用如果仅占企业销售收入的 1%，那么，这个企业注定要失败；如果占 3%，则仅仅可以维持企业发展；如果占 5%，可以参与竞争；如果达到 8%以上，那才可能有竞争力。这种情况使它们根本无法取得核心技

术能力，也就无法形成自身独特的核心竞争力。

5．不完善的市场竞争体系制约着中小企业集群核心竞争力的有效培育

从一定意义上说，激烈的市场竞争是市场经济的一个显著特征。我国虽已初步建立市场经济体制，但市场经济体系的建设还很不完善，市场竞争秩序仍很不规范。主要表现为法制体系不完善，市场经济秩序混乱，制假售假、走私、金融犯罪等问题突出；国家行政权力机关过多地干预市场秩序和企业行为，市场流通体系不完善，地方保护主义普遍存在，影响了市场经济的正常运行。只有公开、公平、公正的竞争环境，才能赋予中小企业集群培育自身核心竞争力的压力与动力，依靠技术创新和管理创新来降低成本，提高竞争力。

三、培育我国中小企业集群核心竞争力的系统环境

中小企业集群要想在激烈的市场竞争中立足发展，就必须提升企业的核心竞争力。中小企业集群核心竞争力的提升必须加大力度做好下面的工作。

1．中小企业集群战略系统核心竞争力的培育

核心竞争力是支撑企业长久竞争优势的基础性能力，是战略性能力，因而它必须与企业长期战略相一致。信息时代的到来，要求企业具备灵活的信息吸纳处理能力和综合能力。中小企业集群由于规模小、实力不足，没有雄厚的研发实力，如果没有明确的战略管理，就极易在激烈的市场竞争中迷失方向，败下阵来。因此，中小企业集群在培育核心竞争力时，应建立相应的战略管理机制，进行战略定位和规划，这是取胜的前提。

（1）科学地制订培育核心竞争力的战略规划

制订全新的发展战略，开发中小企业集群核心竞争力。提升中小企业集群核心竞争力应采取的战略有：①产业战略。企业选择什么产业，选择一个还是选择几个产业，如果选择一个产业，那么选择整个产业还是选择其中一个行业，对选择的产业或行业是否熟悉。如果选择几个，这些产业之间如何组合，都需对企业从长计议、周密部署。②市场战略。建立和扩大市场营销网络，有针对性地进行市场调研，及时掌握准确的市场信息。快速向市场传达企业和商品的信息，有的放矢地做好售前、售中、售后服务，巩固和扩大企业的目标市场。③联盟战略。

通过争取外部资源，以收购、兼并、联营等方式与优势互补的企业结成战略联盟，在较短的时间内获得必要的竞争力要素，从而提升自己的核心竞争力。

（2）发挥自身优势，实施“专而精”的策略

“专而精”战略是中小企业集群培育和提升核心竞争力的基本战略选择。中小企业集群要发挥其“小”的特长，专注于某一两个方面的优势形成核心竞争力，做成“强”的、有竞争力的企业。中小企业集群要打破传统的思维定式，避免与大企业直接进行量的竞争，要从竞争对手和市场空缺中寻找机会，创造“先发制人”的优势，争取成为市场的先入者。中小企业集群要彻底摒弃“小而全”的经营思想，逐步由“小而全”向“小而精”、“小而专”、“小而高”的专业化企业发展，把自己业务做到足够专业，真正做到与众不同，形成特色和专业优势。具体可从以下几个方面入手：① 集中企业资源从事某一领域的专业化经营，在这一过程中逐步形成自己在经营管理、技术、产品、销售、服务等诸多方面与同行的差异。② 寻找自己的潜在能力，真正了解自己。③ 从竞争对手和市场空缺中寻找机会，建立自己的比较优势，并构建支撑这种优势的潜在核心能力。

2. 中小企业集群管理系统核心竞争力的培育

管理是企业核心能力的保证。中小企业集群面对 WTO 的最大难题之一，就是管理创新。要提高中小企业集群的核心竞争力，必须加快现代企业制度的建立。首先要建立一套符合市场经济的有效的管理机制，跳出家庭式管理的怪圈，改变心智模式，建立共同愿景，打造学习型组织，务实基础管理，搭建一个规范的管理平台，在企业内部不断完善法人治理结构，建立起一个规范，有效的权力制衡机制，减少内部人控制问题，而且要建立起内部稳定、规范的权力与决策机制，要摆脱过去的“一言堂”管理和原始的亲情管理，处理好各利益主体之间的关系，建立起有效的激励约束机制，从而提高中小企业集群的管理能力。同时，加强中小企业集群的管理制度创新，改革一切与市场经济相悖的管理机制，提高企业的管理水平和效益。

（1）实现中小企业集群管理方式与管理手段的创新

在我国，管理方式与管理手段落后是中小企业集群当前的突出问题，通过管理创新来实现企业生产要素的优化配置，提高生产效率，还有很大的潜力可挖。① 加强各项基础管理。强化企业基础，提高科学管理水平，是建立现代企业制度的内在要求，也是中小企业集群提高竞争能力的重要途径，有利于中小企业集群

发挥“船小好调头”的灵活性。针对中小企业集群中普遍存在的突出问题，重点要加强成本、资金和质量管理。要强化成本核算，加强会计基础工作，构建资金监督体系，推进经营预算与计划管理，实行产品全方位的质量控制与严格的品质保证制度，推行ISO系列标准。② 推进战略管理与创新。中小企业集群对技术创新都高度重视，但对战略管理与创新重视不够，事实上两者是相辅相成的。如果说技术创新就是企业发展的“发动机”，那么战略管理与创新就是企业发展的“方向盘”。如果没有战略管理与创新这一“方向盘”的引导，技术创新的“发动机”马力再足，也不能指引企业朝着正确的经营发展方向前进。因此，面对经济全球化和激烈的国内外市场竞争，中小企业集群要强化战略管理与创新的观念，在管理中全面引入战略规划、战略研究与科学决策机制，确定正确的发展方向。③ 加强知识管理。所谓知识管理就是为企业实现显性知识和隐性知识共享寻找新的途径。在知识经济时代，金融资本和其他传统生产要素已成为商品，而知识资本却成为创造收益的实际推动力。因此，知识管理变得日益重要，中小企业集群加强知识管理应采取：建立激励员工参与知识共享的机制，创建企业内部知识网络，设立知识总监，关注创新和集体创造能力的培养；建立企业外部信息和知识网络，尽可能多地吸收各种新知识，并使之与本公司的知识相结合；同竞争对手进行合作性竞争，结成战略联盟，共同开拓和培育市场。

（2）以人为本，搞好人力资源管理

人才尤其科技人才是中小企业集群培育核心竞争能力的坚实基础。要创造一个激励所有员工积极进取、奋发向上的氛围，就必须造就“选好人才，用好人才”的良好机制：① 要树立“以人为本”的观念，人才就是资本，人才就是财富，努力引进、培养、留住人才，制定优惠政策，培养、吸引和挖掘人才，制定向优秀员工倾斜的薪酬制度，实行内部招聘和选拔制度，对优秀员工予以加薪和晋升。② 按照现代企业制度的要求建立科学的人本激励机制、约束机制和公平的选拔机制。面向市场聘用职业经理人员，严格界定投资人的权、责、利，实行集权和分权相结合。把统一管理和分散管理相结合，使管理人员各司其职、各负其责、各得其所。把企业管理者的收入和待遇与企业的经济效益及其经营业绩相挂钩，建立管理者业绩考核制度，重奖业绩突出者，实施决策管理者任期经济责任审计和失误追究制度。充分体现权利与义务的关系。③ 努力营造有利于培育核心竞争力的人才环境和氛围，激发员工潜能。企业管理者要加强情感交流，积极发挥情感因素的感染力和激励作用，理顺和疏通各种关系，营造和谐的工作环境。在兼顾公平的同时，坚持“按要素分配”的原则，建立高效的激励、约束机制，增强员工的积极性和创造性，实行岗位薪酬为主的动态工资制度，鼓励员工参与企业管理，增强员工竞争意识和主人翁意识。同时，进一步深化内部人事制度改革，引入竞争机制。实施岗位轮换制度，给员工带来工作的新鲜感和挑战性。

（3）按照现代企业制度的要求，完善中小企业集群的内部组织管理体制

企业的内部组织管理体制直接影响着企业的发展和竞争力。我国加入 WTO 之后，在国外商品大量涌入、市场竞争更加激烈的情况下，那些管理效率低下的中小企业集群必将被淘汰出局。因此，加强中小企业集群的组织管理制度创新，改革一切与现代企业制度相悖离的管理机制，提高其管理水平和层次乃是我国中小企业集群参与国际市场竞争的最基本的要求，为此，要建立有效的企业制度，提高中小企业集群管理能力。① 建立现代企业制度，完善法人治理结构。建立股东会、董事会、监事会，实行董事会领导下的总经理负责制，实行经营权和所有权相分离，决策层与执行层相分离，实行产权经营者向产权所有者负责，执行层对决策层负责，从而形成相互支持、相互制衡的机制。② 建立稳定规范的权力和决策机制。实行产权多元化，形成中小企业集群高层管理的制约机制，避免家长式的随意决策作风，摆脱“一言堂”管理和原始亲情管理，使企业管理制度化、工作标准化、行为规范化、操作程序化。

3．中小企业集群技术系统核心竞争力的培育

核心技术体系是企业核心竞争能力重要的构成部分，也是技术创新的基础之一。掌握核心技术，尤其对中小企业集群提升竞争力来说是至关重要的。对特定的企业而言，核心技术体系表现为在一定的技术、生产、组织、市场等的约束之下，支配该企业创新的产品主导设计，以及为实现其设计的核心生产技术和相应的核心管理技术等，只要形成了主导设计的技术范式，围绕该范式“边际性技术改进”，企业就可能源源不断地设计出新的产品。而围绕着企业核心产品系统的生产、管理技术能力，可以使优异的“设计”变为现实。因此，核心技术是中小企业集群在市场中取得超额利润的主要源泉。要提高我国中小企业集群的核心技术能力，企业的经营者首先要转变对科技进步的认识，把推进企业科技进步以及核心技术能力的培育，当做头等大事来抓。根据本企业特点，分析企业人才、资金、环境等资源状况的优势和劣势，选择适合本企业的核心技术开发应用之道路，如加大科技开发资金的投入，调动科研、工程技术人员的积极性和创造性；积极引

进科技人才和专利技术；开展产学研结合，积极吸收高校、科研机构的成果；采取“走出去，请进来”的方式，与技术实力强大的国内外企业建立技术战略联盟，充分发挥各自特有技术，实现优势互补；加强对知识产权的管理和保护工作。从培育企业核心竞争力的角度看，企业兼并也是中小企业集群获得其他核心技术或核心产品的一条捷径。

另外，技术创新过程中充满了不确定性，中小企业集群在技术创新中的投入并不一定能获得相应的回报，需要克服财务风险、技术风险、市场风险等诸多风险，对此必须有足够的认识和思想准备。

4．中小企业集群文化系统核心竞争力的培育

随着社会的发展，经济全球化、数字化、信息化步伐的加快，企业文化和价值观等无形资产对企业核心竞争力的贡献也越来越大。抓好企业文化的建设和价值观念的更新，是培育和提高企业核心竞争力的重要途径。进行文化系统核心竞争力的培育就是强调文化在企业管理中所起的主导作用，即在管理过程中，将企业共同的价值观、信念、精神，通过文化沟通的方式，由管理主体传递给管理客体，形成一种特定的价值取向，就像一只无形的手，调节着企业的运行，将文化管理作为一种模式，是21世纪知识经济条件下企业发展的一个必然选择。企业文化在企业发展中可起到导向、约束、凝聚、激励和辐射的作用，并非企业文化一经建立就能够推动企业和社会的良好发展，它需要正确的伦理规范地引导，因此要建立健康向上的企业伦理，企业的伦理精神是通过企业文化这个外在形式而对企业的经营起作用的，在企业运行良好时，企业文化是其有序经营和不断创新的动力；在企业遇到困难时，优良的企业文化是其渡过难关、获得新生的法宝。建立起一种新型的企业文化体系，当前应从如下方面着手：① 培养具有个性特色的企业精神，尤其是企业家精神。企业精神是企业文化的灵魂，是企业发展的凝聚剂和催化剂，对广大员工有导向、凝聚和激励的作用。② 建立新型的企业价值观。企业价值观是企业文化的核心，不同的价值观会导致不同的经营理念，而采取不同的管理模式，也直接支配和影响企业的行为。③ 实施科教兴企的战略。企业文化实质是经济文化，科教兴企有利于员工文化素质的提高，有利于企业形成良好的科技文化氛围。④构建管理文化。企业文化本身是一种高超的管理方式，企业管理应把自觉素质、人的精神、群体共识放在管理诸要素的首位，通过文化环境的感染、诱导和约束等方式去激发员工的内在潜力。⑤创造名牌产品。名牌一半是文化，一个名牌的形成过程，必然体现着独具特色的企业文化。如果不注重文化的投入，在商品基本功能无本质区别的今天，是不能创造名牌的。因此，中小企业集群在产品设计、生产、销售、服务和广告宣传等各个环节要控制和提升文化内涵，赋予其文化的、人性的丰富价值，使产品魅力无穷，长盛不衰。

5．实现中小企业集群外部制度的创新

当前，我国大力推进社会主义市场经济体制改革，加强市场体系的培育与建设，也就是要为企业发展提供外部制度，创造一个竞争有序的外部环境。应在如下方面加大力度：一是转变政府职能。政府管理手段要实现从过去直接的行政干预为主转变为间接的宏观调控为主，充分发挥经济手段、法律手段等调控作用。二是完善市场经济机制。中小企业集群本身规模小，产品科技含量低，资金不足，他们迫切要求产品的周转速度快，这就客观上要求市场必须充分完善，政府要加大市场秩序建设的力度，规范竞争行为，创造一个竞争有序的市场环境。三是大力发展风险投资事业，促进高科技中小企业集群的科技创新。长期以来，存在许多因素造成中小企业集群经营上的困难，阻碍着中小企业集群的良性发展，中小企业集群融资难便是其中一个重要因素。因此，政府要顺应新经济发展的需要，及时推出高科技创业板，为高科技中小企业集群的发展注入资金动力。四是改革住房、医疗、社会保障制度。由于历史的原因，企业承担了一些不应承担的责任，企业也要“减负”，轻装上阵。因此，政府要出台一系列社会保障制度，创造人才流动的良好环境和条件，帮助中小企业集群完成企业与社会职能的分离和富余人员的分流。五是政府要提供一系列制度支持，如积极帮助中小企业集群完善会计制度，改革国有商业银行企业信用评级标准，组建中小企业集群担保机构，发展非国有中小银行，重新划分小规模纳税人认定标准，降低小规模纳税人增值税税率，给予高科技中小企业集群优惠的财税政策。

综上所述，在国家“抓大放小”和市场竞争日趋激烈的今天，中小企业集群作为国民经济的一个重要组成部分，唯有通过制度创新实现持续发展，这当然需要企业、市场和政府的共同努力。

第三章　中小企业集群竞争力的内部和外部环境

中小企业集群以整体协同形成竞争优势，这种优势体现在产品上就是相对高性价比，此种性价比是其他地区的企业无法效仿和实现的。在中小企业集群内部，各种经济要素的组合趋于帕累托最优，资源配置实现了高效率。能够高效率在集群内部配置经济资源，必然涉及集群内部一个企业同所在集群的关系，梳理这种关系对于认识和理解中小企业集群竞争力有一定的实践价值。

一、中小企业集群内部治理环境

中小企业内部治理环境内容主要包括静态的集群规模和结构以及内部动态的竞合博弈关系。中小企业集群的内部治理环境体现了企业集群组织有别于其他经济单位的特殊性。

衡量集群规模的量度可以从成员的数量和市场的占有和生产规模来考察。随着集群内中小企业数量的增加，集群可以把生产过程分解为不同的环节以进行劳动的分工协作，可以采用专有的设备和工具来实现生产专业化，降低单位投入的平均成本，从而带动集群内企业和集群整体效率的提高。同时，一定数量的中小企业集群聚集一起，开展集群创新活动必将发挥单个企业无法比拟的竞争优势。因此，在规模经济的条件下，凡是不能把规模扩大到足够大的中小企业集群，生产和创新的成本难免较高，从而在竞争中处于不利地位。反过来说，只有把集群的规模提高到一定水平的中小企业集群才能生存与发展。另外集群规模也是形成区域品牌的重要影响因素。

集群结构有广义和狭义之分：广义的集群结构是指企业集群广义概念下的集群结构，一般的企业集群包含构成集群“钻石模型”五大类相互作用的机构，即：供应商、成品商、客商、服务机构和规制管理机构等。狭义的集群结构是界定在狭义的企业集群概念之上的集群结构，这种集群结构主要是界定在供应商和成品商基础之上的，可分为简单型和复杂型两类。其中简单型是指从成品商到供应商之间只有 2～4 层产业链的企业集群，复杂型是指从成品商到原始供应商之间有 5 层以上产业链的企业集群。作为一个开放的系统，企业集群组成的广度和平衡是非常重要的，如果各个组成部分能够协调发展，企业集群就会发展得比较完备，集群内会形成竞争与合作并存的内部网络关系和文化的认同感，从而增进各组成部分之间的交流并创建一套共同的行为规范。而在行为规范的指导和约束下会加速信息交流和知识的传播，增加集群内企业间的交易机会，节约时间和交易成本。如果集群内某一类组成数量非常有限，组成结构不合理，功能较弱，又缺乏外部环境的支持和资源的补充，企业集群将无法保持平衡，其竞争力必然受到影响，难以持续发展。

集群内部动态的竞合博弈关系。竞争和合作都是集群内企业获取长期竞争优势的一种行为方式。一方面，集群重塑了竞争形态，把竞争从单个企业之间提升到了更大的群体之间。集群企业的内部竞争是“套”在更大的竞争之中，所以集群内企业对于大竞争的需求可以减弱内部摩擦，即集群间的竞争容易加强集群内部的合作。另一方面，合作并非意味着缺乏竞争。尽管群内企业对于集群竞争的依赖性的存在，个性企业所有者关心的仍然是企业自身的利益得失，而非集群的总利益。并且在集群中，由于地理空间上的接近性，企业对于竞争压力的感受也更为直接，集群内企业总是有足够的竞争动机。企业对于集群整体竞争优势的依赖以及寻求自身发展的压力使得集群内企业处于不断的竞合博弈中，形成了新型的竞合关系。在竞合博弈的网络化成长中寻找单个企业的发展，以及在这一竞合过程中影响整体的竞争优势是集群中这种新型竞合关系的基本情况。企业集群也正是在这种竞合博弈关系中达到一种动态的平衡，这种竞合关系处理不当将会严重影响企业集群的发展。

二、中小企业集群内各企业的微观行为

就整体而言，中小企业集群内部的企业是协同竞争关系，它们既有紧密的分工又存在激烈的竞争。从分工看，大家都是商业上彼此相关的交易伙伴，存在着一定的关系；从竞争的角度看，为了生存和发展就必须提高劳动生产率。这样的集群内部关系客观上产生了协同效应，其外在表现就是集群竞争力的形成。集群内单个企业的生产经营要素变化都或多或少地同集群其他成员发生关系。

1. 技术在同类企业之间的迅速扩散

中小企业集群内部，企业之间联系密切，相当大程度上属于熟人社会，彼此有很好的信任度，各种渠道的信息交流多，自发形成了所谓的“圈子”。竞争的压力迫使这些中小企业本身必须进行技术创新，在多数情况下，技术创新属于小打小闹的改进，或者说达不到创新的高度。小小的技术改进有些时候也会使效率和产品的质量获得提升。此类技术或者说是技巧通常无法形成垄断地位，会因为“圈子”的存在而在同类企业之间快速流行开来。一些技术工种的熟练劳动力往往为几家企业所用，即便是在平时，在技术、管理、工艺等方面有一定知名度的人员经常有联系，精明的企业主是不会放弃这些珍贵资源的。

2. 技术迅速扩散造成集群优势

例如纺纱企业因为在纱锭上增加一个小小的铁钩就使纱光亮而增添纱的品质。增加一个小铁钩最初的成本是 0.6 元，但被其他企业模仿后，使用数量的扩大和经过能工巧匠的改进，其每个成本降低到了 0.2 元。就纺纱总成本而言使用铁钩所增加的成本几乎可以忽略不计，但是纱的质量得到很大改善，更容易得到市场的认可。小小的革新迅速大规模被市场接受，化作企业的效率，从而化作集群的效率。从逻辑推测看，无法形成垄断的技术或技巧都会在集群内部同类企业之间快速得到推广，推广之快几乎是在几天内就被市场消化了。相对于技术改进，工艺在中小企业之间的传播就会慢一点，它需要变通，需要变通之人掌握相应的技术原理，形式上的模仿往往不具有可操作性。工艺工程师定期或不定期到相关企业提供指导使工艺在集群内部企业之间实现一定程度上的共享。

技术和工艺这种传播是没有任何制度障碍的，因此通常也不用支付制度成本，企业之间的协同通过一种非制度的方式自然得以进行，通常也可以把此种协同称之为模仿。小创新，大模仿，单个企业的技术和工艺革新演化成为集群的竞争优势。

马克思把科学技术及其在工艺上的应用看做提高劳动生产率的五大因素之一。对大工业而言，机器的使用能够把科学技术力和自然力融入生产过程之中，这样就使得劳动效率的提高不过多依赖劳动，而是依赖科学技术，强调科学技术的重要作用。中小企业集群内部企业之间的竞争是进行技术革新的持续动力，但单个企业规模的制约，通常不能在研发上进行更多的投入，而技术改进的结果往往不能形成垄断或者说不适合于垄断，极大地制约了中小企业集群技术和工艺上的创新，这可能是中小企业集群的“软肋”之一。

3．管理方式在各中小企业间渗透和学习

缺乏优秀经营管理人才是中小企业较为普遍的存在。创业者凭借勇气和熟人关系进入到行业中来，成为集群中的一员。中小企业集群内部企业之间的经营和管理的学习和借鉴也是集群竞争力形成的重要因素。集群内部企业之间基本上是开放式的，同类企业管理方式和手段以及思想持续交流，包括同类产品生产工艺流程的借鉴相对便利。处在分工环节上的企业定期或不定期的正式回访和非正式交流，即表现为彼此是利益相关方又在交流过程中能够获得启示，改进质量和提高效率。

应当看到，相当多的中小企业的管理是粗放的，也缺少经营方向定位，企业的所有者同时也是企业的管理者和经营者，所有者同时兼任生产过程的组织者、指挥者和管理者的职能。这与中小企业的产权结构息息相关，私人制和合伙制是中小企业的主体所有制形式。与所有制形式相对应的家族管理和行政管理必然成为管理的形式，同专业化管理相比显得粗放。企业主大多是凭感受和经验推动企业生产经营活动的进行，边干边学。从生产经营过程看，管理既需要经验积累也需要专业技能的掌握，这既需要耗费也需要时间。

中小企业在地域上的集聚，尤其是从事相同生产经营活动的中小企业在地域上的集聚，为迅速提升中小企业本身经营管理水平创造了难得的环境，这也就是集群的优势之一。中小企业所有者数职共兼既是优势也是众多的无奈。所谓优势是指这种职能上的高度统一不用使自身付出更多的委托—代理成本，企业主始终能够实现对企业的控制，在利益关系上表现得更直接，企业对市场始终保持敏感状态，接纳信息、技术，善待客户，及时调整自身的行为。这也应当是中小企业集群竞争优势得以体现的重要方面。所谓的无奈是指中小企业的规模，尤其是技术含量低，竞争激烈的中小企业，没有能力从事研发和使用职业经理人，这就决定了众多的中小企业必须抱团取暖，形成集群，彼此效仿和相互学习。善于学习效仿的中小企业能够生存。

4．中小企业集群内各企业营销信息和渠道的共享

每个中小企业都有相对固定的贸易对象，有的中小企业甚至结成同盟，不离

不弃。商业社会之中，中小企业形成一定的松散的同盟是必需的，是生存使然。但是彼此不离不弃就非常困难了，这也同样是生存使然。中小企业集群成员又有相当部分彼此熟悉，形成了一定程度的熟人社会。按照制度经济学的相关理论，熟人社会的交易主要依靠习俗、文化约束彼此的行为，为此付出的交易费用通常会低一些。形同或相类似的生产经营性质加上一定程度上的熟人社会产生了中小企业集群营销信息和渠道共用共享的可能性和现实性。

在平等互利原则的基础上，中小企业形成更紧密的合作联盟，使他们可以享受相互的优势，学习彼此的长处，弥补对方的弱点，并共同开发产品和市场。通过产业群的运作模式，中小企业可以有效地利用有限的资金和技术力量，享受优势互补，交流信息，并战胜困难和危机——这种困难和危机是不能由一个单一的企业克服的，以获得规模效益经济。因为特定组内的劳动分工，每家中小企业致力于的核心力量的培养和挖掘成本潜力，另一方面，通过密切合作，形成产业链的竞争力，两者结合在一起可以形成强大的竞争优势，如成本、区域品牌、低风险和合作。除此之外，还有利于这些企业的学习和创新，如果一个企业开发一个新的产品，新技术的发挥，技术的更迭，以及改善产品设计等，这些将影响与其合作的企业。

中小企业集群的形成必然吸引与之相关联的信息、技术、资本、产品、服务的供给，它们因中小企业集群而生，这就是中小企业集群的吸附效应。中小企业集群的吸附效应也就是中小企业集群的开放性。一条信息、一项实用技术、一单市场采购往往被多个甚至是大多数中小企业所共享。集群的吸附效应和产品的强大消化能力，使集群的原材料供应者有信心和能力提供不同需求的原料，集群内的任何小企业不用付出更多的交易成本就能够很容易获得自身之需，等同于中小企业有相同的产品来源路径。任何中小企业在营销渠道和策略上的创新都有迅速被复制的需要和可能，从而演化成为中小企业集群的通路。

中小企业集群基于完善的组织模式在一定的范围内具有灵活的聚集，这种形式就要求中小企业的成员使用集群理念和战略，整合资源，实现和谐发展。中小企业利用现代信息技术，并且基于合作伙伴之间的信任和集群机制以购买准确数字的各种产品，降低成本，更好的产品和服务，这实际上是一种竞争和合作关系。中小企业和供应链的总有效率和价值创造能力被带到附近合作的战略协作伙伴之间，这也是赢得竞争优势的原动力。

三、中小企业集群内各企业的创新

如果从经济学的角度理解创新就绝不是单纯的技术进步和由此产生的效率提升，而是一个包括技术进步在内的多元因素构成的体系。从要素的观点看，创新包括技术、管理、工艺、方法、产品、渠道等方面。从制度经济学观点看，创新也应当包括把各种经济资源配置到一起的制度创新。从系统论观点看，创新是系统创新，既包括系统内个别要素的创新也有不同要素组合所形成的创新。由此而言，中小企业集群创新就是集群内部各种构成要素单方面的创新或者是不同要素的组合创新，因此创新必然呈现出多元性。

中小企业集群的突出特点是企业规模小，数量多，市场进入门槛低。此种特征决定了企业之间的竞争是非常激烈的，大浪淘沙，小浪淘沙，无浪也淘沙。这就是经济学上所讲的经济人赚钱的内在动力的外在表现，是中小企业持续创新的不竭动力。众多创新会在集群内企业之间被复制、学习，转变成为集群优势。技术、工艺、管理、渠道等改良都可能在集群企业内部传播。此与集群内在生存环境相关。通常而言，出于竞争的考量，企业会把自己在技术、工艺、管理、渠道等创新内容秘不示人，处处设防以保持竞争优势，但集群内企业规模小，不能把科学技术力和自然力充分并入生产经营过程，因此就单一集群内部企业而言，通常也无法形成强大的竞争力，把这些因素在集群内部使用则会呈现出显著的优势。

中小企业形成的创新往往不具有本质意义，常常是小打小闹的进步，这种进一步形成垄断的可能性基本不存在，企业之间的效仿和复制却可以形成整体竞争效应。就传统的制造业中小企业集群而言，企业生产经营过程中科技含量普遍不高，企业自身研发能力不足，也缺乏支撑中小企业发展技术服务机构、管理咨询机构、营销指导机构，不能集聚起足够的力量形成创新合力。因此，大规模的集群创新尤其是重大的技术创新需要进行机制上的探讨。

四、中小企业集群内各企业的竞争策略

集中战略：在一般情况下，中小企业实力弱，无法经营多种产品以分散风险，不具备强大的研发和设计能力，并且其生产质量、技术、信贷和市场营销销售，一般都逊于大型企业。因此，中小企业必须坚持以“让其一些事情来做其他事情”

的原则，用市场关注的焦点策略，集中有限的资源和金钱于可以成为自己竞争优势的目标和领域上。之后，核心竞争力将在地区形成并且中小企业将成为一个不可替代的供应链的成员。

差异化战略：中小企业同质化现象较为严重，同质化竞争是制约中小企业发展的主要因素。供应链环境下，供应链成员之间既有合作也有不可避免的竞争。中小企业需要发挥和利用其独特的产品或服务，加强其合作的现状，开展差异化战略的供应链。区别对待的做法，可能是其设计的独特性，品牌形象，技术特点，客户服务，分销网络或其他方面。差异化战略是中小企业获得竞争优势的重要途径。

填补空缺的战略：经济发展的规律表明，市场总是充满活力和变化的，因此，市场总是有空缺。修补空缺战略是一个特殊的市场细分策略。这个战略的重点在于一个特定的细分目标市场并且中小企业可以在夹缝中生存和发展。中小企业可以瞄准市场空缺，发挥自身的优势，发展大型企业没有注意到的产品和填补市场空缺。随后中小企业可以成为一个大型企业的好助手或供应链中的必要成员，它们也有机会成长为行业中的优秀企业。一个企业必须对市场的变化具备快速反应和中小企业可以在这一领域表现不错。

供应链的多元化战略：依托大型企业的拉动作用，中小企业可以挂靠于大型强企业，增加这方面为核心的强势企业的供应链，积极团结大集团和大型企业，根据市场导向积极与大企业合作，利用其品牌、资金、技术、营销和管理能力等，推进自身的管理和技术水平。这些都是中小企业融入供应链的基本战略。同时，中小企业灵活，适应性强。当它们选择供应链和供应链管理模式的时候，它们也应保持相对的独立性。中小企业必须有一个积极的合作意识，但也要有明确的竞争意识。如果具有一些很好的合作条件，就可以通过供应链的多元化战略，同步输入几个供应链，并与几个重点企业建立合作关系。

中小企业加入多个供应链，可以拓宽中小企业的发展空间。在供应链中的次要地位的中小企业可以为一个大的核心企业提供服务，也可以成为几家大型企业的材料和配件供应商或分销商。中小企业在供应链中发挥辅助作用，没有能力或需要来领导整个供应链，并且应集中于集群内部供应链管理。首先，我们可以推进中小企业合作管理水平和提高集群整体竞争力。其次，我们应该参与整个供应链的有效合作，扩大对中小企业集群发展的空间。最后，我们应该创造条件，在几条供应链中采取协作服务，实施中小企业集群的多元化战略。

总之，供应链中的中小企业发展战略必须基于清楚的合作和竞争意识。双方的合作主要是关于集成到供应链的与大型企业和其他中小企业的有效合作，以达到双赢的效果。竞争必须根据其对中小企业的核心竞争力，并保持相对的独立性，有一个灵活应对市场变化，把握市场机会，并参与多个供应链的运作。

中小企业集群操作，促进劳动力和企业之间的协作分工，提高它们的整体生产技术水平和节约交易成本。同时，企业集群，因其优势，极大地促进集群地区的经济增长。基于中小企业集群的集成，使中小企业集群成员之间的一体化程度高于供应链中的平均成员。集群企业的主题是密切合作，但集群业务合作伙伴之间的关系也需要动态优化，并且为了进一步改善中小企业的运作效率和效益，供应链管理角度的运营业是必要的。同时，中小企业集群的供应链运作模式，可以提供更大的发展空间。

五、中小企业集群的外部环境

企业集群或称为产业集群是进入到工业社会之后生产力区域布局上的突出特征，众多市场经济体制国家都存在中小企业集群现象，经济发展呈现出企业集群化特征并且呈现出强大的竞争能力。尽管在自然经济时代，以“奇技淫巧”为内容的手工工业在一些地区长期存在，在区域上集聚，形成集群特色，但是企业集群是工业时代产物。中小企业集群是众多各具特色产业集群中的主体，对区域经济发展乃至国家经济实力的增强有支撑作用，意义重大。思考中小企业和中小企业集群成长的外部环境，寻求其中的规律可以更好地丰富企业集群方面的理论，给成长中的中小企业集群提供实践参考。

自从 19 世纪末英国经济学家马歇尔对英国传统中小企业集群率先进行研究以来，企业集群起因和规模的理论和实证分析令人眼花缭乱，而系统梳理中小企业集群形成的外部环境的思考大都停留在区位、资源禀赋、技术推动、创新（技术、组织）等因素分析上，企业平均规模与人均 GDP、城市化以及工业化水平之间关系的实证探讨基本上有了确切的结论，有丰富的理论创新成果。这些成果或这些理论以市场制度为既定不变条件，得出的结论具有共性因素，即企业集群的形成是有利于提高企业、产业和不同层面的区域竞争力的一种有效的产业组织形式，中小企业集群的形成是一个复杂的企业组织现象，是经济、社会、自然地理、历史、人文等诸多因素综合作用的结果。中小企业集群形成的外部环境对此有不同的探究视角，更多地从市场制度本身寻求中小企业集群形成的理由，这种探讨更接近事物的本质属性。

1．中小企业集群形成的本源环境

（1）中小企业集群形成的外部环境概述

分布在全球各地的中小企业集群林林总总，各具特色。理论工作者从不同的视角探究其生存和发展，产生了一些可观的研究成果。工业区位论者强调区域中的交通运输等公共服务和基础设施加上资源丰富看做中小企业集群形成的核心环境；地域生产综合体理论强调自上而下由政府驱动形成中小企业集群，集群内部企业间的关联性由政府部门根据需要加以设置，政府是形成企业集群效应驱动因素；增长极理论强调经济增长是由起支配作用的经济单位支撑的，在特定约束环境中，这个起支配作用的经济单位发挥作用的空间就是约束条件本身，一个地区要实现经济增长关键在于国家政策和区域经济政策能否实现产业集聚，中小企业集群形成的外部环境在于政府政策。这成了一些国家政府制定政策的一个法宝；因果积累理论强调作为一个动态过程的中小企业集群是各种社会经济因素相互联动、相互影响的结果，生产力条件有优势的地区向普通地区扩散的同时也使不发达地区的投资品向发达地区集聚，从而扩大地区经济发展差距。因此，国家外部环境的指向也就清晰了，就是优先发展那些基础条件优先的地区经济，引导产业向条件好的地区集聚。

仔细梳理中小企业集群生成的外部环境可以把它们分成两类。一是自然条件，包括自然资源、地理位置、人文环境。其中的关系大体上是这样的，资源构成中小企业集群形成重要依托，包括其中的人文环境例如习俗等，地理位置为中小企业集群形成提供交易上的便利。这些生产力因素决定了中小企业集群形成的土壤，因此，从一定意义上说是中小企业集群形成的生产力环境是决定性因素；二是政府驱动。例如通过交通和基础设施的投资改变本地区的相对地理位置和由此拓宽自然资源禀赋，降低中小企业集群形成的成本，从与经济利益直接相关的成本这个范畴出发促使中小企业集群的形成，并且把由此形成的企业集群看做区域经济增长的支撑。显然上述理论分析都有一定的解释能力，从中小企业集群的结果中思考到了集群的支撑原因，但是他们没有回答为什么地理位置优越、资源丰富的地区没有形成中小企业集群，而在看似没有客观条件的地区反而存在着中小企业集群，这需要从更为本质的层面给出一定的解释。这个更为本质的层面一定是市场制度本身。

（2）市场制度构成中小企业集群形成的外部环境

经济学科的历史和现实普遍存在的一个弊端就是把经济活动的制度因素看成是既定的，从而在形成学理的过程中不予考虑，成为容易忽视的对象。尽管经济学有剖析制度的传统，尤其是20世纪60年代兴起的新制度经济学重点探求经济过程中的制度，制度因素还是经常被忽视。思考中小企业集群形成的外部环境首当其冲归结为制度。对于现实经济活动中赖以进行的自然条件而言，中小企业或者任何一个经济人都是了然于胸的。马克思说资本家用狡黠的目光看待各种经济资源包括劳动力资源，实质上就是说资本家清楚所面对的自然条件。当中小企业需要相同的条件聚集到一起时就自然形成集群和集群效应。这些自然条件已经被以往的研究中小企业集群的学者所关注到并在学理上进行了阐述。

从经济活动需要的物质条件阐述中小企业集群的产生本质上并不是错，所谓巧妇难为无米之炊。马克思经济学强调物质的决定性作用，人与物是任何社会再生产必不可少的基本条件。因此把物质作为分析的重点理所当然，甚至特别强调其中的科学技术因素也有可取之处，也符合社会上大多数人的感觉。显然，把各种物质条件组合到一起进行生产经营或者说产生现实的生产经营实体进行高效率的生产经营，使经济不断走向现代化却是市场制度。市场制度自然也就是中小企业集群生成的本质所在。

从理论上说，为了降低交易成本，提高效率，增强竞争能力，适应市场需要，促使有相关性的中小企业在地域上集聚，形成中小企业集群。集群内部的中小企业是协同竞争的关系，它们既分工协作又相互竞争，技术创新与管理创新以及营销渠道的创新都能够为集群内中小企业效仿和借鉴，形成协同效应，推动集群内企业在竞争中发展，形成竞争优势。正是在这个意义上，从事同类生产经营活动或者在生产经营上有关联性的中小企业才能够在区域上形成集群。因此中小企业集群形成的最大的外部环境就是市场环境或市场制度。遵照此逻辑，在区域上形成中小企业集群必须首先具备一定的市场制度，至少是在这个制度形成过程中才有可能产生中小企业集群。

从现实逻辑上说，我国的中小企业集群最早大量形成的地区恰恰是我们的市场制度最早发育地区和市场制度率先形成地区。理论逻辑与现实逻辑相吻合，两者有高度统一性。中小企业在一定空间上集聚，首先表现为一定数量资本的集聚过程，这个过程中资本能够依赖灵敏的嗅觉寻找商业机会，完善中小企业集群不断拉长的产业链条，充实链条上的薄弱环节；中小企业集群形成过程也是各类劳动资源例如熟练劳动力、经理人、企业家发展的过程，适用于当地经济发展的劳动力就业制度就会相对成熟；中小企业集群形成过程中众多的中小企业因地域上的集聚而开展更为激烈的竞争，促进企业创新发展；中小企业集群形成也有利于处在集群链条的各方建立广泛的沟通交流，了解市场动态和产业发展趋势以及产业创新，从而形成中小企业集群创新态势。这都是市场制度使然，有自然必然性。

2. 中小企业集群式经营有利于降低制度费用

既然市场经济制度是中小企业集群形成的本源，因此也成为其最本质的外部环境，循着这样逻辑，中小企业集群的发展就需要不断完善市场制度，降低制度成本，优化外部环境。当然这个外部环境不仅针对中小企业本身，而是适应一切市场经济主体的。

（1）制度费用的宏观评价

在制度经济学那里制度费用通常也被称为交易费用，通俗说法是人与人打交道的费用。市场制度费用就自然是市场经济中人与人打交道的费用，是促成产权交易的费用。交易费用通常被具体化为交易产权谈判前的准备阶段的费用、谈判与契约签订的费用、契约执行的费用。当然要精确量化制度费用是比较难办的事情。一是因为交易费用或制度费用概念本身的模糊，外延边界不清；二是因为生产成本与制度成本不易区分。虽然如此，制度费用是可以通过一些相应的途径加以估量的。例如我国的物流费占 GDP 的比重为 18%，这一指标比市场经济国家高出近 1 倍，可以把高出来的这部分费用归结为制度费用。又如，虽然中小企业融资难是全球经济中的普遍现象，但是我国中小企业融资、税费负担、灰色负担等方面具有特殊性，全部高高在上。中小企业银行借款的满足率不到 10%，贷款利率一般要上浮 20%～30%，还要承担担保、评估、财务顾问等相关费用，获得审批周期长。涉及中小企业收费偏多，违法违规收费屡禁不止，国家出台的减免税费政策也难以落实到位。凡此林林总总也可以归结为制度成本。我国行政费用支出占财政支出的比重比欧美日等经济发达国家高出一倍多也可以归结为制度成本。中小企业占国内企业总量的九成以上，创造 GDP 的六成以上，当然是制度费用的承受者，自然也就是中小企业集群形成的障碍因素。破解中小企业集群产生和发展的难题，自然需要从降低制度成本入手。

（2）降低制度费用的着眼点

尽快释放改革红利是降低制度费用的核心着眼点，也是改善中小企业集群外部环境的着眼点。所谓改革红利就是针对当下我国社会经济活动中市场准入门槛高和市场主体交易费用高等突出问题从体制上给各类市场主体进一步松绑，回归自主创业、自主就业的市场本质要求，调动各类市场主体积极性，促使经济转型增长，人民从高质量的经济增长中得到更多的实惠。

自从 1992 年明确我国经济体制改革的目标是建立社会主义市场经济体制以来，尽管产权制度改革取得了相当大的进步，初步建立起与市场经济体制相适宜的现代产权制度，但是制约经济转型和发展的体制性和制度性因素仍然在发挥作用，政治体制改革进展慢制约经济体制转型，改革的制度红利有更大的释放空间。这个红利释放空间同样构成中小企业集群形成和发展的外部环境。

长期以来，中小企业普遍面临着融资难、用地难、市场准入难、税费负担重等众多发展中的难题，各级政府的确为此也做出了种种努力试图铲除横亘在中小企业面前的这些障碍，效果极为有限，究其原因就会发现，单纯从某个视角解决中小企业发展难题产生的效应有限，无法从更本质的层面化解中小企业发展中的难题，改革进入到了“深水区”，必须从宏观上进一步界定和划分产权完善市场制度，以制度创新推动中小企业发展创新，化解中小企业发展难题。其基本思路就是淡化政府管制，给中小企业释放更大的生存和发展空间。

从宏观上说我国并不缺少资本来源，2012 年我国大陆城乡居民储蓄余额接近 40 万亿元人民币，这是一个非常庞大的数字，可以想象，如果其中的一部分用于投资，按照经济学理论，投资又会产生乘数效应，必将会有更多市场主体诞生，中小企业队伍、中小企业集群必将壮大，中小企业也必将会更有活力。但是这一切的前提就是必须从制度设计上最大限度地减少政府审批、核准、备案范围，还市场经济企业和个人投资自主权，让需求驱动投资，让市场决定投资的进退。我国正式加入世界贸易组织以来，曾经有一段时期为了适应世界贸易组织规则要求，各级政府陆续清理了一批审批、核准、收费等政府管制项目，数量惊人。十多年过去了，政府管制依然强大，投资自由、就业自由还有许多不必要的限制或管制，市场准入的门槛仍然偏高，中小企业难产综合征始终存在。

对经济的过度管制不但造成了中小企业产生难也制造了中小企业生存难，经营过程中生产许可制度和非许可审批制度以及各种检查制度、评比制度、达标制度使非生产经营成本支出增加，摊薄企业利润，制约企业发展后劲。据估算，如果能够实现政府行政管理的制度化减负则能够为实体经济增加数千亿元的利润。

3．构建中小企业集群竞争力的外部环境

提升中小企业集群竞争力需要良好的外部环境，外部环境的营造者是政府。政府要在中小企业集群创建和发展过程中起到催化剂的作用，提供更好的公共计划。

（1）坚持区域可持续发展战略

由区域人员、社会、经济、资源和环境等子系统组成的纵横交织的复杂系统，称之为“区域人地系统”。在这样一个系统中，各子系统（或要素）间相互作用的性质是不同的。有些相互作用彼此协调，能促进系统健康、有序地发展，有利于系统整体功能的充分发挥；有些相互作用则相互掣肘，不利于系统健康有序地发展和系统整体功能的充分发挥。其中前者属于积极的相互作用，后者属于消极的相互作用。显然，区域可持续发展有赖于各子系统间的耦合。在区域人地系统中，耦合意味着区域人口、社会、经济、资源和环境等子系统之间相互协调，使整个系统稳定、有序地演进。

（2）完善宏观调控的职能

政府可通过改善区位条件吸引和诱导个人或企业的投资，促进区域产业和经济的增长，实现区域经济的均衡发展。区位条件的改善包括用水、用地、用电、交通和通信设施、港湾和环境等社会资本的投入和整治。良好的社会基础设施是中小企业集群布局的最基本条件，因此，政府在这方面的真正职能不是出面来办企业，而是把有限的资源投入社会资本，改善社会基础设施，给中小企业集群创造一个良好的投资环境。并且，要有计划地开辟工业园区吸引各种形式的资本投入。在区位投资方面，政府可对一些鼓励投资的区位在政策上进行倾斜，如在投资审批、信贷、输出和输入上给予优惠政策，吸引中小企业集群的资本投入。相反，政府对一些限制投资的区位，通过占地费用和税收来限制其投资。还应该逐步完善相应的法律、法规体系，采取积极有效的行政手段来规范中小企业集群的生产经营劳动，使得中小企业集群与外部经济单位的竞争在公平有效的氛围中进行，并保证中小企业集群内部的各企业在合作式竞争中能够不断实现帕雷托的改进，以期不断地增进集群的经济效益和社会效益。

（3）提供有效的公共物品

第一，政府对中小企业集群的作用不仅包括对硬件如对用地、用水、用电、交通和通信设施等环境的整治，也包括各种软件如教育、政策和法规等的提高和

制定。尤其是后者更重要，比如我们国家劳动力丰富且廉价，几乎在国内不能算是一个有利的区位因子，但劳动力的质量在地区上存在着明显差异，因此，在建高楼、修别墅的同时不能忘记教育的投资。政府应该协调企业以及各级的中介服务组织通过举办科技讲座，创办培训班和定期举行交流等形式，使得集群内的企业形成一种共同的价值理念、行为准则、作风和习惯，进而为企业集群的发展创造良好的社会文化氛围。第二，政府应该要加大宣传力度，帮助中小企业集群扩大知名度，加强区域品牌的建设，在中小企业集群所在区域内，在单个企业无法自己创造名牌产品的情况下，要提高本地区产品的市场竞争力，利用整个集群区域的品牌，即集群区域的企业共同使用一个或者几个品牌，将产品推向市场。

（4）优化集群内企业的经营战略环境

企业集群是一个以合作为基础的特殊的竞争单位，集群赋予集群内部的单个企业以特设的角色和任务。对于集群内企业而言，面对集群竞争的新竞争形态，个体企业不是“无为而治”。在新的竞争形态下，两套不同的因素影响了企业能够从集群中获取的价值。一方面是影响集群利益的因素；另一方面是企业分享这些利益的影响因素。集群内企业管理者不仅需要关心自己的利益，也要留意集群中其他企业的利益。此时，管理者不仅要考虑集群赢得集体利益的可能性，同时也要认识到企业在集群中扮演的角色。此外，赋予竞争力的企业集群的一个重要特征是其国际化定位，集群内企业应充分了解国际市场的状况，考虑当地的生产要素与需求条件等各方面因素，适当选择本企业的定位，并通过行业协会等机构与集群内其他企业沟通以影响本企业集群的定位。优化集群内企业的竞争合作行为最有效的途径是构筑集群内的产业网络，在组织形式上，产业网络的构建主体可采用两种模式：以产品为纽带和技术为纽带。以产品为纽带的产业网络可以通过三种方式组织：一是“中心-卫星”模式。二是以价值链为基础的联结模式。三是竞争—合作互动方式。以技术为纽带的产业网络的构建主体是根据产品生产技术的关联加以组织。由于产业发展对技术发展的依赖性，产业网络可以通过区域技术发展的优势加以组合。以技术为纽带构建产业网络的可行性，主要是因为集群内企业能够较容易地接近创新资源，推进集群成员创新合作并充分享用创新的外部经济性，提高创新学习效率，加快产业升级，并在产业升级的同时，有效地促进产业创新网络的发展。由于在技术体系中单元技术内在的关联性及其技术发展的连锁效应，任何一项单元技术的发展，都会打破原来技术系统的平衡，引起其他单元技术发生适应性的调整，从而推动该领域技术体系的升级，并带动产业技术的升级。集群内企业便可以通过这种纽带关系从中得到益处。

回顾历史，但凡政府管制较少的时期都是经济发展比较快的时期，政府管制较少的地区也是经济发展较快的地区。这是一条规律性的东西。封建经济时代的“重本抑末”政策本质上也是政府管制。在我国的经济思想史上，“重本抑末”源远流长，这个未经过任何逻辑分析和实践验证的政策长期发挥作用。它打着反对“奇技淫巧”、“锦绣綦组”的口号，行统治管制之实。不对症的制度延缓了中国经济发展的进程。政府只对自己管制的东西放心，而对市场制度不放心，其本质是对人的自由行为不够放心，似乎只要政府不管制社会就失去了秩序，尤其是当经济出现波动时，当思想进化威胁到统治者利益的时候，更会强化管制思维，证明管制的正确性。这种文化渊源由来已久，甚至根深蒂固，加以破除也必须假以时日。市场体制全球化的大背景下，过多的行政管制无疑是“重本抑末”的升级版而已，就其本质而言没有什么不同，它只能对经济发展转型起制约作用，它自然产生权利寻租，中小企业必然会为此支付更多的制度代价。当下放松政府管制，释放改革红利，给中小企业更大的发展空间，必须首先进行政府机构改革，以转变政府职能为核心，以前所未有的魄力简政放权，建立服务型政府，还市场在配置资源中的基础性地位，在这个过程中引导中小企业转变增长方式，面向现代化。

第四章　中小企业集群竞争力的资源与区位环境

某一地区的地理环境、资源禀赋等自然因素是形成中小企业群的基础性因素，这些因素往往会通过历史文化的沉淀作用来促进企业群的缓慢形成。从传统的区位理论来看，地理环境所决定的区域位置决定了运输成本，从而影响和制约了区域以至于区域内集群的发展。另外，地理因素中还包含有气候、土壤和水文等，这些对于不同产品的生产具有不同程度的影响和制约作用。

一、中小企业集群竞争力与资源的利用

1. 人力资源

人力资本不仅包括集群内部的企业经济运行所需的一般职工、具备基本知识和技能的工作人员，更强调企业集群内具备专业知识和创新能力的高级技工和具备冒险精神和创业精神的企业家队伍。尤其在当今激烈的市场竞争中，从某种程度上说，企业集群内部的人力资本素质决定着企业集群的胜负。人力资本的另一个方面体现在集群区域所需要的柔性化劳动力上，柔性化的劳动力主要是指在柔性化的企业中的学习性工人和兼职劳动力，由于这种企业雇员没有必要在规定的时间和程序的范围内进行工作，所以将会把更多的时间和精力投入到研发和创新的过程中去，从另一个角度上讲，一个国家人力资本的总体水平应该由该国中小企业的人力资本水平来决定，中国大量企业的人力资本管理还处于自我学习和探索的阶段，大量的民营经济主体中靠家庭发展和成长起来，虽然在创业之初，这种关系促进了集群凝聚力的形成，但是在企业集群发展的中后期越来越体现了自身的局限性。通过自学与外聘、培训和学习结合的方式来加强自身的人力资本素质是中小企业集群实现可持续发展的必由之路。

为中小企业提供服务的中介组织也可称之为人力资本中的重要组成部分。企

业集群的服务组织主要包括以下相关产业与支持性产业（如产品供应商与成品商等、投融资机构等）、产业内部的行会组织等，广义的企业集群组织还包括相应的政府机构等，这些机构和组织在集群内部起到了中介作用。研究表明很多商会或者企业协会在帮助企业之间建立合作关系方面提供各种服务，并使会员企业经常进行交流和合作，在技术研究开发以及市场开拓、产品营销等起到了积极的促进作用。所以，从某种程度上可以这样说，中介组织决定着中小企业集群的运行效率。

2．物力资源

这里指的物力资源主要包括基础设施。基础设施涵盖的范围非常广泛，包括有形的基础设施、信息基础设施和科学技术基础设施等多方面的内容，有形的基础设施包括电力、水利、交通运输等企业集群经济活动所必需的基础性条件。信息和科学技术设施主要包括各种科研院所、高等学校以及图书馆、信息中心、基本的网络设施等，这些设施的存在使知识的沟通和传播得以实现。20 世纪 70 年代末期以来，许多国家与地区开始探寻和实践以知识为本依靠内力发展经济的道路。知识、信息、人才、专利等科研基础架构了科学技术环境，这种环境具体说来包括以下几个方面：科学研究的投入和基础建设；研发条件与手段，中试条件与手段，科技信息交流条件与手段，产业政策优化，生产与科技开发活动社会化，企业竞争能力的增进，通信、交通、能源等基础产业的超前发展。

中小企业集群竞争力资源条件的“基础性”体现在两个方面，一方面，中小企业集群竞争力的形成依赖于这些基础的养分；另一方面，中小企业集群形成之后的发展壮大也是以这些资源条件为前提的，这也理所当然地构成了构建或发展中小企业集群竞争力的客观现实约束。构建何种集群，集群的规模如何，集群的发展路在何方等所有这些问题的解决都依赖于是否对集群的资源条件有透彻和深入的考证和研究。

二、中小企业集群竞争力与区位环境

一个地区所处地域特有的区位条件对中小企业集群竞争力的形成和发展起着至关重要的作用。就产品市场来说，随着社会经济的不断发展和人们生活水平的不断提高，人们生活方式和消费观念发生了很大程度的改变，从而促进了人们消费范围和消费欲望的扩大和提高。社会需求呈现出多样化、复杂化和高级化的发展趋势，人们将向市场提出更多、更高层次的物质需求和精神需求，高科技含量和高附加值产品的需求量将大幅度增加，市场要求企业提供高质量、多品种和时尚化的产品。这一方面向企业提出了新的挑战，另一方面也为企业市场创新提供了机会。值得注意的是，虽然消费者个性化和多样化的需求信息在传导的过程中会被扭曲，但是集群组织的企业之间由于可以更好地交流、理解和信任，大大降低了这种“供应链”上的信息失真性，从而固化了中小企业集群所在区域的区位环境。

1．集群经济的类型及我国中小企业集群的区位状态

全球化的活动空间和本地化的集群经济相互推动。集群经济已经成为区域参与全球竞争的重要力量。国家和区域的竞争力表现为对各种流动财富的吸引力和利用这些财富创造新价值的能力，集群经济是在全球化与区域化交互作用下参与竞争的骨干力量。发达国家和发展中国家大量的集群经济现象的出现使世界版图形成了色彩斑斓、块状明显的“经济马赛克”，世界财富主要是在这里创造的。

集群经济一般分为两种类型，即创新型集群与低成本型集群。创新型集群的特征是创新、高质量、功能的灵活性和良好的工作环境；在良好的法规制度下企业间自觉地发展合作关系。由于创新的复杂性和不确定性、产品生命周期缩短、需求追求个性化等原因，创新从过去线性模式向现在的非线性、复合模式转变，单个企业难以在价值链的各个环节保证创新的成功率，而集群内企业通过相互合作、相互学习，通过交互式作用过程，创新的基础和条件要优越于单个孤立的企业，形成一种不断创新的路径依赖。产业集聚对创新的贡献还在于同行业之间的非正式交流。这种非正式的交流往往不是通过契约的形式来实现的，而是通过不同公司员工之间面对面的接触、工作之余的聊天等，使不同的思想在交流中相互碰撞而产生新的火花。

低成本型集群，其参与竞争的基础是低成本。发展中国家的集群经济很少有创新型成功集群的那些优点。在很多情况下，企业之间的合作只是偶然的。虽然通常企业家在很近的地理范围内一起生活和工作，也很少共享信息、讨论共同的问题，企业之间会时常出现恶性竞争。但同一产业的企业在地理上集聚，会促进企业在区域内的分工，使厂商能够招聘到有专业技能和工作经验的雇员，及时得到本行业竞争所需要的信息，更稳定更有效率地得到供应商的服务，比较容易地获得配套的产品和服务，并以较低的价格从政府以及其他公共机构获得公共物品

或服务。这些都使区域内的企业降低了成本，使集群内的企业在生产成本上具有明显的优势，从而奠定价格竞争的基础。

我国的集群经济主要存在于中小企业中，中小企业集群在很多省份都有分布，其中以浙江省和广东省最为集中。纺织工业的集群化特征明显，医药企业也呈现集群化的趋势。目前，我国中小企业集群基本表现为五种形态：乡镇基础上形成的中小企业集群，主要存在于浙江温州的劳动密集型专业化产业区；高科技企业基础上形成的中小企业集群，这种集群是在科技界由实业家创业的基础上形成的，在北京中关村的IT产业群中，新企业的衍生和中小企业的发展、企业家的成长和产业文化的变迁等现象十分明显；来料加工基础上形成的中小企业集群，例如广东东莞的劳动密集型专业镇；国外投资基础上形成的中小企业集群；公有企业改制后繁衍和积聚而形成的中小企业集群。例如山东青岛的海尔、四川重庆的嘉陵摩托、辽宁营口的东北钢琴等集团附近，都有相关企业繁殖和衍生，这些企业的存在，又促进了它们的配套产业发展，并在相关行业企业的竞争中创新和升级。这些不同形态的集群在不同的背景下，走上了不同的发展道路，以不尽相同的方式加入了全球价值链的竞争中。

我国中小企业集群运行机制是本地多个企业共同构筑价值链，通过弹性专精的分工协作，形成地方生产系统，获得外部规模经济和外部范围经济以及集体效率，这一点与发达国家的集群相似。不同的特点在于：地方政府极大地影响着中小企业集群的发展，所形成的地方制度环境不仅独特而且区域差异大、变化快。另外，全球华人网络在中国的集群进入全球生产网络的过程中起到桥梁和纽带的作用，港澳台资本在外商对华直接投资中占近2/3的份额，是早期东南沿海工业化和城市化过程最主要的驱动力量，浙江以温州为代表的集群的国际化道路是自发的跨国经营网络的扩张过程，跨国联系对中国高科技产业发展的影响也是有目共睹的。“本地化”和“全球化”之间的张力在中国不同集群的发展中都有着不同体现。其次，我国集群不是建立在市场经济悠久历史基础上的，但专业化市场在集群发展中起着先锋作用。例如，中关村紧跟国际市场，营销的品种齐全且方式灵活，库存量小，是中国电子产品市场最重要的“晴雨表”，由市场推动创新。在我国其他集群中，大多建立了专业市场。

2．我国中小企业集群区位发展中存在的主要问题

小生产管理方式占有很大的比重，专业化层次低，技术熟练工人缺乏，技术水平不高，产品“低质跑量”比重较大，企业短期行为严重，缺乏公益性产品开发服务和信息服务以及其他配套服务。仿制现象突出，诚信水平不高，金融担保体系尚未建立等问题也较普遍。同时集群所在地行政管理中虽然普遍重视为集群创造条件，但仍然存在着铺摊子、比数量、地区分割等传统发展地区经济的封闭保守思想，妨碍了产业集群的提升和区域间专业分工的发展。近年来，我国企业依靠低成本参与竞争的问题日益突出。

缺乏完善的中小企业集群政策体系和健全的社会化服务体系。我国的科技中介组织主要依托地区和行业设立的，每一个省、市都设有生产力促进中心，但在主要的专业化集群中没有设立相应的机构，没有将集群作为中小企业政策的重要载体和基本工具，导致科技中介机构与产业的脱节。又如，信用体系和担保体系的建立也是在省市县三个层次建立，发挥的作用十分有限，如果依托集群建立这些服务体系，对于中小企业的扶持政策才能真正“落地”。由于缺乏必要的协调，产业上下游发展不平衡。

中小企业集群的社会网络欠发达制约经济科技与社会协调发展。技术创新是社会过程，是在企业之间、人与人之间交流和互动的基础上产生的。在国内很多行业领域，社会信任水平的低下对分工协作的深化造成了严重的阻碍。在我国企业信息化应用中资源浪费，信息孤岛现象十分严重。显然，不可能每个企业都有自己的IT队伍，而且各自构建的基础架构资源很难在更广的范围内共享，各企业的应用服务不能很好地衔接。需要关联的终端设备、关联的基础架构平台，还需要专业化的IT厂商提供关联服务，以实现关联应用。在产业集群发展过程中，尽管集群可以产生外部规模经济，但低水平的集群带来的社会问题也比较突出，“搭便车”形成的外部效应十分明显，如环境污染严重，可持续发展能力不足。

三、工业园区是中小企业集群发展的有效载体

工业园区作为加速工业化和对外开放合作的重要支撑，增加就业岗位的重要阵地，已成为加快工业化进程的强力引擎和新的经济增长点。随着经济和产业政策的调整，区域竞争愈演愈烈，工业园区的发展在面临新的机遇的同时也面临着严峻的挑战。因此，如何发挥工业园区自身优势，促进企业的集聚和整合及中小企业集群的发展和延伸，形成行业规模经济和整体竞争优势，从而提高经济综合实力发展就成为亟须解决的问题。

1．工业园区发展的意义

通常人们把集聚一部分相同类型的企业，并享受一定的政策优惠的特定地理区域，叫做工业园区。其实质就是在划定的区域内，通过科学的规划，优惠的政策，完善的配套服务，形成适宜企业成长的“经济大棚”，实现项目、资金、人才、技术等要素的聚集，从而构筑一个在地理空间上相对集中的企业群体。我国有学者把工业园区定义为：一群相互关联的工业企业开展生产经营活动所在的特定地理区域，在此区域内，企业间紧密联系，竞争与合作并存。从国家对经济区的要求和目前经济区的产业现状可以看出工业占了主导的地位，从产业划分的角度来看，当前各类园区所从事的不同行业基本上归为工业，也就是说理论上目前的各类园区都可以笼统地称为工业园区。我国工业园区真正的实践开始于改革开放以后，为适应改革开放不断扩大的新形势，我国开始了兴办高新技术产业开发区的探索与实践，从此揭开了我国工业园区建设的序幕。发展工业园区具有重大意义。

（1）工业园区能够为中小企业集群提供良好的发展环境

工业园区是由政府主导、推出、建设、发展、提升区域经济发展的一种政策性工具，也是区域经济发展的一种有效载体。工业园区建设初期，布局往往局限在老城区，土地、环境以及居住区等影响束缚了工业的再发展。同时现代化的生产线需要大面积的平整土地等生产要素。基于此，工业园区开始有进一步的发展，开始在一片土地范围比较大、交通比较便利、相关配套比较完善的区域建立起来了，并逐渐带动了周边地区的繁荣和发展。同时，工业园区也在建设中不断优化升级各种生产条件，为中小企业集群的长足发展提供了非常有利的外部环境条件。

（2）工业园区为改善城市布局提供了空间

工业园区高新技术和环境措施的应用，既提高了中小企业集群的生产力和竞争力，又提高了环境质量，将会逐步形成了新的居民聚居区，为城市发展提供了空间，促进了城市各项功能的进一步完善和提高，缓解了老城区发展拥挤的现状。

（3）工业园区为提高区域经济竞争力提供了动力

园区的建立逐渐会形成一种经济环境，这种环境的外部效应会不断加大，同时随着政府公共物品的大力投入，不断改善和促进这种外部效应，慢慢会形成产业集聚和企业集聚，随着集群的出现和完善，在这一区域就会出现实质性的工业园区，就会出现园区经济圈，它一旦形成，就会像磁铁一样既增加了其内部的凝聚力，又对外加强了辐射力和带动力，从而整体上提高了区域经济竞争力。可以说，建设工业园区是中小企业集聚、推进城市化进程的主要手段，是发挥优势、延伸产业链条、推进区域特色经济的重要途径。建设工业园区，实现产业聚集，便于优化资源配置，集中解决问题，增强中小企业集群竞争能力，加快现代工业的发展步伐。

今后工业园区的进一步发展应遵循如下原则：有利于区域资源的优化与整合原则，经济的发展必须要结合自身的优势，充分挖掘本地特色资源，发展具有市场发展潜力等的企业，进而带动整个区域产业结构的升级与转型；开放型原则，在发挥本地资源等优势的同时积极吸收发达地区的资金、技术、人才、先进制度、管理思想等，加强区域之间合作；可持续发展原则，必须走可持续发展的道路，即经济、社会、环境三者协调的发展，对有损社会风气、人民群众健康及严重污染与破坏自然资源环境的发展模式绝不可取；充分就业原则，经济的发展必须有效解决当地群众就业问题；有利于发挥地方政府作用原则，地方政府的作用，主要通过以市场化的经济手段、非市场的行政手段，制定政策方案等途径来发挥，这对市场化进程起到促进与引导作用。工业园区的发展模式必须有利于发挥地方政府的作用。

2. 工业园区发展中的主要问题

目前，由于政府的过度参与和干预又对园区的进一步发展带来了诸多不利的问题。同时，园区自身建设的不到位也引发了相关问题：① 发展战略不清晰。一是项目入驻缺乏科学性，没有真正体现园区相关产业聚集的特色；二是入驻项目布局缺乏合理性，园区在项目入园选址、用地面积、规划布局等环节上缺乏具体严格的审批程序，造成政府投资加大，资源浪费。三是园区发展缺乏前瞻性，园区基础设施建设层次偏低，承载力偏小，造成基础设施建设二次投资。② 基础设施建设较慢。一是基础设施建设缺乏统筹考虑，现有基础设施不能满足后续发展需求。二是投资渠道单一，截至目前工业园区基础设施投资多为政府投资，致使基础设施建设亟须协调解决的突出问题还难以解决。三是经营理念不活，园区的公共设施没有积极探索引入市场机制，吸引社会力量建设园区。③ 集聚优势不强，缺少服务支撑体系。园区企业之间的分工与协作不深，产业链上的分工很少，企业间的关联性不足，每个企业大都处于独立运行的状态。由于缺乏企业集聚，因而无法转化为产业竞争优势，园区内没能形成很强的前向拉动和后向推动的作用。缺少科研成果产业化正常通道，缺少中介服务机构；入园的主体基本上是小企业，不能快速产生有集聚效应的项目和企业。目前，园区企业普遍面临的主要问题是没有一个投融资平台；融资手段少；投融资的主体单一。④ 园区管理机制不活。虽然已经成立工业园区管委会，但作用发挥还不能真正体现，主要表现在三个方面：一是制度还不健全，运行还不规范。在园区建设初期，对入驻项目投资、规划选址、土地征用等方面没有明确的规定，出现园内功能不明晰，混杂而建，甚至出现个别企业圈地行为。二是园区管理部门未能发挥应有的作用。比如未能及时策划、包装、推介项目；未能科学、超前规划；未能及时提供先进的技术指导等。三是人才引进机制不够灵活。真正懂经济、擅管理、能招商的新型人才匮乏。⑤ 后续发展缺乏充足的土地储备。一是没有及时征用争取到的用地指标的土地，征地工作一年比一年难度加大。二是调整土地过程中，规划、审批等手续繁多，部门之间协调较难，增加了园区土地征用工作难度。三是土地价格没有统一标准，群众对征地价格同期攀比、前后攀比，加之征地过程中不能将政策性补偿和灵活性补偿相结合，失地农民后续生活没有保障，为后期产生矛盾纠纷留下隐患，使得征地压力进一步加大。⑥ 投资软环境不尽如人意。一是政府管理职能有待完善，投资环境必须进一步优化。二是工业园区的管理与服务更待提高，园区建设管理缺乏统一的服务体系和办事机构。因为没有设立一个园区专门的办事大厅，使得园区建设中的办事效率大大降低。三是工业园区缺乏地气和人气，餐饮、住宿、娱乐、休闲等生活配套还未能到位。

3．工业园区发展的目标是促进中小企业集群竞争力的形成

日益激烈的市场竞争，迫使工业园区必须慎重制定其发展战略，不断提升其核心竞争力，实现园区的可持续发展。要重视工业园区的区位选择与产业定位。工业园区发展有赖于企业间协作，因此，构建工业园区的首要任务是考虑区位选择的主要变量是区位在创新体系中的作用以及成本因素，工业园区的构建应满足产业竞争的长期需要，特色工业的产业定位应该基于本地区已有和正在形成的产业集群。工业园区的开发建设机构根据与经济管理部门共同研究、科学预测工业用地的需求情况，充分体现出环境保护，合理用地和满足特殊项目用地需求的规划目标。必须优先建设基础设施，坚持高起点规划、高水平设计、高强度投入、高质量建设、高效能管理，建设具有较强综合实力的工业园区来带动周边地区的发展。

（1）利用工业园区提高中小企业集群与市场对接的能力

工业园区的发展与区际发展与区际分工和区际贸易高度相关，因此，工业园区内中小企业集群必须保持与市场的良好对接。政府应该从专业化市场、空间集群以及制度创新等方面，提高地方中小企业集群产品与大市场的对接度，这将最终决定工业园区的成功或失败。分工的水平由市场的范围确定，工业园区与市场的对接不仅包括国内市场，也理应包括国际市场。工业园区必须保持对市场的高度敏感和资源要素的合理流动与配置，这样才会富有柔性和创新活力。这也是工业园区获得长期繁荣的基础。

工业园区是县域经济发展的有效模式，也是中小企业集群发展的有效载体，它的建设还可以有效转移农村富余劳动力，促进了农民收入稳定增长，从而极大地提高了农村工业化与城镇化水平。工业园区发展必须从产业链系统形式为突破口，通过上下游产业的协同效应、创新效应和持续发展效应寻求工业园区的发展空间，进而提升工业园整体竞争力。由于我国工业园区起步较晚，很多社会效益、经济效益还不十分明显，只有通过制定合理的集群政策，明确园区功能，消除壁垒促进交流沟通，提高园区企业之间的相互关系，才会提高区域经济的实力。

（2）工业园区内以产业集群政策代替产业政策

多年来，我们往往把高新技术产业片面地定义在那些生产高新技术产品的产业，即那些产品技术处于当代技术尖端的产业，例如信息技术、生物工程和新材料的产业，创新也往往定义为在高新技术领域的创新。基于这种认识，很多传统制造业的创新和高新技术的应用却没有受到充分重视。然而，我国进入世界贸易组织之后，不仅是高新技术产业，而且服装业、玩具业等很多产业都遇到更加激烈的国际竞争，集群战略向我们揭示了发展这些产业的企业集群、提高创新能力，具有特别重要的意义。充分认识产业集群的重要性，认真学习总结浙江和广东等省发展产业集群的成功之处，除了必要的战略产业之外，还应减少对某些产业部门的偏爱，发展具有创新性的具有竞争优势的特色产业。在工业园区内以产业集群政策替代产业政策的实质就是以促进集群提高市场竞争力和可持续发展能力为目标，鼓励和限制政策应以产业集群内的企业为对象，而不是在全地区范围内实施“一刀切”的政策。支持在工业园区中建立生产力促进中心、创新中心、科技开发中心、信息服务中心、网络中心、融资担保机构、行业协会、商会等中介服务组织，以及与大学和科研机构联系密切的成功经验进行推广。浙江省建立“特色工业园区”的政策思路，就是促使原来散、乱、小的工业企业集中到统一规划的工业区中，改善工业空间布局，优化企业之间生产协作流程，促进企业之间共享基础设施，加强生态环境保护。同时帮助企业扩大产品市场，包括兴建特色展览馆、发掘商品的本地文化内涵、推广地方品牌和改善商品交易市场设施等多种措施。广东省启动专业镇技术创新试点的经验也十分值得总结推广。

（3）强化工业园区发展企业集群的规划

在工业园区和产业集群的规划建设中，要有意识地引导园区内企业之间相互利用废料，建立起本地工业系统内物质-能量循环利用的网络，在本地对生态环境保护共识的基础上，促进废料再生利用的信息交流。要求集群成员在技术上共同关心和参与到优化本地环境系统的工作中去。工业园区的目标不仅是提供投资环境以吸引外资，更重要的是为入园企业提供良好的经营环境，提升企业竞争力，带动本地供应商网络的发展，从而提升城市竞争力，为培养本地下一代有竞争力的企业做准备。根据地方企业集群要求而建设和经营工业园区，在企业间建构产业链条以获得园区的可持续发展。必须看到，创新动力并不是单纯依靠大规模的硬件基础设施投入，能够激励创新的软环境往往也不是依靠大量资金投入就能够形成的，而要首先在工业园区的发展规划中有意识地体现出来，并通过相关集群政策去引导、去实现。

工业园区具有集聚优势，能够强化区域内部企业和各部门之间的社会网络联系，增加区域经济发展所需要的要素和资源，此外，园区发挥优化配置资源的能力，能够充分发挥生产要素的作用。工业园区的建设初期通过集聚作用将大量要素聚集到园区中来，利用园区的资源配置和以公有制为基础的能力充分发挥要素的作用，园区发展到一定阶段之后，通过扩散效应，带动整个区域经济的发展。工业园区在发展中要坚持科学发展观，不能只关注园区内入驻企业家数、注册资金、投资额等规模性指标，而是通过技术进步和改善管理，提高生产要素的质量和使用效益来实现经济增长，它要求在人力资源利用上不断提高劳动生产，不断提高科学技术在经济增长中的作用，从注重规模效益向注重质量效益的集约型经济增长方式转变。

（4）在工业园区内发挥政府引导的作用

建立工业园区，需要政府、企业、社会中介等多种力量介入，政府作用尤其重要，政府的角色应该是着力改进影响企业竞争力的环境，加强园区产业化规划，提高中小企业集群现代化水平。园区产业规划和建设，要抓好产业定位，发展园区产业集群，要有具有鲜明特色的主导产品，并围绕主导产品发展一系列生产和服务。同时，必须克服急功近利的思想，不能为了短期效益，不顾园区的长远发展。要构建和发展工业园区。就必须从产业关联性的角度去关注工业园区的产业定位与集聚。

政府可在新的土地利用规划发布实施后，将大部分的工业用地按规定价格出让给专门机构，专门机构成立后，对项目的落户有了更大的主动性和选择性，对于一般项目用地，实行只租不卖的办法，对符合产业规划的项目，可以优惠的价格进行租售，牢牢控制土地利用效率。避免小项目、落后项目长期占土地，政府控制乏力的现象。

工业园区的管理模式逐渐从一级政府的形式转向企业经营模式，依靠有深厚行业背景的专门机构管理，通过为园区内的企业提供增值服务，以灵活的方式招引投资进入园区。注重培养和引进园区所需的各类人才。有效进行工业园区后续的管理与服务，形成工业园区的产业服务管理体系，达到亲商、安商、以商招商的服务目标。进一步加快信息化推进步伐，以信息化推进现代化，信息化带动工业化，走新型的工业化道路，实现园区的可持续发展，使工业园区成为中小企业集群经济发展的有效载体。

第五章　中小企业集群竞争力与城镇化建设环境

城镇是在人类不断征服和改造自然的过程中产生的，因此城镇是一个过程，在这个过程中的显著变化是：第一，乡村人口向城市转移，并在城市中从事非农业工作；第二，乡村的生活方式向城市的生活方式转变，主要包括价值观、生活态度和行为方式等方面。一方面表现为人口的密度和经济职能的变化，另一方面表现为社会、心理和行为等因素的变化。这两方面的变化是互为条件、互相制约的。根据中华人民共和国国家标准城市规划术语中的定义，“城市化是人类生产与生活方式由农村型向城市型转化的历史过程，主要表现为农村人口转化为城市人口及城市不断发展完善的过程。”在我国，由非农村地区包括“城市”和“镇”（含建制镇和非建制镇）两种类型，因而把“城市化”称为“城镇化”更符合中国的实际。城镇化就是城镇数量迅速增加的过程，是城镇规模迅速扩张的过程，是农村人口向城镇大规模转移的过程，是由传统乡村文明向现代城镇文明转变的过程。城镇化既是一个国家或地区实现人口集聚、财富集聚、技术集聚和服务集聚的过程，同时也是生活方式转变、生产方式转变、组织方式转变和文化方式转变的过程。

城镇化向前推进的重要步骤是必须发展城镇产业，只有产业集聚才能带动人口集中。城镇中产业集聚的主体应是中小企业，中小企业成长的差距就会决定区域城镇化发展的差距，中小企业集群是推进城镇化发展的根本动力。

一、城镇化的发展

城镇化是带动投资增长、打破城乡二元结构、扩大内需、解决“三农”问题的必由之路。据估算，城镇化每提高 1 个百分点，新增投资需求为 6.6 万亿元，能够替代 10 亿元出口，带动 1 000 万以上的农村人口进入城镇居住、生活、上学和就业。改革开放 30 多年来，我国城镇人口比例提高 18.2 个百分点，平均每年增加 0.83 个百分点。现阶段主要是大批流动人口涌向城镇，特别是涌向东南沿海城镇，使这些城镇迅猛扩张。目前所说的城镇化建设，即重点是放在县城和部分基础条件好，发展潜力大的建制镇上，使之成为功能完善、人口聚集、能发挥农村区域性经济、文化中心作用的城镇。现在要充分认识发展小城镇对推进中国城镇化建设的重要作用。小城镇的蓬勃兴起已成为我国经济社会发展的一个重要标志，小城镇人口已占全国城镇总人口的 40%以上。近 10 年来，小城镇共吸纳农村富余劳动力 6 000 多万人，小城镇发展已成为推进我国城镇化道路的重要途径之一。迅速发展起来的小城镇，既是农村经济发展的重要载体，又是联系城市与农村之间必不可少的纽带，小城镇已经成为农村的经济、文化、教育及社会服务的中心。在我国东部地区，一些小城镇的经济规模已经超过了一些中、西部地区县级市甚至地级市的水平。

尽管我国城镇化的进程达到了一定的预期目标，但随之也出现了一些值得注意的新问题：① 一些地方把推进城镇化片面地理解为加强城镇基础设施建设，热衷于形象工程、政绩工程等花架子的建设，甚至用借债来建设大广场、大马路等标志性建筑；② 还有一些地方通过修编城镇规划、设置开发区，以及县改区、乡改镇等，把规划区做大，把开发面积做大，目的是获取土地开发的短期收益；③ 很多地方城镇规划面积的扩张速度大大快于人口城镇化的速度，形成了有城无市的情景，忽略了如何促进农村富余劳动力向城镇转移、实现农村人口城镇化的工作重点；④ 一些地区模糊了城镇化不同于工业化的原则，简单地将城镇化等同于工业化，片面强调城镇化就是要建多少工厂和制造业基地，因此，不惜代价招商引资盲目上工业项目，却忽视了城镇化与服务业发展是相互促进、共同带动、互为前提的关系，从而使一些城镇脱离本地实际，贪大求洋，追求高标准，试图建成国际性经济中心，国际大都市等，只重视现代服务业，不重视那些能增加就业，吸纳农民进城的一般性服务行业的发展。

在城镇化建设上需要清楚地认识到，发展城镇化的物质基础是什么？推动城镇化的内在动力在哪里？应当说城镇化的物质基础就是产业化，城镇化的内在动力就是产业行为市场化。城镇化的发展需要一定的产业来支撑，即需要产业载体，这种产业可以是工业也可以是服务业，或者工业、服务业并重。但在我国不同地区城镇的就业结构差异较大，这种差异主要表现为从事农业、工业的人员比例不同。城镇发展的水平主要体现在工业的发展对农业的替代上，东部地区部分城镇已初步完成工业化，但中、西部地区的工业化水平仍很低，经济的发展水平不足以支撑城镇化的发展。

1. 非农产业发展与城镇化的发展不协调

城镇化是非农产业发展的物质载体，为非农产业提供场地、设施、劳动力、市场等，城镇化的发展能够促进非农产业的发展。非农产业又是城镇化发展的经济内容，为城镇化建设提供经济支撑力，使城镇化规模不断扩大。因此，作为载体的城镇化与作为内容的非农产业之间的发展要相适应，否则会带来诸多问题。新中国成立初期，我国的城市发展在当时各种条件的限制下走了一条重内容轻载体的发展道路，把城市建设成为生产基地，建了许多工厂和大项目，而忽视了人们的基本生活消费，造成城市基础设施建设滞后，制约了城市经济的发展。现在全国各地搞城镇化建设又有走到另一个极端的情况，即重载体轻内容，不少地方进行高标准的基础设施建设，而非农产业的发展明显滞后，致使城镇建设缺少经济支撑。

2. 非农产业发展落后且集中效果不好

在东部发达地区，一些分散的乡镇企业搬迁成本太高，相当一段时期只能维持现状。在中、西部地区，乡镇企业很少，许多乡镇可以说还没有真正意义上的乡镇企业，就是说有些地区还没有开始农村工业化进程，也就没有集中的对象。从城镇发展的历史过程看，城镇多因在交通要道上的商业活动而发展起来的，通常先有市后有镇。奴隶社会和封建社会时期，城镇在原始市镇的商业功能上增加了政治、军事功能，到了资本主义社会又增加了工业功能。随着各种功能的增加，城镇化建设的规模不断扩大。因此，要先有非农产业，后有城镇建设。要实现城镇化建设的大战略，就必须在理论上认识到非农产业与城镇建设的先后关系。尤其是欠发达地区，更应该明确这一点，优先发展非农产业，壮大经济实力。

二、城镇化成为中小企业集群适宜发展的空间环境

城镇不仅是农村劳动力、资本、技术、信息的集中地，也是一个区域性的资源配置中心，发挥着各种生产要素的重组和配置功能。城镇化是中小企业发展的载体，为中小企业的发展提供了一个固定场所，使中小企业能够更好地发挥聚集效应、规模效应、分工协作效应和溢出效应，并能有效地降低中小企业的生产成

本和交易成本。

1．城镇化为集群经济发展提供了场所，形成了聚集效应

乡镇企业通常聚集在小城镇和工业小区的大约只有 20%，80%散落在农村地区。乡镇企业一般都是中小企业且布局分散，每个乡镇企业都只能独立地解决交通、通信、供电、供水、仓储等问题，难以获得规模效益和集聚效益，从而增加了城镇的营运成本。这种离群索居的单个企业，缺乏资金、技术及品牌优势，关联性差，很难共享外部经济效应和分工协作效应，严重制约了城镇化进程。城镇化的建设，就是要地方政府统一解决基础设施、工商业、文化、教育和卫生的问题，使本地区的资金、技术、劳动力、管理交通等各种生产要素相对集中，这样城镇内的企业能够共享基础设施、信息和公共服务，可以大大降低生产成本，从而充分利用聚集经济效应带来的好处。

城镇化本身是一个人口不断集中的过程，会促进人才的集聚。中小企业集群需要高素质人才支撑，城镇化会不断地为中小企业输出人才。城镇化中形成“人才高地”正好可以满足中小企业集聚过程中对人才的需求。

2．城镇化有利于中小企业的重组，实现规模经济效应

规模经济理论所研究的是企业的产出率与生产规模之间的关系。一般认为，在一定范围内，规模经济是指随着产量的增加，单位产品的平均成本在不断地下降，规模过大和过小都会带来不经济。在一些地区，中小企业点多面广，四处分散，多数规模偏小，重复建设现象极为严重。如水泥、化肥、造纸等企业几乎各县、各乡镇都有。这种低水平的重复建设导致企业规模偏小，恶性竞争激烈，资源配置效率低下，很难产生规模效应。城镇化的发展，能够吸引很多中小企业转移到城镇中，为中小企业规模化生产创造了条件。此外，同类中小企业可以通过兼并、资产重组及横向联合、纵向联合等方式实现资产重组，短时间内实现资本积聚，达到规模经济的限度。

3．城镇化有利于中小企业集群的专业化生产，发挥分工协作效应

随着产业结构的调整和升级，西部一些大中城市将一些缺乏竞争优势的产业或个别生产环节下放到城镇，以降低生产成本。中小企业集群可充分利用规模小，体制灵活的优势，将生产活动集中于某一个或几个生产环节，进行专门化生产。

城镇发展促进了中小企业分化、专业化，使中小企业注意力主要集中在更窄的操作部门，提高了生产效率。这种分工与专业化生产使生产活动变得更加迂回，生产活动中各种中间产品的生产部门增多，也使内部分工进一步加深、细化，中小企业集群可充分利用分工协作效应。

4．城镇化有利于企业群内的联系，降低了交易成本

一些地区自然环境差，地质地形条件复杂，信息闭塞，中小企业生产成本、联系成本居高不下。很大一部分原因是交易成本过高所致。评价城镇化的经济效益，既要考虑到城镇的生产成本还要考虑到城镇企业还存在寻找信息费用、谈判签约费用、监督执行费用、产权保护费用、信用成本等交易成本。中小企业地处边远地区，交通通信落后，信息化发展指数低，与外界联系相对较少，信息技术传播、扩散、运用和转化严重受阻。城镇作为资金、技术、信息、人才等要素的聚集地，是中小企业得以发展的天然载体和依托。在一定程度上，城镇中较完善的基础设施、便利的交通等可以促进中小企业所需要要素的集聚和快速流动，大大降低了中小企业的交易成本，使中小企业可以腾出更多的资金用于自身科研和发展。城镇和中小企业的协同发展，众多中小企业的聚集，使新技术，新思想、先进的管理经验等更加易于传播，同行可以集中起来共同研究技术难题，真正实现"干中学"，共享溢出效应。中小企业空间聚集同时也降低了企业寻找信息、谈判、签约、监督合同执行等联系成本，节约了交易费用。城镇良好的经营环境也为中小企业的集聚创造了很好的外部条件，这种产业聚集带来的聚集效益，也会促进中小企业的发展；这会在更大程度上促进更大规模的企业集群。

5．城镇化水平的提高为中小企业集群的发展提供了完善多样的金融服务

资本是企业得以正常运转的血液和实现腾飞的翅膀，由于资本流动性偏好的存在，资本一般集中在（大）城市（或者说城市的金融中心）。因此相对农村地区来说，中小企业集群在城镇可以更容易寻觅到资本，以满足其融资的需要，从而为企业集群的技术创新找到强有力的金融支持，有利于中小企业集群筹集资金，把企业集群做大做强。

三、中小企业集群成为城镇化发展的物质基础

在城镇化建设中，没有支柱产业作基础，尤其没有赚钱的工业产业做基础，就不可能留住人。一个没有企业聚集和产业支撑的城镇，必然是一个缺乏造血功能、没有发展动力的“空壳城镇”，甚至是一个日趋衰落的城镇。所以，中小企业集群发展又是城镇化的动力和源泉。

目前我国城镇的企业主要是民间投资创业经营的、产权明晰的中小企业，以乡镇企业和个体私营企业为主，是我国农民增收的主要来源和解决农村剩余劳动力就业的主要载体。在市场机制下，依靠乡镇企业发展起来的中小企业的快速成长必然向城镇集聚，形成了区域性的专业化分工的企业集群，进而发展成为专业镇。中小企业集群形成的内在动力主要来源于对聚集经济效益的追求。由于中小企业自身的规模小，不可能在企业内部实现规模经济，中小企业只有向一定区域空间聚集，才能获取单个企业所不具备的竞争优势，因此，中小企业的活动呈现出明显的区域黏性，他们通过规模经济和范围经济的获得能够提高效率和降低成本。群内企业对聚集经济的追求使得生产要素和经济活动不断向城镇聚集，促使城镇不断完善基础设施，发展新的服务行业，从而完善城市功能，加快城镇化发展。基于我国的基本国情，中小企业集群在推动城镇经济发展方面发挥着重要作用。

1. 中小企业集群有利于城镇化的建设

中小企业集群作为一种特有的产业组织形式，在区域经济发展中起着重要作用，对城镇化建设有着巨大的促进作用，在诸多方面促进地区产业发展。中小企业集群可以使企业利用地理空间上的接近性，通过合资、合作或建立联盟等方式共同进行生产、销售等活动。同时，集群内部通过专业化分工，不仅满足了市场个性化和多样化的需求，而且企业可以根据生产的需要，通过建立网络关系进行交易，利用空间接近性大大降低了每次交易的费用，使平均成本明显降低，增强了企业在市场上的竞争能力。

大量企业集中于一个主要产业，以生产经营性企业为主，同时包括关联类、依附类、生产性和非生产性基础设施，它们在地域上的集中形成企业集群，企业集群通过绝对优势、比较优势、要素禀赋或规模经济进一步形成专业化产业区，从而提高整个区域的经营效率和专业化水平，降低生产成本，提高区域的竞争力。

以浙江省为例，其经济之所以能保持较高的增长速度，并成为经济发展最具有活力的地区之一，一个重要原因是得益于中小企业集群形成的具有个性化的专业化产业区。中小企业集群的规模效应有利于地区的产业和经济增长。中小企业集群可以使集群内企业分工更为细化，从而提高企业的专业化程度。与一般企业内部的分工和规模经济不同，中小企业集群的分工和规模经济主要的不是单个企业内部，而是在企业与企业之间。在中小企业集群内，单个企业的生产可能非常专业化。甚至可能只是某一类型的配件或某一道加工工序。而在企业与企业之间，合作关系很稳定，效益成本很小，因而可以共同分享规模经济的优势。此外，中小企业集群中许多企业集中在一起，可以分享基础设施、公共服务和其他组织机构的产品，能够很好地发挥其他组织和基础设施的规模效应。所以，集群有利于促进城镇化建设。

2．中小企业集群能加快农村剩余劳动力的转移

我国目前很多小城镇都是依靠乡镇企业发展起来的，乡镇企业的发展可以为农村剩余劳动力提供就业机会。城镇化的发展必须有产业的支持，中小企业的聚集，特别是工业、服务业的中小企业在空间上的集中正好可以提供这种产业支持，吸引劳动力向城镇的集中，促进农村剩余劳动力转移的进程。事实上，意大利各式各样的中小企业集群就形成了不同规模的中小城镇。在我国的广东和浙江，特色的中小企业集群主要是服装、纺织、食品、陶瓷、五金、家用电器等行业，这些企业群基本上属于劳动密集型的传统制造业，大量的农业剩余劳动力到这些城镇就业直接加快了农村剩余劳动力的转移。

3．中小企业集群带动了城镇经济的发展

中小企业集群对城镇化建设可以发挥决定性的作用，中小企业集群内的中小企业具有地方“根植”性，集群的逐步发展能够形成城镇的优势产业，从而提高城镇的核心竞争力，促进城镇的经济发展。中小企业集群的发展，增强了城镇经济的整体实力，尽管单个中小企业规模较小，难以实现大规模、大批量生产的企业规模经济效益，但集群内部企业间的联系使得企业或部门的增长会带动城镇内相关企业和部门的增长。而且，随着集群规模的扩大，其集聚效益也在增强，对集群之外的企业的吸引力将进一步增强。此外，集群化的发展会导致企业集群规模不断扩大，带动城镇周围欠发达地区的发展。中小企业集群为一些城市的经济集聚提供了动力和实现方式，在城市经济发展中发挥了非常重要的作用。通过中小企业集群促进经济增长已经成为多数城市长期增长战略的主要政策措施之一。

4．中小企业集群有力地促进了技术进步和扩散

中小企业集群能有力地促进技术进步和扩散，这也非常有利于城镇化建设。对于区域经济而言，中小企业集群就是重要的创新体系，中小企业集群不仅有利于企业创新，而且形成了新的创新模式——集群式创新。因而，中小企业集群能加速技术进步，不断为经济增长提供原动力。对于技术模仿和扩散，中小企业集群更有明显的优势。集群内部企业之间地缘接近、联系紧密、互通有无，技术模仿和扩散的速度非常快。技术的迅速模仿和扩散，使得每一个企业都能及时更新设备，采用新工艺，调整各种要素投入组合，能够普遍提高集群内各企业的生产效率和产出量，从而增加区域经济的总量和市场竞争力，有效地促进地域经济增长。

5．中小企业集群吸引了区外的技术、资本和劳动等经济资源

中小企业集群有集聚力量，会吸引区外的技术、资本和劳动等经济资源向中小企业集群集中，这将增强区域经济实力，提高区域的经济增长速度。中小企业集群使得某些产业的资本、劳动力、技术和企业家能有效地集中起来，这样其成长能力就既快又强，同时又会促进市场迅速发展，因而中小企业集群必然对集群外企业和组织有极大的吸引力，相关企业和组织如果有条件一定会向集群区域迁移。在现实中表现最为突出的就是中小企业集群对外资的吸引。中小企业集群政策能够降低外资进入的成本和风险，对地区吸引投资非常重要，而外商投资的区域和行业集中又能够有力地促进区域中小企业集群的发展，甚至能培育出新的中小企业集群，这将对区域经济增长有双重的促进作用。如香港、上海和北京等城市都利用中小企业集群策略来吸引外商直接投资，加速了区域经济的发展。

中小企业集群通过发挥集聚经济和竞争优势一方面可以降低中小企业集群的平均成本，另一方面又可以降低中小企业集群内部单个企业的平均成本，使中小企业集群所在的区域无形资产的质量提高、数量增加，这对其他区域的企业很有吸引力，能使大量的资本和劳动力加速流入集群地区，从而促进城镇经济迅速增长。在地区发展过程中完全可以实现中小企业集群和区域经济共同发展，它表明了在一些地域由于相关企业集结成群，就能够获得竞争优势的现象和机制。中小企业集群是以区域内部的相互联系和共同促进为基础的，如果不具有区域内部的共生机制，就不可能真正发挥集聚优势，仅仅依靠地理上的集中并不能创造出共同得益的相互依赖性。因此，进行城镇化建设规划时要充分地认识到城镇化的发展和经济的发展之间相辅相成的关系，应该通过中小企业集群的优势来促进经济与城镇化的同步发展。现在我国的城镇化建设存在的突出问题是数量多、规模小、缺乏足够的产业支撑，如果不解决这些已经存在的现实问题而再去盲目发展城镇化，将会造成城镇化与产业化严重脱节的后果，这必然会拖延经济社会发展的进程。

四、中小企业集群与城镇化的协调发展

中小企业集群与城镇化协调发展已成为现当代区域经济发展的增长点。在集群效应下，中小企业集群与城镇化在人口集中、产业集中、区位品牌的创新、要素的优化整合、信息的扩散、技术创新和规模经济的发展、生态经济和结构调整以及经济增长等方面互为条件，循环推动和协调发展，终将形成较强的区域竞争力，以推动区域经济社会科学发展。从我国的城镇化的发展历程来看，中小企业集群促进了城镇经济的发展，而城镇化的发展也对中小企业集群起了很大的推动作用。在一定程度上，城镇化和中小企业集群是驱动城镇经济的两个轮子。

1. 中小企业集群与城镇化协调发展的机理

城镇的发展是以企业的发展为依托的，没有企业支持，无以提供充分的就业，也就无以吸引足够的人口，从而引致不了足够的有效需求，也就刺激不了城镇的发展。企业在地理上的集中，会产生明显的集聚效应，有利于集群产业竞争力的提高从而促进区域工业化与城镇化的互动发展。中小企业集群或集中式的空间布局，可以使经济主体获得较高的规模效益，从而决定了经济活动主体在区位上选择空间高度集中的模式。这种经济主体在空间上选择高度集中的模式无形中既促进了城镇的迅猛发展，也加快了城镇化的进程。

中小企业集群可以促进城镇经济的快速增长，为城镇化提供原动力。一方面，集聚的中小企业可以创造更多的税收，为城市基础设施建设提供资金来源；同时它还可以带动城市第三产业的快速发展，特别是中小企业集群区域的第三产业的发展，从而创造更多的就业机会，为广大农村剩余劳动力的转移创造条件。另一方面，“涉农”中小企业的集群可以为农业产业化经营提供强有力的技术支持。研

究已表明，城镇化和农业产业化之间存在着正相关关系。集群化使农业产业化与城镇化之间内在的必然联系更为活跃，这种联系表现在两个方面：第一，农业产业化发展对农村城镇化的推进作用极大。商品生产基地、龙头企业、支柱产业和市场群落是农业产业化经营的四个支撑点，四者相互联系、相互促进，共同推动着城镇化的进展。建设商品基地是提高农业劳动生产率和农产品商品率，促进农业劳动力向非农产业转化的前提条件，也是城市化的初始动力；从单个龙头企业到多个龙头企业或企业群的成长，奠定了城镇化的要素集聚基础；从单个支柱产业到区域性支柱产业群的培育，构筑起城镇化的产业支撑；从集贸市场到专业批发市场，从单个市场到市场群的演进，成为城镇化的重要诱导力量。第二，农村城镇化对农业产业化发展的拉动作用。主要表现为：一是市场贡献作用，农村城镇化拉动农业商品化和市场化；二是结构贡献作用，农村城镇化拉动农业生产结构调整的高级化；就业贡献作用，农村城镇化拉动农业劳动力的非农化；规模贡献作用，农村城镇化为农业产业化经营规模的扩大创造了条件；资金贡献作用，大量反哺农业。

中小企业集群易于形成累积效应和扩散效应。中小企业集群化的发展在城市地区的产业群内易于形成累积效应，在城市地域空间上则易于形成较强的扩散效应。由于集群内部复杂且强大的企业间联系使得在该地区内，一企业或一部门的增长，带动区内相关企业和部门的增长。而且，随着集群化规模的增大，其集聚效益也在增强，参与集群的企业不断增加，新的中间投入的使用者、生产商和供应商不断加入，形成企业规模更大、产业链条更为丰富的集群态势，增强累积效应，促进集群化的良性循环发展。在集群化的过程中，中小企业需要不断从城镇周围地区就近获得原材料、劳动力等方面的供给。此外，集群化的深化发展会导致企业集群规模不断扩大，空间上产生扩散和辐射效应，吸纳周围欠发达地区参与其中。中小企业集群可以提高城镇区域创新能力。城镇创新的主体是企业，中小企业在创新方面以其小而活的特点比大企业更有优势，成为城镇创新的一支重要生力军，而通过集群化，中小企业在提高城市创新能力方面的作用更为明显，中小企业集群存在着各种正式或非正式的关系，便于信息集中、传递与扩散。

2．中小企业集群与城镇化协调发展的对策

推进中小企业集群与城镇化协调发展，需要加大宏观调控能力，消除中小企业集群与城镇化协调发展的制度障碍；要促进产业结构的调整、优化和升级，制

定适应中小企业发展和集中的产业支撑政策，以吸引中小企业向城镇集聚；注重优势资源的整合和完善集群要素，发挥工业园区的辐射和集群功能；培育促进集群的社会文化环境，促进中小企业集群与城镇的科学发展。目前，中小企业集群与城镇化协调发展的对策可以重点考虑以下几个方面。

（1）制订完善的城镇规划，充分发挥城镇开发区和工业园区吸引中小企业集聚的作用

城镇规划对中小企业集群发展与城镇化互动作用巨大，城镇规划政策将直接影响建设规模、基础设施、建设布局等城镇化因素，也直接关系到工业园区等城镇工业发展基础条件的建设，城镇基础设施规划等也将间接影响中小企业集群发展。制定有利于中小企业集群发展与城镇化互动的规划政策应主要包括：工业用地和商住区规划，工业基础设施规划，中小企业集群发展人口迁移城镇规模规划等。要以国家产业政策为指导，结合各地实际，加快编制中小企业集群发展规划，使之与土地利用总体规划和城镇规划等相衔接。以中小企业集群发展规划为工作切入点，用中小企业集群规划指导工业结构优化升级及区域产业公共服务平台建设，打破行政区划，形成较为合理的产业布局。

促进工农业园区发展，引导中小企业向园区集聚。坚持规模化、集约化的原则，整合、优化、提升现有的各类开发区、工农业园区，做好各类开发区、工农业园区发展规划与产业集群发展规划的衔接，按照功能区分，根据资源、生态、产业环境等综合因素合理确定园区的定位，完善工业园区的道路、通信、水、电、气、污染控制等基础设施，优化企业之间生产协作流程，加强生态环境保护，使之成为产业集聚的有效载体。坚持政府引导、市场运作、多元投入、上下联动，组建具有法人资格的园区开发经营实体，推动园区建设投融资的市场化。进一步完善“飞地政策”或采取“保存量、分增量”的分配办法，鼓励关联企业或配套企业，向龙头企业所在工业园区集中，鼓励县乡到市县工业园区开发项目。建立项目投资密度（固定资产投资额/占地面积）和用地控制指标、土地出让价挂钩制度，按照产业的不同，确定不同的用地控制指标和土地最低出让价。

（2）完善小城镇的基础设施建设，为中小企业集群的生存与发展提供主要的物质条件

能源、交通、通信、网络等服务设施的完善和低成本的使用费用对吸引中小企业集聚发挥着重要作用。城镇应该不断完善城市基础设施，为企业生产和发展提供服务，这对中小企业的发展和集聚的形成是十分重要的。城镇在基础设施建

设方面应使城镇建设投资主体多元化，调动中小企业和农民的积极性，建立多方位投资机制，从多种途径筹集建设资金，完善城镇的基础设施，目前有的城镇已经开始出现产业突出或具有产业优势的发展趋势，如以工业加工、商贸流通、农副产品加工、旅游资源等为特色的城镇，这样的城镇应以具备一定实力的产业为根基延伸产业链，扶持关联度高的产业，注重培育产业内部企业之间的竞争与合作关系，提高企业的创新能力，通过产业链的延伸和新产品的研发，实现整个产业的外部规模经济，努力使群内企业之间形成有序的竞争合作关系，增强企业集群的整体生产效率。经济发展落后的城镇要根据本地的资源优势和区位特点找准适合自身发展的产业。

（3）培育要素市场，加快中小企业集群化

充分发挥市场配置资源的基础性作用，规范有序竞争的市场环境，消除不利于市场的培育和完善的各种障碍，大力培育要素市场。健全以市场为基础的要素价格形成机制，完善市场化导向的收入分配机制，增强要素活力，激活要素潜力，促进生产要素有效地流动、集聚和优化配置。充分利用现有城镇基础设施加快生产要素集聚。积极引导、合理规划土地投入方向，使土地资源向优势企业、优势项目集中，鼓励中小企业规模化经营、集约化用地，提高土地利用率；充分调动科技人员和管理人员的积极性，加速科技成果转化，鼓励技术要素以多种形式参与收益分配，完善人才工作机制，加大人力资源开发，促进人力资源要素的合理流动和优化组合。

（4）完善城镇金融财政政策，为中小企业集群与城镇化的协调发展提供良好的金融财政支持

国家金融财政政策是我国宏观调控的主要手段，而城镇金融财政政策可以调控中小企业集群与城镇化的互动关系。城镇金融财政政策主要包括贷款、融资、利用外资、税收、财政支出等政策，其中，税收和财政支出政策对调控中小企业集群与城镇化互动关系作用巨大。在中小企业集群化发展过程中，它从小到大、由弱到强总是有个发展过程，它与城镇化的互动也是有个由弱到强的过程，在这一过程中，城镇政府可以通过税收和财政支出方面给予有益的扶持和引导，推动中小企业集群化的迅速扩张，从而促进城镇化进程。政府在基础设施建设、工业园区建设、投资的政府服务等方面，给中小企业集群的快速发展以引导，促进和提高中小企业集群区域的影响力，而中小企业集群的发展又会反哺城镇政府税收和财力，推进城镇基础设施建设扩张，加快城镇化进程。

（5）完善社会保障制度

目前农村社会保障机制还没有建立健全，而农民外出打工又没有社会保障，土地成为农民唯一的保障基础，这很不利于中小企业集群发展与城镇化互动。农民在外务工总有生存的危机感而没有安全感，这也造成了具有中国特色的民工潮和城镇化滞后发展局面。因此，建立健全中小企业集群与城镇化协调发展的社会保障机制，将社会保障机制从原有的城镇居民扩大覆盖到在工业从业的所有人员，这不仅能大大促进中小企业集群与城镇化的协调发展，而且还可大大减轻社会经济的发展过程中涌现的民工潮问题，有利于地方经济的发展。

总之，中小企业集群和城镇化的发展是人口集聚的过程。中小企业集群的形成和发展需要大量的熟练工人，同时中小企业集群的工人集聚必须在城镇进行。中小企业的发展吸收了大量的农村剩余劳动力到企业就业，扩大了城市人口。这一方面有利于加快城镇化进程，另一方面减轻了城镇人口的就业压力。中小企业集群与城镇化在产业集聚和扩散方面互为条件。城镇形成的基础是生产活动的集中，城镇化的发展是与当地优势产业的出现同步进行的。随着产业的发展和市场的竞争，具有竞争优势的主导产业得以确定，之后随着该产业的纵深发展，相关支持性产业得以建立和发展，最终形成企业集群。中小企业集群在市场信息获取、降低成本与交易成本、推进技术创新上具有极强的优势，进而会提高集群的核心竞争力，形成难以模仿的产品竞争优势和区域竞争优势。随着企业集群的成功，以城镇为依托的产品不断发展，销往全国，跨出国门，走向世界市场，最终形成世界性的区位品牌。与此同时，当某一地域内的产业集聚到一定程度时，会导致该产业集聚的外部不经济，进而引起产业的扩散。产业扩散是通过企业向外分散布局来实现的。于是，基于区域间的社会经济联系和企业布局的要求，产业和企业会转移至城镇的其他地域，城市规模也得以扩大，于是实现了城镇的扩张。

第六章　中小企业集群竞争力的融资环境

一、中小企业集群式融资

产业集群是一种有效的产业空间组织形式，是区域乃至国家竞争优势的载体。美国著名的经济学家波特就认为国家的竞争优势来源于优势产业，而优势产业的竞争优势来源于产业集群。当今世界各地，无论是意大利中北部地区、美国的加州“硅谷”，以及我国浙江的温州、广东东莞等中小企业集群都表现了巨大的经济活力。伴随着我国一些地区诸如温州打火机、晋县鞋业、嵊州领带等极具规模的传统中小企业集群的不断发展壮大，这些中小企业在各自当地的经济发展中起到了不可忽视的巨大作用。目前，我国各类中小企业的工业产值、销售收入、实现利税和出口总额分别已占全国的大约60%，平均经济增长率约高于浙江全省平均水平3～5个百分点。全国各地的高新技术开发区、产业园区等不断地建立，更加显示了中小企业集群在地方经济中的重要作用。但是在针对我国中小企业集群的研究中不难发现，集群整体的优势没有得到充分的发挥和利用。尤其是在融资方面，更是由于信息不对称、信贷交易成本以及逃债等方面的原因，使我国中小企业不论是在集群内还是游离于集群外都遇到了融资问题。这些融资问题显然已经成为了我国中小企业发展壮大的“瓶颈”，严重制约着我国中小企业做大做强。

目前，我国大多数中小企业均处在集群内，其融资问题并没有在集群效应下得到很好的解决。因此，研究中小企业融资难的问题就必须考虑中小企业集群这样一种特殊的经济背景环境，从中小企业集群整体的角度来解决中小企业融资难的问题。

研究中小企业集群融资的意义在于：首先，通过对我国中小企业融资模式的分析，可以寻找我国中小企业目前融资时普遍存在的问题，探索这些问题产生的根源。在集群背景下研究中小企业的融资方式、融资效果，可以从宏观角度上进一步探索中小企业融资难问题产生的根源。其次，可以为解决中小企业融资难问题提供新思路。通过对集群内中小企业融资问题的研究，提出产业集群内的各个中小企业以一种整体的模式进行融资——中小企业集群式融资——可以用来解决我国中小企业普遍面临的融资难问题。最后，通过对中小企业集群融资的可行性研究，设计中小企业集群融资的流程，使理论研究与实践紧密相连。中小企业集群式融资是一个涉及企业、金融机构、政府职能部门等众多经济实体的系统工程。实行中小企业集群式融资必须考虑到每一个经济实体在融资过程中发挥的作用，使设计流程尽可能与现实经济行为接轨，得以真正地利用。

（一）集群内中小企业独自融资的风险和利益

中小企业在整个国民经济中的地位是很重要的，由于各种原因中小企业一直面临严重的融资难问题。随着我国金融体制改革的深入，金融领域的诸多限制将会逐步取消，按收益和风险原则自主决定各类金融资产的价格，从而缓解中小企业融资难问题。然而，由于金融市场上普遍存在的信息不对称，中小企业仍将面临来自直接和间接融资方面的约束。要从根本上解决中小企业融资难问题，除了放松管制，还必须从根本上解决信息不对称问题。

1. 信息不对称条件下中小企业融资的问题与途径

“信息不对称”是指交易双方存在信息差别，一方知情程度高，而另一方知情程度低，知情程度高的一方有着利用信息优势去获利的动机，知情程度低的一方的决策受到很大的影响。在金融市场上，借款者一般比贷款者更清楚投资项目成功的概率和偿还贷款条件及动机。正是由于信息不对称从而导致的逆向选择和道德风险效应会影响到借贷双方的决策。

中小企业融资问题一直是困扰中小企业进一步发展的“瓶颈”，是其自身发展过程中一个比较大的资金障碍。在我国这样一个以银行为主导的金融体系以及社会主义市场经济尚不健全的特殊情况下，中小企业融资问题的成因可以大体上归结为以下几个方面：融资渠道狭窄、社会诚信体系发展滞后以及我国当前经济发展过程中存在的一些问题等。

（1）中小企业融资的问题

第一，中小企业融资渠道狭窄。目前，我国大多数中小企业都希望通过银行进行融资，但由于“麦克米伦缺陷”（认为中小企业发展过程中存在着资金缺口，即“资金的供给方不愿意以中小企业所要求的条件提供资金”）的存在，中小企业不得不面临着融资缺口。中国工商银行于1998年6月末对43.35万家工商企业发放流动资金贷款，大型和重点企业占7.74%，中小企业占92.27%，而对大型和重点企业的贷款额占贷款总额的 53.85%，对中小企业的贷款额仅占贷款总额的46.15%。约瑟夫·斯蒂格利茨（Joseph Stiglitz）成功地把“信息不对称”应用到信贷交易中，以分析信贷市场逆向选择的产生。在信贷市场中，银行和中小企业之间存在着信息不对称的情况。由于银行事先不可能完全知道借款企业的信用状况、还贷能力、经营管理水平以及运营情况等信息，因此极容易出现逆向选择的情况。大企业本身资金实力雄厚，资金需求量少，银行向这些企业投放资金将受到限制，造成信贷资金过于充足；而中小企业由于财力有限，资金需求量大，迫切需要银行提供贷款，但银行却将中小企业打入另册，不予支持，这又导致中小企业发展受到限制，从而阻碍国民经济的发展，反过来使银行的信贷资金趋于短缺。银行对中小企业减少资金借贷的同时中小企业也很难在资本市场上融到资金。这些都是由于信息不对称而导致的逆向选择的结果。银行融资之路由于银行对中小企业的不了解而几乎被封闭了。而我国的证券市场还没有建立一个能够为中小企业服务的市场，上市的条件对于一般的中小企业来说是难以企及的，例如：注册资金不得小于5 000万元，持有股票面值达1 000元以上的股东不少于1 000人等，这些限制条件实际上已经制约了中小企业进入证券市场进行融资。本来创业板的设立应该是解决中小企业证券市场融资的途径，但由于创业板设立的目的主要是为了改善高科技企业的融资情况，因此一般的中小企业就很难通过创业板上市融资。银行和资本市场上几乎没有机会融到资金，又很难想象国家财政会为中小企业拨款，这样一来似乎只有企业主自筹资金了，很显然我国目前中小企业的融资渠道是十分狭窄的。

第二，社会诚信体系发展滞后。我国目前形成了一种认为中小企业的信用差，还款能力不强的错误的认识，甚至到了一种信用歧视的程度。那些经营状况不好、对银行贷款依赖性较大的中小企业最急于获得银行贷款，银行为了增加收益则有可能把贷款利率提高，将资金放贷给这些急于获得贷款的企业。而这部分中小企业的信用缺失导致了金融机构宁可把资金流向一些业绩不是很好的国有大型企业，也不愿意把资金放贷给经营十分灵活的中小企业。在这样的逆向选择下，连信用担保机构也不愿意为中小企业进行信用担保，转而投向大的企业，这时，在信用角度上也出现了类似“麦克米伦缺陷”的情况。再加上我国风险投资机制、担保机制发展的不完善，中小企业的信用根本没有办法得到社会的承认。主要体现在：① 中小企业信用观念淡薄，缺乏诚信意识。诚实守信一直是我国传统文化中备受推崇的美德，但由于我国改革开放前一直处于计划经济体制下，真正的市场经济信用意识和信用道德观念极为淡薄。很多中小企业只图一时的蝇头小利而背信弃义，使社会整体的商业信用失衡。② 信用管理体系不健全。在我国，为企业建立商业信用账户是在改革开放以后才开始实施的。比起市场经济发达的国家，在立法和执法、政府对信用行业的监管等方面，我国这些方面的发展还相当落后。在立法方面，我国的一些相关法律已经建立，但是还不够健全，仍有一些漏洞和空子。在执法方面，有法不依、执法不严的状况时有发生。政府对信用领域的发展也十分薄弱，对从事信用中介活动的企业缺乏有效的监管。③ 信用中介服务市场化程度不高。我国社会信用中介服务市场规模小，经营分散，市场竞争基本处于无序状态。一方面，由于企业普遍缺乏使用信用产品的意识，使信用中介服务机构的发展处于尴尬的位置；另一方面，社会信用信息的采集也遇到层层阻碍。所以，我国很难形成依靠商业化、社会化并且公正、独立的信用调查、征信、资产评估等方式提高社会信用信息的对称性。

第三，银行大企业发展战略限制中小企业融资。在我国当前这样一个国有银行为主导的金融体系中，银行系统自身发展中存在的问题在一定程度上恶化中小企业融资环境。由于中国的商业银行体系，尤其是作为主体的四大国有商业银行正处于转型之中，远未真正实现市场化与商业化，为了防范金融风险，国有商业银行近年来实际上转向了面向大企业、大城市的发展战略，在贷款管理权限上收的同时撤并了大量原有机构，客观上导致了对分布在县域的中小企业信贷服务的大量收缩。这在一定程度上致使分布在核心城市周边的县、乡镇一级的民营小企业没有资金来源，从而失去融资能力。与此同时，由于资金来源以及自身经营能力有限，加之市场定位不清，中国现有的股份制商业银行、城市商业银行和城乡信用社目前发展战略的重点在于与国有商业银行竞争，争夺城市的大企业，客观上减少了对中小企业的融资。这种由于信息不对称造成的逆向选择不但增加了银行的风险，而且使那些信用好、运营良好的中小企业丧失贷款机会。结果就是，银行选择了信用差、还款能力不强的企业而放弃了信用好、还款能力强的企业。在信息不对称状况下，高利率也可能使逆向选择问题变得更加严重，从而增加银行贷款的风险，使增加的利息收入难以补偿增加风险的损失。因此，银行系统发展战略中存在的问题使中小企业融资机会进一步缩小，其融资环境被进一步恶化。

第四，金融市场和金融工具落后制约融资。① 利率市场化程度低。虽然近年来中国的利率市场化进程有了实质性的推进，但总体上看，中国人民银行对商业银行的存贷款利率仍然拥有较为直接的控制权，进而在目前的政策下，即使银行对中小企业贷款利率有相当幅度的上浮权力，但这种上浮在相当程度上还无法弥补其风险，只能通过设置“补偿性余额”、收取违约延期支付费用等等弥补这种风险。在信息不对称的掩护下，中小企业仍然存在将借贷资金运用到其他高风险的项目上的可能。资金的使用者与提供者之间信息的不对称带来一个激励（委托—代理）问题。通常，在企业经营状况方面资金的使用者（或企业的经营者）比资金的提供者拥有更多的信息。他们就有激励利用这种信息优势在事先的谈判、合同签订的过程或者事后资金使用过程中损害资金提供者的利益，使资金提供者承担过多的风险。显然，这些措施非但不能降低由于道德风险导致的信贷风险，反而增加了额外的交易成本，且对中小企业而言带有较大的歧视性。贷款者（主要是商业银行）的预期收益变差，其贷款意愿就被大大降低了。② 中小企业缺乏必要的融资工具。在我国，票据市场、应收账款融资以及融资租赁等主要面向中小企业客户的融资工具及其市场极为落后，使本来有利于中小企业融资的金融工具不能解决中小企业融资的问题；由于认识上的原因，我国的非正轨金融发展环境极为严峻，金融体制“双轨变革”产生的所有制歧视，使现有中小企业主体——大量的民营企业——无法获得应有的融资支持。

在我国经济体制改革进程中，随着国有中小企业大规模改制的推进，中小企业逃废银行债务的现象也是时有发生的，这些都是我国处在经济发展特殊历史时期所不可避免地造成中小企业融资难问题的成因。

（2）中小企业融资的途径

中小企业的特点是经营灵活，其融资途径也是多种多样的，但我国中小企业融资途径却受到了种种条件的制约和限制。

第一，中小企业自有资金融资。企业自有资金融资是中小企业（尤其是小企业和从家庭作坊形式发展起来的微型企业）普遍采用的融资方式。① 企业主通过自有资本金注入企业，即企业发起人通过个人资本金为企业注入必要的运营资金。我国浙江小商品产业集群中的小企业几乎都采用这一方式并取得了一定的成功。这种融资方式往往在企业发展初期比较适合，但当企业发展达到一定程度以后问题就会凸显出来。因为企业发起人的个人资金有限，导致企业融资能力受限，融资数量不大，限制了企业的进一步发展壮大。② 企业通过向员工内部借贷的方式进行融资。这种方式在中小民营企业也是十分常见的。企业所有者通过向本企业的员工发放企业内部债券（不能进行流通，多为不规范债券）进行融资。经常以配额制的方式向员工举债，而员工往往是被动地接受，几乎没有什么选择的余地。

无论是企业所有者通过自由资本金注入还是向本企业员工进行内部借贷，这些融资方式都仅限数额小、时间短的短期融资。企业进一步发展的大规模资金是没有办法通过企业自有资金融资来解决的。

第二，中小企业通过资本市场融资。企业通过发行股票的方式筹集社会闲散资金，并运用这部分资金进行生产经营活动。这是目前世界各地广为流行的一种重要的融资方式。这种方式使产权商品化、证券化和市场化。股票在证券交易所中的自由交易，可以使资产流通相对顺畅，所有权和经营权的剥离也使企业在管理、运营等方面更加科学。但是我国目前的情况是“上市门槛过高”，只有当企业的资产达到一个比较大的数额的时候才可以上市。我国资本市场目前设立了中小企业板，可以为中小企业搭建直接融资的平台，从而在一定程度上解决其融资难的问题。但创业板设立的目的主要是：为高科技企业提供融资渠道；为风险投资基金提供“出口”，分散风险投资的风险，促进高科技投资的良性循环，提高高科技投资资源的流动和使用效率。很显然创业板的设立主要针对高科技企业，其目的在于促进知识与资本的结合，推动知识经济的发展。这样对于一些非高科技企业来讲，创业板的设立对其意义不大，也很难达到融资的目的。

我国的企业债券发展又十分落后，无论从管理上还是从企业自身的信用上都存在各种各样的问题。所以通过公开发行企业债券是很难达到融资的目的。

第三，中小企业银行融资。中小企业通过银行间接融资是解决中小企业融资难问题的好办法。在德国和日本等国家是被广泛使用的，尤以日本的主银行融资模式最为突出。日本构建了专门的中小企业金融体系，并以立法的形式加以实施。通过政府建立完善的中小企业金融机构，例如中小企业金融公库、国民金融公库和工商公会金融公库，利用财政资金帮助中小企业进行融资。三家机构有着比较明确的分工：中小企业金融公库为中小企业振兴事业和稳定经营所需的长期资金提供融资；国民金融公库为中小企业的小额事业所需资金提供融资；工商公会金融公库则是具有存贷款、债券、外汇经营的综合金融机构。我国采用的是以银行为主导的金融体系，四大国有商业银行在整个金融体系中有着举足轻重的作用。企业通过银行系统进行间接筹集资金也是行之有效的融资手段。然而由于我国金融体系发展的原因，担保体制、信用体系等发展的不健全使我国的中小企业很难通过银行借贷融资。

此外，中小企业通过个人信用进行民间借贷融资的现象也是十分普及的。不过，民间借贷融资的弊端很多：① 民间借贷很难得到法律的保护。民间借贷的利息率往往要高出正常银行借贷利率的很多倍，而这种“高利贷”在法律上是不予保护的。② 民间借贷容易使中小企业背上沉重的借贷包袱。高利息的民间借贷往往使中小企业的借贷成本非常高。而本来资金不宽裕的中小企业仅仅在利息的归还上就已经是苟延残喘。

2．集群内中小企业独自融资的利益

中小企业集群为中小企业的发展提供了一个适合当地经济发展的环境，使其成为地方经济中最为活跃的因子。在依靠区域内天时、地利、人和等因素发展的同时，中小企业也借助集群效应来降低生产成本、运费、工资成本等，可以说集群为中小企业的发展创造了多方面的条件。从现实角度来看，处于集群中的中小企业确实面临优于游离态中小企业的融资条件。

（1）集群内信任度提升增加融资机会

由于集群内中小企业对当地的资源、信息以及社会关系等方面非常了解，因此彼此间的信息是对称的。所以信用增强了，其主要体现在两个方面：① 群内各中小企业间融资的信用增加。在我国，很多地域的中小企业集群是有着浓重的社会关系背景。同族、同乡、同学等关系围绕着这些中小企业，彼此间的互帮、互助成为了联系各中小企业的社会纽带，彼此的信任从企业形成的初期就已经建立。当企业集聚增加时，人们默认了这样一种群内规则，即群内企业间的信任是绝对的。所以，这种集群内部效应，可以促使中小企业在群内彼此间融资。对比游离于群外的中小企业来讲，其通过个人信用来融资的机会就大大增加了。② 群内中小企业集群外融资的信用增加。处在同一集群内的中小企业之间存在互相制约的信用关系。虽然在形成一个整体前，这种约束是软约束，但考虑到企业群内生存问题，各中小企业集群外融资的信用就必须要提高。所以每一个单独的中小企业在群外融资时的信用也得到了提高。

对于银行来讲，其最关心的就是企业的信用问题。当群内的信用提升时，由于信用的辐射效应，使以银行为代表的金融机构对企业的信用评估大大提升。相对于游离态的中小企业，金融机构更愿意为处于集群当中的中小企业提供融资机会。以信用为必要前提的融资行为，在中小企业信用提升后必将得以充分的实施，而这种信用的提升则得益于群内信用度提升后的辐射效应。

（2）集群效应提高了中小企业融资的能力

集群效应可以使群内每一个中小企业的生产、经营、运输以及工资等成本降低，从而增加中小企业各自的竞争力。当中小企业以一个较强的姿态参与到同行业中竞争时，其生存和获利能力是毋庸置疑的。对于那些为其融资的金融机构来讲无疑是巨大的吸引。考虑到其还款能力的提升，金融机构必将提高中小企业在金融机构的信用评估，进而为中小企业融资提供便利条件。中小企业集群竞争力的提升增加了银行发放贷款的积极性：银行只给少数中小企业贷款，对企业发展前景等进行预测的成本会很高，同时对其在市场竞争力的判断也呈下降趋势，放贷积极性就低；中小企业形成集群后，集群内部组织（如商会、行会等）的信息交流会创造很多机会让企业进行交流、联络，中小企业集群内会产生信息的聚集效应，这种聚集效应大大增加了每一个中小企业获得市场信息的能力，使其在市场竞争中占据有利位置。信息的充分性也降低银行对其的预测成本，使银行对中小企业集群内的各企业在市场竞争中充满了信心，从而增加放贷的积极性。

3．集群内中小企业独自融资的风险

目前的实践经验表明，尽管集群效应在一定程度上可以缓解中小企业融资的压力，但处在集群中的中小企业独自融资时却仍然要面临着众多的问题，并且独自承担着这部分风险。

（1）面临着资金断链的风险

在我国，生产某种相同产品或相似产品的中小企业集群通常都是自发形成的。因此这些中小企业在最初形成的时候绝大多数是自发筹集资金，在发展的过程中也主要以员工内部融资等方式来筹集资金。

据调查资料表明，不论是中小企业的固定资产投资还是流动资金，通过内部融资筹集资金占其融资总量的80%以上，而通过银行、商业信用等其他融资方式获得的资金占融资总数不到20%。这一结果也印证了中小企业融资主要靠自有资本金注入和企业内部融资的事实。但是自有资金毕竟是不能支撑企业快速发展的，而且通过向本公司员工集资的方式募集资金具有很大的不确定性。因为，当企业出现经营困难，员工的工资得不到满足，员工就不能去配合公司的内部融资。而且过于频繁的融资也会促使员工离职率的提高。当内部无法实现融资，而外源资金又无法注入时，企业就容易出现资金链断裂的危险，面临生存危机。上海城市

合作银行曾对上海停产的中小企业进行了调查，发现有47%的企业是由于资金短缺而停产的，在停产原因中列第一位。国际金融公司（IFC，2000）的问卷调查也表明，41%的中小企业认为融资难是影响其发展的重要因素。

（2）面临着偿还危机

融资途径按资金来源划分为内源融资和外源融资两类，外源融资包括间接融资（包括银行融资、商业融资、财政融资和国际融资中的间接融资）和直接融资（包括证券融资和国际融资中的直接融资）。从我国的实际情况来看，财政融资和国际直接、间接融资在中小企业中很少得到应用。因此，中小企业自身的特点决定了其发展资金主要靠内源融资，而目前我国中小企业的资本结构中自有资金的比重还不到30%，内源融资匮乏。因此，我国中小企业的原始积累是十分有限的。虽然集群效应对于增强中小企业的竞争力有着积极的推动作用，但由于群内中小企业是各自为政，而且资金积累又不雄厚。所以，其竞争力的增加还是受到相当多的限制，中小企业出现经营不善而倒闭的情形也就屡见不鲜。这样，对于银行来讲还是会更多地考虑到贷款的偿还问题，当中小企业宣告破产的时候，银行的借贷资金自然也就很难追回了。当偿还出现危机时，中小企业又回到了融资困难的老路上。对于投资者来讲，面临危机的中小企业更是无利可图的。所以，当中小企业集群不能形成一个整体的时候，其集群内的中小企业仍然面临相当程度的偿还危机。

（3）面临着债务不清

当中小企业无法通过银行系统获得贷款的时候，很多中小企业选择通过私人借贷等方式来筹集资金。而且这种私人借贷的期限有很多都是超过一年或更长的时间。中小企业在集群内短期互相拆借少量资金是可行的，但如果资金的借贷期过长，就极易造成债权债务不清的混乱局面。由于中小企业的生产经营活动具有极大的不确定性，再加之抵御风险的能力有限，因此借贷关系也容易在某一企业倒闭时发生混乱。例如，A企业是B企业的债权人，B企业是C企业的债权人，如果B企业此时由于经营不善而倒闭，那么A企业是否可以将对B企业的债权转移到C企业中去呢？即使可以，A企业是否又愿意接受这样的方式呢？这些都是由于长期借贷导致债务不清的最简单的例子。我国企业曾一度面临的“三角债”问题也是这种债务不清的体现。

综上所述不难看出，没有形成整体的集群内中小企业还容易造成民间非法融资以及高利借贷等。这些都是集群内中小企业融资时所要面临的潜在风险。所以，单纯依靠集群效应是不能从根本上解决中小企业融资难问题的。需要通过一种特殊的方式，既不丢掉集群效应这一先天条件，又能够很好地解决中小企业在融资方面的问题。

（二）中小企业集群式融资

中小企业集群式融资是指通过群内中小企业的相互制约关系，将中小企业形成一个整体共同去融资的一种方式。集群内外部融资均是解决群内中小企业融资问题的方式，可以根据资金的需求情况而选择群内融资或者群外融资。

1．集群式融资的基本理论

中小企业集群式内部融资是指集群内各中小企业彼此间打开一个融资渠道以形成融资的便利。尤其是对于以价值链构成的跨行业间的中小企业融资更容易打开这个渠道。

（1）集群式内部融资

由于资金在集群内部运动，一般不涉及资金外借到集群以外的企业，因此集群内中小企业间相互融资的资金来源还是以各个中小企业为主。然而，中小企业的规模小，资金总量也比较少，不可能存在一个企业有能力可以长时间对其他中小企业贷出资金，但是可以在一个经济周期内寻找到不同类型的企业对资金需求量变化的时间差，以此避开企业资金需求的高峰，进而可以进行短期融资。

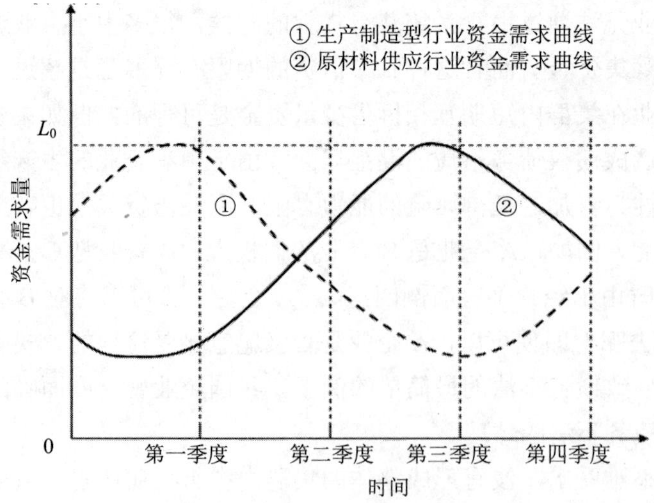

图 6-1　不同行业中小企业资金需求差异

如图 6-1 所示的关系中，生产制造行业在年初的时候，由于需要从事生产活动而投入大量预付资金，所以资金需求量是比较大的。相反原材料供应行业则在年初的时候，由于大量出售原材料，则会出现资金回笼比较多的现象。此时，在这两个行业间就可以在资金的需求量上形成一个时间差，就为彼此间的融资提供了空间。当资金的供给企业和资金的需求企业恰好避开彼此的资金需求高峰期时，这就为各中小企业融资提供了资金来源。这样在同一中小企业集群内部，互相联系的不同行业的中小企业可以互相进行融资。

在同一中小企业集群内，各行业间的这种融资方式基本上类似于目前普遍存在的企业间融资。在融资过程中选择本集群内的中小企业要比选择游离于集群外的中小企业进行融资更有保障，风险也更低。这是因为，当若干中小企业以集群整体的方式出现的时候，在对待经营风险时，是全部集群内的中小企业共同承担，即将全部风险分担到集群内的各个企业中去，此时对于单独的中小企业来讲，风险成本是会降低的。另外，游离于集群外的中小企业不但在抵御风险的能力上不能和集群内中小企业相比，而且游离于集群外的中小企业极容易产生信用危机和道德风险。由于同在一个集群内的企业如果出现失信问题，这个企业会在整个集群内产生了极大的信用负效应，会被集群内的各个企业所排斥和摒弃，使其经营成本陡增。这样这个企业在集群内的生存空间就会越来越小，出于理性选择，企业不会冒着被集群内其他企业所排斥的风险而失信于其他企业。所以，集群内部的各中小企业相互间融资时，不论是资金的借入方，还是资金的贷出方，双方的借贷风险都会被大大地降低。

（2）集群式外部融资

中小企业集群外部融资是指集群内的中小企业形成一个整体，将独自分散的融资力量集聚，形成在信用、还款能力、融资能力都强大的一个有机动态整体，以吸纳集群外部资金供集群内中小企业生产经营使用。

第一，中小企业集群整体外部融资的条件。中小企业集群整体融资的构想是建立在中小企业聚集的特殊经济地带，以其天然的有机联系共同承担风险，共同发展的一种融资方式。那么融资主体的确立、集群内中小企业的关系以及这种整体融资主体同金融机构之间的辩证博弈关系就亟须理顺。

中小企业集群整体外部融资的首要条件是确定融资主体。所谓融资，从广义上讲，就是货币资金的融通，当事人通过各种方式到金融市场上筹措或贷放资金的行为。而从狭义上讲，融资即是一个企业的资金筹集的行为与过程。在一般情况下，融资的主体应为一个独立的单元。而这里所论及的集群整体融资首先也要确定一个主体。但是由于企业集群的特殊性，中小企业分别为分散的、独立的个体。因此需要用一种方式使其能够成为一个主体。

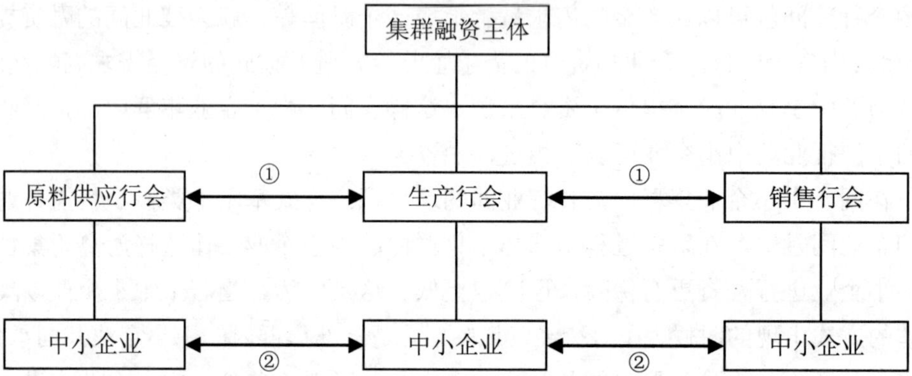

注：① 代表行业间的经济关系；② 代表各中小企业间的经济关系

图 6-2 中小企业通过行会的形式关联

如图 6-2 所示，能够很清晰地看到各中小企业通过行会的形式联系到了一起，而行会间则可通过价值链的方式联系在一起。这时的融资主体其实基本已经确立，即各行会共同组成的一个融资主体——框架融资主体。之所以称其为框架融资，就是因为在图中所示的组织关系中，处于最上方的融资主体并非隶属于某一机构，它是一种中间代理的关系，真正的实体则为各中小企业。这样的组织形式相当于“单一融资主体框架，多元融资实体”。

中小企业集群整体外部融资的次要条件是群内各中小企业的有机联系。如果要进行集群整体融资，融资框架以内的中小企业必须是一个有机的整体。可以有以下几种方式使中小企业有机地联系在一起：通过价值链将框架融资主体内的中小企业横向联系在一起。一个企业在生产过程中不是独立存在的，它有上游企业和下游企业。如果这些企业同为中小企业的话，那么它们彼此之间就有一定的依存关系。

中小企业如果通过整体的方式向银行融资就会在一定程度上避免信用等级低、信贷成本高、信息不对称等问题。① 中小企业集群整体融资的方式可以提高各中小企业的信用等级。由于这些中小企业在集群内是相当于相互担保的，再加上集群效应会增加中小企业的抵御风险的能力，因此中小企业的信用等级会有所提高。② 中小企业集群整体融资的方式可以降低商业银行的交易成本。由于集群内的中小企业是一个有机的整体，银行在进行贷款调查时，只需要对这个整体的偿款能力进行调查即可，无须对每一个中小企业都进行调查，这种“打包”的方式可以降低商业银行的交易成本。③ 中小企业集群整体银行融资有利于信息的进一步对称。由于实行整体的融资方式，融资主体对整个融资实体的相关经营信息是十分了解的，因此这样可以降低信息不对称给银行带来的风险。

从银行的角度出发，给集群整体发放资金，要比给每一个中小企业个体借贷资金成本低得多。因此对于银行来讲，推行这种中小企业整体融资也是可以带来利润的。

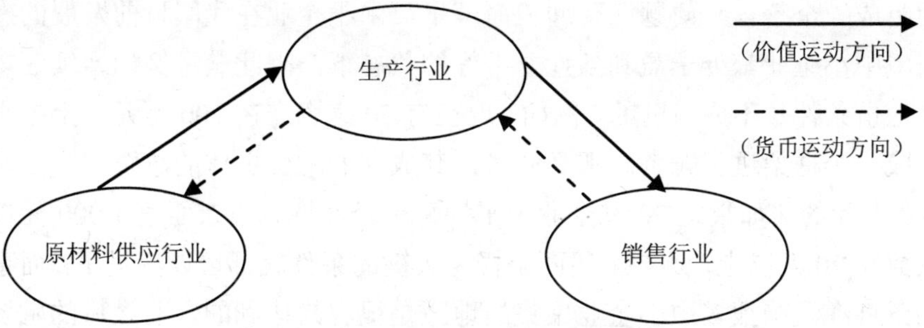

图 6-3 不同行业的价值和货币运动方向

如图 6-3 所示，在不同行业之间的价值运动和货币运动。这种运动表现出，在一定的价值连接下，三种不同的行业成为了一个有机整体，其间存在着互相制约的关系。此时，如果在这一价值链上的中小企业有融资需求，那么便可以形成一个通过价值连接的中小企业群，成为一个存在内在互动机制的整体，再通过上述的框架融资方式使整个企业群获得一定的融资机会。生产相同或相似产品的企业群体纵向的有机联系。和行业间的以价值流为基础的联系不同，以生产相同或相似产品为依托的中小企业是很容易形成集群的。这些企业经常是以同家庭、同家族、同乡、同学等社会关系联系在一起的，这种天然的社会关系条件下，是非常容易使这些中小企业形成一个整体的，类似于我国古代出现的商会、行会等。这种纵深的有机联系是以特殊的社会关系（亲情、友情等）为背景，可以形成一种生产同盟，这样既可增强整个行会同生产同类商品的企业之间的竞争力，也可以增强集群内个体抵御风险的能力，同时还可以增强商业信用，为框架融资打下坚实的基础。这样容易为集群内企业间的并购提供条件，使不良资产在集群内部进行消化，为中小企业在集群内做大，成为“龙头”企业创造了可能。

总之，不论是以价值流为导向的横向联系，还是以产品及社会关系为导向的纵向联系，这些都是将集群内中小企业有机结合的一个非常重要的手段，而目的则是为使这些中小企业形成一个整体，进而达到整体框架融资。

第二，中小企业集群整体资本市场融资。① 中小企业集群整体股票融资。股票融资是直接融资的一种重要方式，但我国绝大多数中小企业受制于上市条件的约束而无法上市融资。其中，“公司股本总额不少于 5 000 万元”和“持有股票面值达人民币 1 000 元以上的股东人数不少于 1 000 人”几乎将所有的中小企业置于股票融资的门槛之外。中小企业显然无法达到这样的条件，但是如果通过将各中小企业组成一个整体，问题即可迎刃而解了。中小企业在我国目前发展的态势很好，很多中小企业都处于盈利条件非常好的状态下，因此满足例如连续三年盈利等其他上市条件是不成问题的。例如，现在有 50 家资产在 100 万元以上的小型企业想组成一个框架进行融资。那么此时，其成立的融资主体的总资产一定是不小于 5 000 万元的，如果这 50 家企业中平均每个企业持有股票面值 1 000 元以上的股东人数在 20 人以上，那么上述两个极为关键的条件就都可以满足了，而事实上这样的条件在我国很多中小企业聚集的地区是很容易达到的。而最后的融资金额的分配则可根据每一个中小企业在整个框架中的资产份额进行分配，或通过协商内部进行分配。这样一来就解决了中小企业因不满足上市条件而无法利用股票融资的问题。② 中小企业集群整体债券融资。我国的债券市场发展得非常不均衡，主要以国债为主。例如：2000 年我国国债发行规模为 4 657 亿元，而企业债券的发行额仅为 83 亿元，仅占全部发行规模的 1.75%。由此可以看出企业债券融资还处于一种十分稚嫩的状态。我国企业债券之所以发展得如此缓慢，同我国企业的信用度不高，公众质疑企业的偿还能力是有很大联系的。如果中小企业集群能够形成一个整体，以统一的名义发放企业债券，这样就可以形成资本雄厚的整体企业框架，提高企业的信用度，降低公众对企业还款能力的怀疑程度。此外，这些企业债券不仅可以在集群外通过债券二级市场进行交易，同时也可以在集群内部的中小企业间进行交易。这样既可以刺激我国债券二级市场的发展，又可以通过债券流通的方式加速集群内部企业间的资金流通速度，使资金更有效率。还可以辅助加强集群内中小企业间的相互融资的力度，并且增加融资途径。③ 中小企业集群整体通过基金融资。基金是一种利益共享、风险共担的集合证券投资方式。它通过发行基金单位，集中投资者的资金，由基金托管人托管，由基金管理人管理和运用资金，从事投资，并将投资收益按基金投资者的投资比例进行分配。中小企业可以通过募集基金的方式，融到所需要的资金。同时，基金可以在证券市场上正常流动，促进我国资本市场的进一步发展。

2．中小企业集群整体融资流程

中小企业不论是通过银行融资，还是通过资本市场进行融资都存在这样一个问题：中小企业不论通过怎样的方式“捆绑”在一起都仍然分别是若干个经济实体，而非单一经济实体。而目前我国各方对融资主体的认可还都停留在单一经济实体的阶段。因此中小企业即使成立一个名义的融资主体，也不会轻易被银行等金融机构信任，这时可以考虑引入其他金融服务机构参与的方式，将银行的借贷风险降低，这样便容易使借贷双方达成一致。

基于上述考虑，可以设计出一个通过引入金融服务机构（信托公司）而达到集群融资目的的流程或方案。之所以选择信托公司这样一个金融机构，主要是因为它既能够被银行所信任，同时又可代表中小企业集群各融资实体的利益，以信托机构作为银行和集群框架融资主体的纽带。

信托是指委托人基于对受托人的信任，将其财产权委托给受托人，由受托人按委托人的意愿以自己的名义，为受益人的利益或者特定目的，进行管理或者处分的行为。信托公司，是指依照《中华人民共和国公司法》和《信托公司管理办法》设立的主要经营信托业务的金融机构。从法律的角度上看，信托公司是一个独立法人，相比较中小企业集群来讲其产权界定更清晰、准确。信托公司从其自身利益出发，为中小企业集群与银行构建一座融资的桥梁。信托公司可以与银行和中小企业集群双方同时建立“委托—代理”关系，一方面，信托公司作为独立、单一的法人实体，其相关的经营信息更容易被银行掌握，因此银行与信托机构之间容易形成信息的共享与对称；另一方面，中小企业通过有机联系形成统一的融资主体后，也相对比单一中小企业更容易和信托公司形成合作。这样，信托机构在银行和中小企业集群之间的纽带地位就形成了。此外，通过信托公司来连接银行和中小企业集群也十分有利于政府职能部门的监管。我国目前信托公司的直接监管部门是银监会，这样政府职能部门可以对银行业和信托公司的监管更加有力，对金融风险的防范能力也大大提高了。

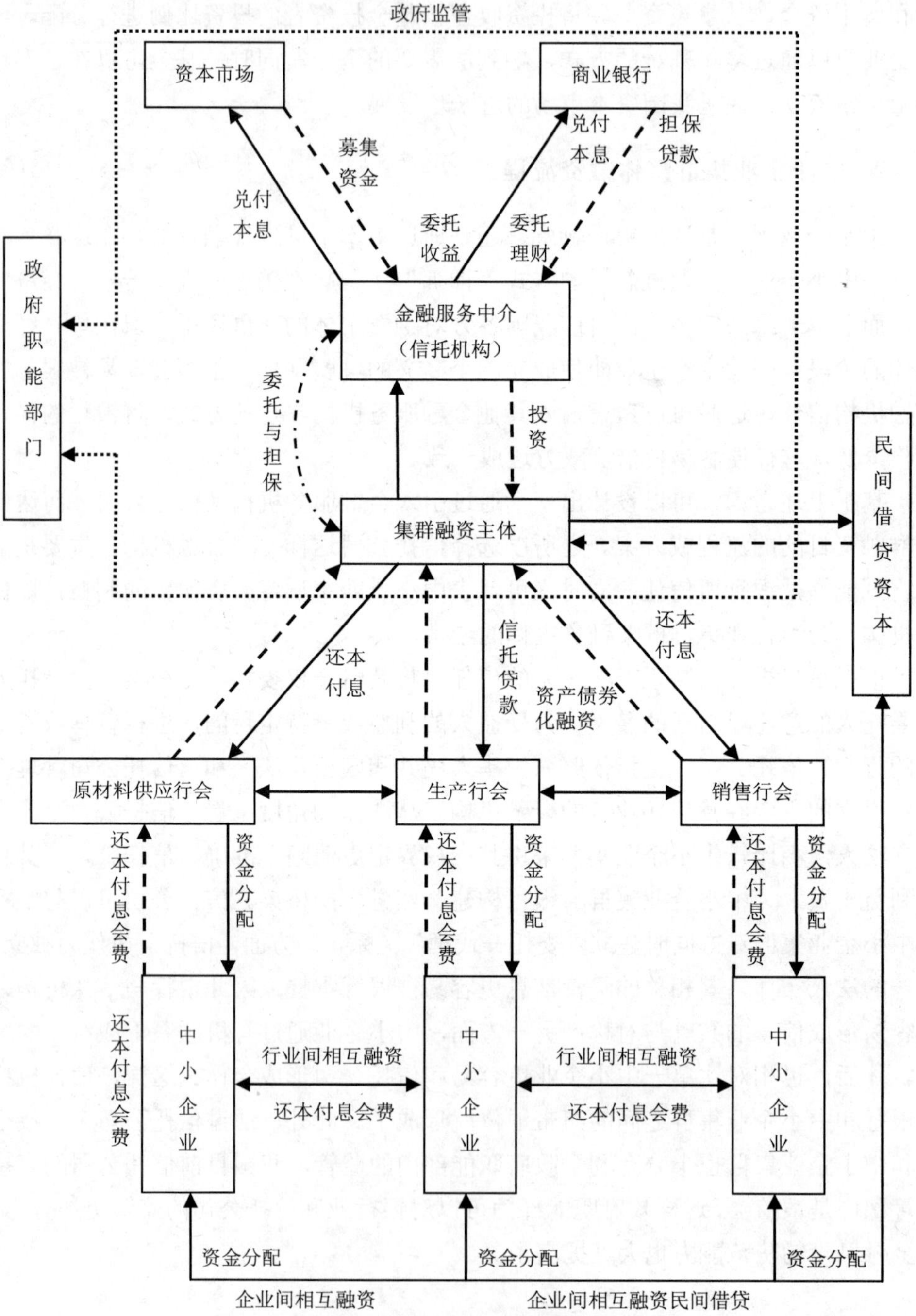

图 6-4 中小企业集群式融资流程

如图 6-4 所示，在这个流程中，中小企业通过交纳会费，而使其代理机构——集群融资主体——对外进行融资。前文所论述到的中小企业集群整体外部通过银行、资本市场等方式融资以及集群内部企业间相互拆借融资在本流程图中都有所体现。其中在整个融资过程中政府职能部门和金融服务机构（这里特指的是信托机构）还分别起着特殊的作用。

（1）中小企业集群内相互融资流程

同一集群内的中小企业可以利用彼此对资金需求高峰的时间差来相互融资。图中的左侧部分所显示的三种不同类型的企业之间是完全可以进行融资的，其融资方式可以是回购式的公司债券的形式，也可以是直接的借贷关系。资金是在集群内部进行短期的流动，比较适合短期、小数量的融资。集群内中小企业的相互融资是彼此信用增强的一种体现，由于集群内各企业之间存在着信用上的相互制约，所以各中小企业的融资风险均降低。可采用以下三种方式进行集群内企业相互融资：① 借贷融资。处于同一集群内的中小企业间的相互拆借。借助不同企业的资金需求量的变化相互拆借资金。而这种融资方式也完全可以通过公司债券的形式体现出来。② 商业投资。当集群内某一企业确实对资金有着较高的需求时，其他企业可以以约定的回报率对该企业进行商业投资。类似于一家企业对另一家企业的参股形式，这样不仅可以解决企业的融资问题，更可以将两家企业紧密地联系在一起，形成合力。③ 租赁融资。若集群内某一企业需要用于购买设备的资金时，其他集群内企业可以将自己的设备以租赁的方式加入到该企业的生产，从而达到租赁融资的目的。

（2）中小企业集群整体对外融资流程

在集群整体对外融资的时候，需要引入一个媒介，这个媒介信托机构就可以完全担当。集群融资主体对信托机构有融资需求，而信托机构一方面可以为集群融资主体提供担保，另一方面也可以受融资主体的委托代其融资和管理资金，充分发挥其“受人之托，代人理财”的职能。

第一，中小企业集群融资主体通过信托机构向银行贷款。信托机构在这一过程中具有两面性的功能。① 信托机构通过对集群融资主体的风险排查，为其担保使集群融资主体可以从银行获得贷款。此时，信托机构与集群融资主体是担保关系。② 信托机构可以通过“银信合作”，受银行委托，为银行操作和运用银行的定期存款。这时，银行和信托机构之间又是一种委托关系。而这两种关系促进了集群主体银行融资的可操作性，从而使集群主体银行融资变得更为可行。

第二，中小企业集群融资主体通过信托机构在资本市场融资。信托机构可以在资本市场上通过基金以及债券等方式进行融资，其目的是将闲散资金汇总以发挥其资金的最大效用。当中小企业集群融资主体有融资需求时，信托机构可以以信托贷款或者信托投资的方式将其募集的社会闲散资金注入中小企业当中，使中小企业顺利完成融资。

第三，中小企业集群整体直接向民间资本融资。中小企业集群整体直接向民间资本融资是一种跳出中介机构而直接向民间资本融资的方式，这样可以使民间资本在较低风险的条件下债券化或形成债权。在提供回报收益的同时使中小企业集群融资主体实现融资。

（3）政府职能部门在流程中的监管作用

在融资流程中，政府职能部门主要是对中小企业集群融资主体提供政策支持和监管，对信托机构是监管和进行法律约束的作用。在出现债务问题的时候进行高效率的司法介入。政府职能部门在整个融资流程中，完全充当第三方的角色，不涉及任何融资流程，流程内任何机构、实体都与政府职能部门无直接利益关系。政府职能部门的目标是维护一个公平、公正、竞争的一个融资市场环境。政府职能部门对流程内的经济实体实行监控，对其任何违规、违法的行为加以惩治和制裁。由于不涉及其间利益，政府职能部门便可以更加准确、客观地对整个流程加以监控，融资双方的风险均降到最低且得利益。同时，政府职能部门在完善社会信用制度建设，加强有关信用的法制建设，建立中小企业信用档案和信用评估机构等方面要起到督促、服务和监管相结合的作用。保证集群内的中小企业保持良好的信用关系，以使中小企业集群式融资的运行得到保障。

（4）信托部门在流程中的媒介作用

信托部门在整个流程过程承载着两方面的媒介作用。① 非银行金融机构是集群融资主体同银行对话的“桥梁”。其在此过程中承担着传导作用，一方面，为中小企业提供担保，使其从银行系统获得信贷资金。同时也将银行的信贷风险进行部分的分担，改变原来单一由银行承担风险的局面，促使信贷过程的实施。另一方面，非银行金融机构作为专门的从事金融操作的机构，可以通过其与银行的业务合作关系，完成信贷过程，由于这些金融机构（如信托公司）本身在银行具有较好的信用等级，并且是为银行系统操作资金，因此很容易将银行的定期存款转化为中小企业的信托贷款。② 非银行金融机构充当集群融资主体的融资工具。当中小企业集群有融资需求时，这些金融机构可以凭借其良好的信用在资本市场上筹集资金，再运用到中小企业集群去，使中小企业能够通过这些机构获得贷款或者投资等，以完成其融资的目的。

二、中小企业集群式融资的特征与功能

产业集群是一种充满活力的经济组织形态，其在资源、信息以及公共设施的共享使每个集群内的个体大大地降低了经营成本。如果可以通过中小企业集群融资的方式再进一步发挥其资金的规模效应的话，无疑将是对产业集群这种经济形态的极大发展。而对比单独游离于集群组织以外的中小企业来讲，中小企业集群融资具有一些特殊的优势。

1. 中小企业集群式融资具有信用优势

同在一个集群内的中小企业其信息可以得到极大的共享，这一特点同时也是产业集群所特有的。这种信息相对比较对称的状态，可以增加中小企业的信用程度，更可以扭转银行系统乃至整个社会对中小企业信用度低的状况。通常，中小企业集群是围绕着一种或者几种相关的产品来进行生产，而且区位相对集中，同时对地域的依赖性比较强，如我国温州的打火机、纽扣，晋县鞋业、嵊州领带等均属于这种情况。这时，不论地方商业银行，还是外埠商业银行的当地机构都可以通过当地各种各样的途径来收集到有关中小企业的相关经营、财务等信息，这样一方面可以增加银行系统对中小企业的信用评定，另一方面也可以削弱普遍存在的“信用误区”，增加每一个中小企业的信用度，进而增加整个中小企业集群的信用度。

2. 中小企业集群式融资具有规模优势

中小企业经营灵活，其对资金的需求量较小。同时资金在中小企业运营过程中的流动速度快，循环周期短。这样可以使资金在每一个中小企业内的循环次数增加，货币资金每运动一个周期其就会有不同程度的增值。资金在中小企业内部的短时间的循环运动增加了货币资金的增值机会。而就整个集群内部的资金运动而言，也会随着单个个体中小企业的资金运动速度加大而加快循环。资金在中小企业集群内部的运动中会再经历一次增值过程。这样，整个集群作为一个区域经济实体，其带来的资金规模效应是可想而知的。同样数目的资金如果投放到单一

的大型企业中时，其循环的周期就会加长，延迟资金增值的时间和频率。因此，这种方式对比单一大规模的企业来讲，资金的利用效率和周转率都要有很大幅度的提高，充分显示出资金的规模优势。

3. 中小企业集群式融资具有竞争优势

中小企业的竞争力显然是不强的，它没有办法同资金、技术雄厚的大型企业相竞争。但是，中小企业也有其各自的竞争优势，例如，资金需求量小，资金流动快以及经营灵活等。解决中小企业竞争力不强的问题成为了提高中小企业生存能力的关键。当中小企业集群融资主体出现的时候，集群内的各个中小企业在客观上被紧密地联系在一起。不论是以价值连接为基础的行业间企业横向联系，还是以社会关系为基础的纵向连接，这些都使集群内的各中小企业形成了一个目标一致的整体。这样的整体可以和外部较为强大的竞争对手抗衡，同时又不失中小企业经营灵活的特点。

4. 中小企业集群式融资的功能

中小企业集群式融资能够增强企业间的紧密度，在资金共享的同时提高企业的竞争力，促进我国金融体系的不断发展。

（1）加强中小企业联系的紧密度

对比以往中小企业单独融资，中小企业集群融资是一种将集群内中小企业通过特殊的方式联系在一起，彼此互相联系，互相制约共同融资的方式。第一，其最突出的特点是使集群中的各中小企业彼此成为对方融资的一个信用保障，大家为了一个共同的目标而必须选择做出诚信的决策。当有企业违背这一规则的时候就必须为此付出极大的代价。有了这种信用上的制约，中小企业的信用等级会上升（可以是中小企业主动选择，也可以由于外部环境迫使中小企业被动选择）。这样既可以扭转中小企业信用差的社会普遍看法，同时也会由于集群内每个中小企业的信用提高而使整个中小企业集群具有很好的外部效应。第二，目标的一致，将零散的中小企业形成一个产业联盟，在增强每一个中小企业的竞争力的同时，将整个产业的竞争力提高了。集群效应是规模效应的一种表现形式，技术的共享和大规模的生产可以降低行业生产成本，增强整个行业的市场竞争力。此时，整个产业的竞争力同各中小企业竞争力是相辅相成的，彼此互相促进，目标一致。当两者的目标一致的时候就可以很容易形成一个良性循环，如图 6-5 所示。这样的循环有利于不断地、连续地提升中小企业、产业的竞争力，进而增加区域经济的活力，真正使产业集群的效应发挥到最大，带动地方经济的进一步发展。第三，这种集群内中小企业的有机联系可以为内部资产重组提供宽松的环境。市场竞争的结果必然是优胜劣汰，虽然在同一个集群内，但中小企业间彼此仍然存在着竞争，势必会有相当的企业由于经营不善而需要退出市场，而此时这些资产的处置完全可以在集群内自行消化。当中小企业在集群内进行融资的时候，绝大多数时候是债权融资。当某一个企业经营不善时，由于是生产相同或相关的产品，其债权人则可以考虑接收该企业的固定资产来扩大自己的生产规模，使其做大做强。这样的内部消化有一个非常大的优点就是它不会削弱集群整体的竞争力，却能将资源重新整合，达到优化配置的目的。

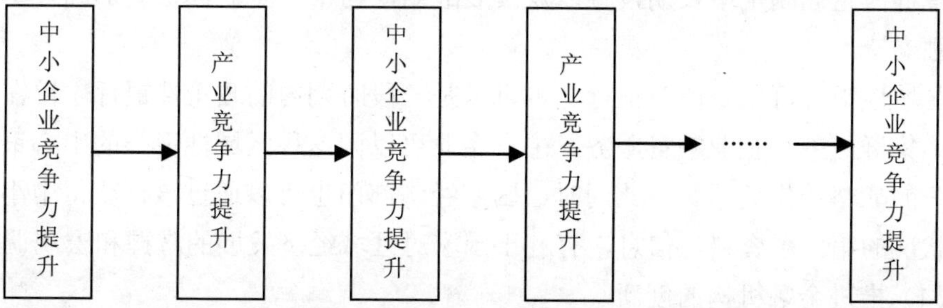

图 6-5　各个中小企业与产业的竞争力提升关系

（2）促使各中小企业形成资金共享

产业集群作为一个特殊的载体，可以使处于集群中的各个企业在资源、信息、技术、无形资产以及公共设施等方面形成比较充分的共享。但目前由于中小企业普遍存在着融资难的问题，所以中小企业更谈不上在资金上形成共享，资金的规模效应也就无从谈起了。如果采用中小企业集群融资，那么中小企业在客观上就被看成是一个整体。一方面，所有的外部资金进入集群后的运动全部是在整个集群内部进行。也就是说，集群内部的各个中小企业就有机会使资金形成共享。中小企业集群内部相互融资实际上就是资金共享的一种外在表现形式，彼此间的债权、债务等关系将资金形成了共享。另一方面，众多的中小企业是以一个整体的姿态出现在金融机构面前的。从大的方面来看，集群中的所有中小企业共同拥有着融来的资金，使资金形成一定的规模，同样是一种资金的共享。

（3）促进金融机构的发展

中小企业不论是集群内企业间相互融资，还是集群整体对外融资，都需要有金融机构的服务，这样无形中促进了我国金融机构的发展。

中小企业集群式融资促进为企业集群服务的区域性中心银行的建立。目前在我国为中小企业融资服务的创业板、投资基金还没有正式运作的情况下，在当前我国经济发展进入结构性过剩、储蓄难以转化为投资、中小企业普遍融资困难的条件下，在中小企业集群地区建设区域性中心银行，可以更好地提高融资效率、解决集群融资难的问题。区域性中心银行可以发挥地域优势，能够更了解群内企业的经营运作状况、管理水平和集群发展前景，而且可以借助集群内企业间的业务联系、竞争对手与合作伙伴的情况，对整个集群的发展方向更加准确地判断，帮助集群内企业制定中长期投资以及发展战略，为中小企业提供更加高效率稳定的金融支持。

区域性银行可以是商业银行，也可以是一段时期内的政策性银行。旨在提高对当地集群内中小企业融资服务。中小企业可以同这种区域性很强的中心银行建立长久的战略合作关系。与此同时，国家经济部门也可以通过该行获得中小企业经营状况的第一手资料与信息，有利于国家对区域经济发展的掌握和宏观调控。

（4）推进金融机构的创新

中小企业集群式融资促使我国金融工具的创新与发展。由于中小企业集群融资是一个创新性的融资行为，在其操作的过程中会涉及一些非银行类金融机构的业务。因此，这种融资方式的发展，必然促使金融产品的不断创新。在前面流程设计中提到的信托机构在融资过程中起到服务的作用，其中在涉及资本市场领域的融资就可以推出一种面向群内中小企业贷款的信托基金。由信托公司募集并管理社会上的闲散资金，形成基金，并将这部分基金用于中小企业集群融资过程中是完全可行的。我国《信托公司管理办法》明确规定的信托公司可以申请经营部分或者全部本外币业务中就有“作为投资基金或者基金管理公司的发起人从事投资基金业务”。因此这种信托投资基金的设立就明显有利于中小企业集群融资。同时，还可以考虑针对中小企业集群的上市，回购式债券的发行、概念性资产证券化等金融产品的创新。

（5）降低银行风险

首先，从充分信息的角度上分析。中小企业集群的信息相对比较透明，集群内的各中小企业彼此间拥有十分对称的信息。而银行又同时是处于集群区域内，这样银行对中小企业的了解就可以更加充分，信息的对称性可以使银行做出规避风险的理性选择。其次，从信用角度上分析。集群内的各中小企业对银行的还款信用会直接影响到其本身在集群内的企业信用，当某一中小企业逃避还款时，由于信息的对称性，其他集群内的中小企业也将得到此信息，因此，其他企业会由于该企业的信用不好而回避与其进行业务往来，这将使得该企业在集群内的生存空间受到限制。因而企业为了避免失信带来的损失，会积极配合还款。最后，从风险转移角度上分析。当银行针对单独游离态的中小企业贷款时，其贷款风险几乎全部由银行系统来承担。当银行接受信托机构的担保而向中小企业集群整体进行贷款时，银行的风险就会部分或者全部转移到担保机构。当银行将其储户的定期存款以信托的方式委托给信托公司托管时，信托公司与银行之间则成为一种业务关系，当信托公司将托管的资金运用到中小企业集群时，也相当于完成了中小企业集群整体融资，而银行在此过程中仅仅承担其与信托公司之间合作的低风险。

（6）增加银行收益

银行之所以对单独的中小企业出现“借贷”现象，其中一个重要原因是银行系统认为在为单一的中小企业实施贷款时承担了较大的交易费用（如贷款审批流程、风险排查等），却又往往由于中小企业贷款规模比较小而不能获得较大的收益。当通过中小企业集群整体融资的时候，不管是采取信贷的方式，还是采取利用信托公司托管的方式都会大大降低其交易成本，而且贷款规模也会比单独给小企业贷款大出很多倍。这样银行既可以降低其交易成本，又可以增加其收益。当银行以托管的方式将其定期存款委托给信托公司运作时，其不仅使资金顺利地流向中小企业，同时还可以获得有保证的委托收益，而且这时银行的交易成本已经降到最低。

三、中小企业集群式融资博弈分析

中小企业集群整体通过银行融资时，中小企业集群与银行均是以各自的利益最大化为目标的，所以彼此之间的合作存在着一定的竞合关系。那么怎样将彼此的目标趋于一致就是中小企业集群同银行共同需要面临的问题。通过博弈模型的分析可以很好地诠释中小企业集群和银行是怎样达到目标一致的。

1. 中小企业集群整体与银行间的博弈

中小企业与银行之间的借贷关系是需要双方达到“双赢”才能成立的。假设企业在银行获得贷款的经营收益 L_0，而银行在此贷款过程中也可以得到 L_0 的利息收益。如果信贷市场具有完全信息、交易费用为零（如政府提供良好的信贷支持；担保手续简便，且免费；发生企业不还贷款情况时，司法体系会高效率地维护正义，而且费用极低），那么博弈的结果就是：银行贷款，企业还款，双方均获利益。

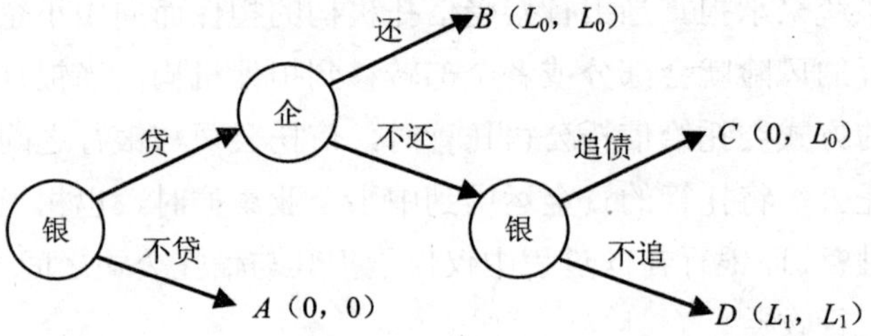

（注：$L_1>L_0>0>L_2$）

图 6-6 中小企业个体与银行的博弈关系

如图 6-6 所示，当银行贷款而企业又主动还款（包含银行不追债企业就已经还款了）时，双方可以获得一个均衡收益。若企业不还贷款，银行又不主动追债，此时企业可以获得最大的收益（L_1），而银行损失则达到最大（L_2），因此作为理性选择的银行是不会放弃追债的。当银行追债时，由于司法的高效率和低交易费用，银行可以追回贷款，从而银行仍然有 L_0 的利息收益。可是现实的情况是，不可能出现在司法介入时而交易成本却为零的情况，司法部门也可能由于信息不对称等原因而不能及时帮助银行追缴贷款。当交易费用不为零甚至可能更大，信息也无法充分共享时，银行如果给中小企业贷款，即使最后通过追债获得利息收益也需要再减去交易成本 $C_{交易}$，有可能银行的最终收益 $L'_0= L_0-C_{交易}<0$。中小企业个体也会付出在银行系统内的信用成本，这时银行就可能会选择不向中小企业发放贷款，而出现了“惜贷”行为。

（1）集群内中小企业同银行的博弈关系

如果中小企业以集群的方式整体向银行融资时，情况就会有所改变。因为此时制约中小企业还款问题的一个条件就是，每一个中小企业在集群内部的信用问题。也就是说如果中小企业依然不还贷款，它此时就有可能被同一集群内的其他中小企业所摒弃的危险，进而失去集群效应带来的巨大利益，失信成本（$C_{失信}$）变得非常大。虽然银行系统可能不会直接和中小企业集群融资主体发生直接的借贷关系，但当上述模型的条件都不变时，可以建立如图 6-7 所示中小企业集群融资主体同银行间的间接动态博弈模型。

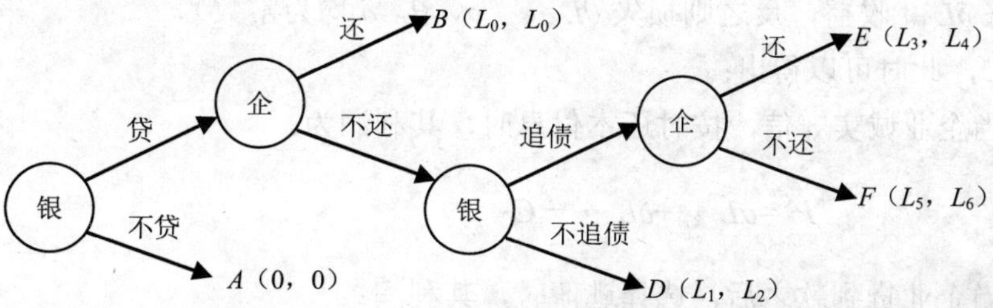

图 6-7 集群内中小企业与银行的博弈关系

在图 6-7 所示的博弈关系中，当企业被银行进行追债时，企业会做出两种选择：第一，企业在银行追债时，选择还款。银行的收益中须去除追债所带来的成本，为 $L_4=L_0-C_{交易}$；而企业会因为“逃债”而使自己的信用受损，尽管最后偿还了债务，仍要承担失信所带来的成本，因此收益 $L_3=L_0-C_{失信}$。此时双方的收益都会下降。第二，企业在银行追债时，选择逃避。这时企业的收益为 $L_5=L_0-C'_{失信}$，此时的 $C'_{失信}$远远大于 $C_{失信}$。企业为此付出了被银行等金融系统所摒弃，在集群内由于信用很差而业务量受损，甚至可能出现当银行一再坚持追债，介入司法后而使企业身败名裂、锒铛入狱等付出巨大成本。银行也同样会受到失去本金、利息等损失，同时付出较大的交易成本，所以其收益 $L_6=-(L_0+M_{本金}+C_{交易})$。因此这种选择对企业和银行来讲都是成本最高的，收益却是最差的。可得到该博弈的标准形式，如表 6-1 所示。

表 6-1 集群内中小企业与银行博弈标准型

银行 / 企业	银行不贷款	银行贷款	银行不追债	银行追债
还贷款	—	B（L_0，L_0）	—	E（L_3，L_4）
不还贷款	A（0，0）	—	D（L_1，L_2）	F（L_5，L_6）

当信托机构这种中介机构介入的时候，银行系统则可以进一步降低风险，同时，集群内的各中小企业也由于不希望在信托机构那里失去信用，而选择及时归

还贷款。

（2）博弈模型的分析

根据上述模型假设：第一，每个企业的正常收益为$L=L_{经营}$；成本为$C=C_{固定}+C_{经营}$；获得银行贷款的中小企业，其经营收益变为$\alpha L_{经营}$；由于诚信而使该企业额外带来$\delta L_{诚信}$收益，反之则损失$\theta L_{诚信}$（α，θ，δ均为常数）。

第二，此时可以得出：

① 当企业诚实守信，按时还本付息时，其利润为：

$$P=\alpha L_{经营}+\delta L_{诚信}-C \tag{6-1}$$

② 当企业贷到款之后，选择逃债时，其利润：

$$P'=\alpha L_{经营}-(C+\theta L_{诚信}) \tag{6-2}$$

$$P-P'=\alpha L_{经营}+\delta L_{诚信}-C-[\alpha L_{经营}-(C+\theta L_{诚信})]$$

$$=\delta L_{诚信}+\theta L_{诚信}>0$$

$$\therefore P>P'$$

由此可以看出，当中小企业选择诚实守信，按期还本付息时，其收益要比逃债多，所以出于理性的选择，中小企业会按时归还银行本息。

通过对单一中小企业与银行间以及群内中小企业与银行间的博弈模型的分析，可以发现无论是单一中小企业还是群内中小企业失信都对企业自身有一定的影响。不同的是，单一中小企业在借贷发生时如果失信，对银行的影响将是非常大的。但是如果中小企业形成集群后，群内中小企业的失信成本要远远高于单一中小企业的失信成本，因为这其中包含群内其他企业对失信企业的不信任，这样该企业在业务收入上同样会受损。因此，其失信成本会被集群效应放大。中小企业集群整体作为各中小企业的代理人，在中小企业失信的同时自然失信于银行，所以中小企业集群整体与银行间的博弈关系便可以通过群内中小企业与银行间的博弈关系反映出来。中小企业集群整体与银行间的博弈结果仍然是集群整体在银行那里不失信，与银行配合还债形成“共赢”的态势。中小企业集群融资成功，银行在其融资中获益。

2. 中小企业集群内各企业间的博弈

在中小企业形成集群后，每一个企业仍然是独立自主经营，所以中小企业在融资方式的选择上也是独立的。但是由于集群这样一个特殊的大背景，中小企业的融资行为，甚至是生产经营活动都会在很大程度上受到同一集群内的其他中小企业的影响。因此，在选择融资方式的时候，中小企业在综合考虑到多方面的条件因素彼此做出了合作融资的理性选择。

（1）中小企业间的合作博弈

建立静态博弈模型：

表 6-2　中小企业间合作博弈模型

中小企业	合作融资	单独融资
合作融资	（3，3）	（3，1）
独自融资	（1，3）	（1，1）

中小企业形成集群后，每个中小企业独自融资仍然存在着困难，因此即使有收益也会非常小。所以当中小企业都各自为政、独自融资时，其收益为（1，1）；若其他中小企业合作融资，而有个别的中小企业单独融资时，可能会遇到更大的困难。显然，一个中小企业抵御风险的能力是没有办法同合作起来的中小企业相匹敌的，所以银行出于这样的考虑，宁愿选择为形成有机联系的多家中小企业整体贷款。此时，单独融资的中小企业的收益仍然是原来的 1，但其他合作融资的中小企业则能各自获得收益 3；最后出于利益最大化的理性选择，中小企业均选择了合作融资，就形成了各中小企业的利益最大化（3，3）。

（2）中小企业间还款博弈

建立静态博弈模型：

表 6-3　中小企业间还款博弈模型

中小企业	还款	不还
还款	（3，3）	（6，−3）
不还	（−3，6）	（−1，−1）

集群内的中小企业受制于群内的信用，因此当中小企业主动归还贷款或者其他借款时，其信用在群内企业间可以得到广泛的认可，可以使其效用更大。相反，如果不主动还款，而别的中小企业又主动还款时，这时该企业就会在群内失去合作伙伴，没有任何企业愿意与信用不佳的企业有业务往来。而主动还款的企业则

会由于其良好的信用而争取到更多的合作伙伴。当企业都选择拖欠贷款或借款时，其整个集群的信用就会下降，每一个企业的成本无形当中加大了很多。

3. 集群内各中小企业间博弈树

从静态模型的分析中，我们知道中小企业有合作融资的需求，但是由于每个中小企业的情况是不一样的，因此存在经营上、诚信上的差别。因此可以建立一个动态博弈树：

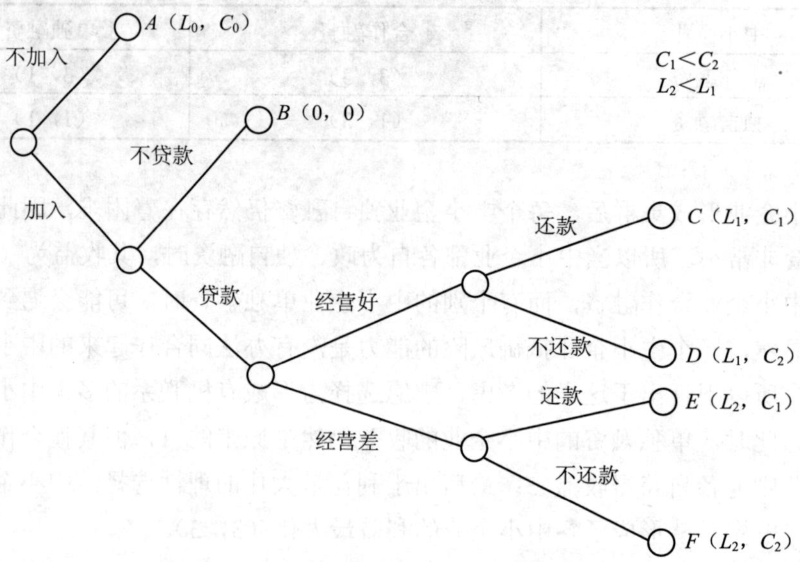

图 6-8　集群内各中小企业间的动态博弈树

如图 6-8 所示，根据中小企业的不同决策一共有 $A \sim F$ 6 种可选择的结果。

4. 博弈模型的分析

如表 6-2 所示的中小企业间合作博弈模型中，合作占优是一个明显的特征，即不论其他经济主体的决策如何，选择与别人合作融资便容易达到最大化收益。此时，寻找一个或者多个能够合作融资的中小企业作为融资伙伴是每个有融资需求的中小企业的首要目标。中小企业集群正好为这种合作融资创造了外部条件，因此在集群内中小企业选择合作的方式并不会付出很大的成本，所以上述模型进一步说明了在群内的中小企业选择与其他中小企业合作融资的可能性。

如表 6-3 所示的中小企业间还款博弈模型中，每一个企业的最优选择就是主动归还贷款。这样的行为会有两种结果，均是对企业有利的：① 当该企业还款，其他企业不还款时。在其提高信用的同时，该企业会争取到本来与不还款企业合作的企业，从而使收益增加；② 当所有企业都还款时。此时，对于还款的企业没有额外的利益，但却因为整体上的诚信使集群的信用增加，为群内中小企业提供更加理想和优越的竞争环境。每一个群内的中小企业均担心由于自身信用受损而带来更大的额外损失，因此都会积极选择还款作为其理性选择。此时，达到一种均衡状态，即每个中小企业都积极归还贷款，也形成了一种良好信用的循环。

如图 6-8 所示的集群内各中小企业间的动态博弈树的 6 种可能结果中，结果 A 是由于该企业不参与中小企业集群融资主体而产生的，这样的选择是无法达到中小企业收益最大的。结果 B 显示的是虽然参与了集群，但是没有贷款需求，所以不做讨论。当中小企业以一个整体获得贷款时，由于其在生产中存在一定风险，根据博弈树共有以下几种可能：① 结果 C：经营好的情况下，中小企业选择及时还本付息。中小企业的利润是 $P_C=L_1-C_1$。该中小企业由于及时归还贷款而使其获得良好的社会信用，比较容易继续获得贷款从事生产经营活动、扩大生产规模等。② 结果 D：经营好的情况下，中小企业选择逃债。中小企业此时的利润是 $P_D=L_1-C_2$；此时，该企业要承受由于失信带来的损失，例如：无法再获得贷款、被合作伙伴摒弃等。其成本 C_2 中包括很大一部分 $C_{失信}$。③ 结果 E：经营差的情况下，中小企业仍然选择还款付息。这时中小企业的利润是 $P_E=L_2-C_1$。此时，该企业的利润可能为负，但是其成本也相对小，尽管短期的利润可能比较低，但其良好的信用可以使其进一步融资，从而扭亏为盈。④ 结果 F：经营差的情况下，中小企业选择不还款。这时中小企业的利润是 $P_F=L_2-C_2$。该企业不还款的原因大概有两种：其一是有还款能力但是逃债；其二是该企业已经没有还款能力。但不管是哪种原因，该企业都很难再获得进一步的贷款或其他融资了。集群内的生存空间已经相当小。综上所述，在剥离开中小企业不加入集群和加入集群而不参加贷款的情形，中小企业的最优选择仍然是主动还款。不论是其经营好与差，主动还款均可以为其带去利益。

通过对静态、动态模型的设计和分析，确定中小企业在多种融资状态下的最大化收益和理性选择。在技术上进一步支持中小企业集群融资的可行性。通过博弈分析得出，集群内的中小企业独自融资能力强于游离态的中小企业。处于同一集群内的中小企业在融资、归还银行贷款等方面选择与集群内的企业和银行合作是其最优选择。

第七章　中小企业集群竞争力的文化环境

文化是一种抽象的、难以具体描述的概念，它是一个不断向广延度和深刻度拓展的概念，至今还没有一个统一、标准的概念和内涵。对于文化的解释有很多种，例如，最早系统归纳出文化概念的泰勒强调，文化是一个精神文化的综合整体，“文化或文明，就其广泛的民族意义来说，是包括知识、信仰、艺术、道德、法律、习俗和任何人作为一名社会成员而获得的能力和习惯在内的复杂体。”

对于文化的概念，一般涉及三个层面：精神层面、物质层面以及制度层面，这三个层面是相互影响、相互适应、相互支持的。精神层面主要包含特定的价值观、信仰和思想意识等。物质层面则主要是能够体现文化理念的一种物化结果，比较直观的有一些建筑物、各种物品等。制度层面则是反映精神文化的各种制度、习俗、规则等。如果说精神层面是抽象的，物质层面是具体的，则制度层面就是介于抽象与具体之间的文化含义。

随着社会的发展，经济全球化、数字化、信息化步伐的加快，中小企业文化和价值观等无形资产对中小企业核心竞争力的贡献也越来越大。抓好中小企业文化的建设和价值观念的更新，是培育和提高中小企业核心竞争力的重要途径。进行文化系统核心竞争力的培育就是强调文化在中小企业管理中所起的主导作用，即在管理过程中，将企业共同的价值观、信念、精神，通过文化沟通的方式，由管理主体传递给管理客体，形成一种特定的价值取向，就像一只无形的手，调节着中小企业的运行，将文化管理作为一种模式，是21世纪知识经济条件下中小企业发展的一个必然选择。企业文化在中小企业发展中可起到导向、约束、凝聚、激励和辐射的作用，并非企业文化一经建立就能够推动中小企业和社会的良好发展，它需要正确的伦理规范的引导，因此要建立健康向上的企业伦理，中小企业的伦理精神是通过企业文化这个外在形式而对企业的经营起作用的，在中小企业运行良好时，企业文化是其有序经营和不断创新的动力；在企业遇到困难时，优良的企业文化是其渡过难关、获得新生的法宝。建立起一种新型的中小企业文化体系，当前应从如下方面着手：① 培养具有个性特色的企业精神，尤其是企业家精神。企业精神是企业文化的灵魂，是企业发展的凝聚剂和催化剂，对广大员工有导向、凝聚和激励的作用。② 建立新型的企业价值观。企业价值观是企业文化的核心，不同的价值观会导致不同的经营理念，而采取不同的管理模式，也直接支配和影响中小企业的行为。③ 实施科教兴企的战略。企业文化实质是经济文化，科教兴企有利于员工文化素质的提高，有利于中小企业形成良好的科技文化氛围。④ 构建管理文化。企业文化本身是一种高超的管理方式，企业管理应把自觉素质、人的精神、群体共识放在管理诸要素的首位，通过文化环境的感染、诱导和约束等方式去激发员工的内在潜力。⑤ 创造名牌产品。名牌一半是文化，一个名牌的形成过程，必然体现着独具特色的企业文化。如果不注重文化的投入，在商品基本功能无本质区别的今天，是不能创造名牌的。因此，中小企业在产品设计、生产、销售、服务和广告宣传等各个环节要控制和提升文化内涵，赋予其文化的、人性的丰富价值，使产品魅力无穷，长盛不衰。

一、集群文化的构建

集群内企业地理位置上的集中和业务范围的相近有助于集群文化的形成，集群文化的形成又可以通过塑造群内从业人员（尤其是企业家）的观念、思维方式、行为习惯等而作用于企业的经营活动从而对集群的发展起到潜移默化作用。20世纪80年代日本公司坚持“质量文化”从而带动了整个日本经济的发展，但20世纪90年代以后全球经济模式发生了根本改变，竞争力不仅取决于质量和价格，更重要的是速度和服务，于是日本公司很快败给了美国公司。可见文化对经济发展的影响作用。

集群文化的培育可以促进地区的经济发展和社会进步，并可以通过集群文化进一步向周边区域辐射的方式，推动地区及周边的物质文明和精神文明建设，提高人民生活水平。集群文化的构建可以通过以下几种方式实现：

1. 制定和推广群内企业基本文化理念

企业基本文化理念是一个企业文化形成的核心内容，中小企业自然集聚现象使群内各企业有着相近的经营哲学，客观上为群内建立基本企业文化提供带来基础条件。单体企业基本文化不仅是企业组织内形成的核心价值观，支配着企业的经营行为，它更影响着企业的经营行为。同时，单体企业基本文化也是构成企业集群文化的基本要素。由于企业文化具有辐射功能，群内企业间的企业精神、价值观、行为规范、道德伦理等带有文化特点的要素会在彼此耳濡目染，逐步形成共识，进而形成中小企业集群整体的文化特色。

2．发挥群内核心企业的文化辐射作用

从我国的中小企业集群构成来看，附着在核心企业周围的中小企业不断集聚最终形成的中小企业集群有很多。在一个集群内，如果有一个具有强企业文化背景的核心企业存在，那么这个核心企业对集群文化甚至区域文化都会有很大的影响。由于核心企业的文化辐射作用，该企业文化会被集群内其他企业组织所借鉴、学习，逐步形成统一的集群文化。核心企业在集群内支配力不仅仅体现在生产经营活动中的控制能力，同时在集群文化的塑造，对上下游企业自身文化的影响都起到了极大的作用。

3．着力建设具有个性特色的企业文化

经济与文化都是多元的，集群内的中小企业存在着极大的共性，更存在差异性，企业文化也是如此。如果群内中小企业都千篇一律，没有文化差异，则集群的发展就陷入了墨守成规、因循守旧的泥潭，集群整体也失去了创造力，最终会导致集群没有继续发展的动力。鼓励并且着手打造符合群内中小企业自身经营特点的特色企业文化，是推动群内中小企业不断向前进取、探索的精神动力，也是集群不断创新、前进的动力。不应忽略的是，富有个性的中小企业文化不能与集群优良文化相悖和抵触，这样就会由于文化的冲突，导致富有个性的中小企业被排除在集群之外。

4．制定和实施中长期集群文化发展战略

集群文化是中小企业集群形成和发展过程中不断积累的财富，制定和实施集群文化战略重点就是开发和利用这种财富，提升集群特色产品的文化内涵和市场竞争力，打造先进的集群组织文化，融合地域特定文化精髓，借助集群文化的力量，促进产业的升级，并带动地方经济发展。制定和实施集群文化战略有利于集群文化长期有规划、有目标地发展建设，保持集群文化和集群内企业文化的稳定性，协调群内企业间文化的差异性，平复文化矛盾，提高集群文化在微观方面影

响群内各企业的制度文化、竞合文化与运行机制的效率。

二、中小企业集群文化的形成与作用

任何组织都会有自己的文化，而中小企业集群文化就是集群效应发展的必然结果，是中小企业自然集聚过程中逐渐形成的一种较为松散的组织文化。

1. 中小企业集群文化的形成

通常这种中小企业集群文化从集聚过程中人文、社会、地理、自然等环境中孕育，同时又带有比较明显且独特的自发性。相近的价值观、世界观，相似的道德标准、经营理念，这些既是中小企业自然集聚的驱动力，又是中小企业集群文化诞生的根源。由于文化是个非常广泛的范畴，所以中小企业集群文化也包含区域特色文化、产业特色文化和组织特色文化。

（1）区域特色文化

区域文化通常包含该区域内的历史、地理、人文等特定内容。例如，福建、浙江沿海地区由于土地贫瘠、稀少，因而经过历史的逐渐沉淀形成了“重商”的区域文化，有别于我国传统的“重农轻商”的文化。拼搏、勇于冒险、团结又成为了这些人创办企业，点滴集聚的精神主线。区域特色文化通常会影响到当地民众的价值取向、思维方式以及行为倾向等，进而影响到企业行为。例如浙江人坚韧和勇于突破的个性往往可以支撑他们将一家小店、小作坊，甚至是夫妻店逐步经营、发展成大企业、大集团，从小到大、从不规范到规范、从无序到有序，这些进步无不体现着当地人坚韧、勇于突破、果敢的文化特征。

（2）产业特色文化

我国自然形成的中小企业集群的主导产品有纺织服装、小家电、玩具、电子产品、灯饰等，绝大多数属于劳动密集型，并且与广大人民群众生活密切相关的产品。而由政府主导的园区型中小企业集群也有高知识、高技术、高科技产品为主的科技型中小企业集群，例如武汉光谷、北京中关村等。这些生产不同产品的中小企业集群也有自己独特的产业文化，是构成集群文化差异性的一个重要方面，也形成了不同的价值取向、制度规范以及物质形态。显而易见，产业文化往往与该产业的主导产品有很大关联，甚至由主导产品决定产业文化特点，也就形成了不同产业的中小企业集群具有各自独特的产业文化。

（3）组织特色文化

这种组织特色文化不同于前述两种文化，它更为抽象。尽管集群内的中小企业发展状况不同，处于不同的发展阶段，且存在细微的企业文化差异，但处于集群内的中小企业往往会有相对共性的文化，并且这种文化更居于主导地位，各中小企业也趋于接受这样一种共性的文化，也就形成了集群整体的组织文化。这种组织文化体现为一种柔性，不具备强制力，但集群内的中小企业又需要去适应和接受这样的文化。其主要原因在于，群内的中小企业要借助集群效应而使各自得到发展，因此，每一个企业都需要适应甚至是接受和服从这种“不具备强制力”的柔性文化。

总之，中小企业集群文化是根植于中小企业集群，受区域人文、社会、自然等环境因素影响，在中小企业集聚过程中逐步形成，并被群内中小企业广泛接受和认同的一种组织文化。它在一定程度上反映了群内中小企业的经营理念、核心价值、人文素质等，是中小企业集群发展的一种抽象的表现。

2．中小企业集群文化的作用

中小企业集群是一种充满活力的经济组织形态，在统一的集群文化的指引下，群内企业在资源、信息以及公共设施的共享大大地降低了单体企业的经营成本。中小企业发展壮大过程中所必须解决的资金问题，也借助良好的集群文化而大大增加了中小企业融资的可能性。

（1）中小企业集群文化可以促进群内企业融资

同一中小企业集群内的单体企业由于都认同集群文化，遵守相同的奖惩规则，相同的价值观、相似的经营理念，使得群内企业对彼此的发展战略、资金需求以及资金使用理念得到很大程度的认同。基于信息的充分性，群内企业间的相互信任度远远大于两个毫无任何关系的单体企业。出于理性的选择，群内中小企业更愿意和群内企业进行资金周转，增加了中小企业集群内融资的成功概率。一般地，中小企业集群内部融资主要有以下两种，而从这些融资方式的运作来看，无不受到集群文化的影响。第一，群内企业间借贷融资。借贷融资对债务方的信用要求非常高，债权方的最大风险即来自于债务方的信用降低，直至最后信用违约。正如前面所提到，集群文化既有精神层面的软约束，也有制度层面的硬约束，显然在同一个集群内的中小企业信用违约的成本，在集群文化的作用下，会大幅度放大，甚至可以导致违约企业被集群整体摒弃，无法找到任何合作方，而最终走向终结。第二，群内企业间股权融资。股权融资要求投资方对被投资方的持续经营状况有一定的判断，以此来控制股权投资风险。相似的经营理念和发展战略，使投资方和被投资方能够实现企业发展过程中保持高度一致，投资方对被投资方的经营理念的认同可以帮助其很好地理解被投资方的运营行为，从而避免股权持有人与企业运营团队的意见分歧，促进双方更好地合作，既解决了被投资方的资金需求，也使得投资方的投资得到保障并获得合理收益。

（2）增加中小企业集群外融资机会

中小企业除集群内融资外，还可以依托集群以外的经济资源进行融资，例如可以通过银行借贷融资、引入战略或财务投资者股权融资、发行中小企业集合债券融资等。集群文化在中小企业集群外融资方面同样发挥着举足轻重的作用，可以提高中小企业集群外融资的成功率。集群文化对中小企业集群外银行融资和股权融资的影响机理与其在集群内以此方式进行融资的机理相似，在这里不另加赘述。这里主要讨论一下中小企业集合债券融资的问题。所谓中小企业集合债券是由于受到信用、规模等约束，单个中小企业难以获得较高的信用评级、不能通过在债券市场直接发行债券进行融资的情况下，运用信用增级原理，使若干个中小企业各自作为债券发行主题，确定债券发行额度，使用统一组织、集合发行的一种企业债券。集群文化在中小企业集合债券发行的过程中主要有以下积极作用：第一，有助于统一协调群内企业关系。集合债券的重点即是“合散为整”，当多元主体合聚一个统一整体时，各主体的行动一致是保证整体良好运行的关键。前面已经多次强调了集群文化会增加群内企业的归属感，使群内企业以集群文化为生产经营活动的主线。既然主线统一，那么群内企业保持行动一致就相对容易，也有利于中小企业集合债券的发行。第二，有助于担保机构提供统一担保。集合债券融资要求由担保机构提供统一的担保措施，这个对于担保机构来说是一个不小的挑战。倘若每一个中小企业都是独立经营，彼此没有任何联系，这样担保机构在尽职调查、要求提供反担保措施等方面的工作就会进行得举步维艰。因为每一个企业都有自己的经营理念、运作方式，还存在彼此互斥的情况。但拥有统一集群文化的中小企业则可以最大限度地避免这个问题，而群内信息是比较充分的，这也为担保机构的工作提供了最大的便利性。此外，在信用评级、债券推介、债券承销等方面，集群文化都起到了加强配合，增进沟通，协调一致的重要作用。

中小企业融资难问题是我国中小企业发展历程中普遍面临的一个瓶颈问题，目前无论是理论界，还是在实际操作过程中，都在不断探索适合我国经济形态、市场环境的解决办法。中小企业集群一旦形成了优秀的集群文化，其在中小企业单体融资方面对比处于游离状态的中小企业有一定的优势，集群文化在一定程度上是会促进群内中小企业单体融资。随着我国金融市场的不断完善，中小企业捆绑整体融资也逐渐成为一种可能，北京、深圳已经率先探索了中小企业集合债，部分省市也发行了中小企业集合票据，这些都是促进我国中小企业融资的好方法。在中小企业捆绑融资方面，如果再深化集群的作用，充分发挥集群文化的融合作用，相信中小企业集群整体融资会为中小企业融资起到质变的作用。

（3）中小企业集群文化可以加速群内企业整合

共处同一集群的中小企业间是“竞争与合作”的关系，由于市场竞争的结果是优胜劣汰，所以中小企业间存在的竞争关系，会最终导致经营不善的企业退出市场，这也是群内企业整合的一个重要过程。群内中小企业间的相互整合会让集群整体的不良资产淘汰，使资产趋于优化，既壮大了群内单体中小企业，又加速了集群整体的发展。由于有集群文化的这条“主线”，同一集群文化背景下的中小企业间更多的是良性整合、善意兼并，或者说是由于双方的经营理念接近而实现的一种合并壮大。第一，加速中小企业群内纵向整合。中小企业集群既是一个经济概念，又是区域概念，因此在一个集群内存在着由价值链条连接的中小企业，这样就为中小企业在集群内实现纵向整合提供了条件。由于中小企业集群要受到地域的限制，往往处在价值链上的企业规模都不是很大，或者只有一到两个大企业处于彼此上下游的关系。但无论是价值链上的大企业，还是小企业，它们都是处在同一集群文化范围内，拥有相同的处事原则，相似的经营理念。同时，围绕在价值链上大企业的中小企业大部分是小微企业，有的甚至是夫妻店、小作坊，以同乡、同学、同宗为纽带的社会关系，通常会使纵向整合变得相对容易。从而打通整个价值链条，形成全产业链或者是区域全产业链。这种纵向整合是企业从中小企业打造全产业链型多元化企业的一个捷径，而集群文化和集群经济为中小企业的这种成长提供了制度和物质上的基础。第二，加速中小企业群内横向整合。中小企业自然集聚形成集群的过程中，生产同类型、同质产品的中小企业通常趋于集聚。前边介绍的几种类型的中小企业，都存在同类型的企业集聚现象。这些中小企业虽然形成了集聚，也在一定程度上通过发挥集群效应增加了企业竞争力，但对于小企业（也包括微型企业）来说毕竟抵御市场风险的能力是有限的。在同一集群内，作为单纯的生产某一同质产品的小企业、小作坊，由于没有形成一定的规模，会导致成本不能够最大限度地降低。最终形成：当集群发展到一定程度后无法继续突破瓶颈，集群内相对完全的市场竞争反而降低效率的结果。如果能够实现生产同质产品的中小企业横向整合，则可以最大限度地发挥规模效应。让群内生产规模小，实力弱的企业，逐渐联合起来，形成群内的规模效应。在这个过程中，集群文化犹如催化剂一样，加速了企业间这种横向整合速度，使生产型中小企业逐步实现生产扩大，提高产能，降低成本。

中小企业集群内的整合是优化群内资源的一个重要过程，保留优质企业，淘汰落后企业是集群整体新陈代谢的需要，是集群整体提高竞争力的重要保障。加快群内资源整合，使群内资源得到合理配置，可以加速区域经济的发展，提高群内企业的单体竞争力。集群文化的指导和约束作用，可以避免群内企业整合过程中出现恶意收购、恶性竞争等内耗问题，最大限度地降低企业间整合的成本。

对国际市场导向的中小企业集群，培育集群文化时要注意以下几方面：要注意培养集群内有利于创新的学习文化，形成浓厚的学习氛围，奠定持续发展的知识基础；要培养集群内中小企业的国际经营意识，在战略制定、资源获取、客户关系、技术创新等方面要放眼世界，以国际市场作为参照系；要注意培养集群内企业的诚信文化，诚信是加入 WTO 后与外商打交道的催化剂，也是形成商誉这一重要无形资产的基础，缺乏诚信基础的集群将面临导致集群衰退的危机；要注意培养集群内企业之间“我为人人，人人为我”的合作意识，在开拓国际市场中相互提携、共同发展，避免相互倾轧、破坏集群信誉的行为，提高集群的稳定性。

三、中小企业集群文化环境的培育

中小企业集群作为一个整体是一个开放的、相对松散的抽象组织，但内部结构复杂，参与其中的每一个中小企业没有绝对意义上控制与被控制的关系。因此，集群的统一和一致需要群内企业都认同的一种文化进行串联。当中小企业集群以一个整体参与市场时，其影响力和竞争力就会得到提高，而文化的认同则决定着中小企业集群竞争力提升的程度。中小企业集群文化作为一种抽象的概念，它类似企业文化，又不同企业文化，是一种柔性的、松散的组织文化，但它却犹如“一双无形的手”推动集群经济的发展，因此培育中小企业集群文化环境尤为重要。

1. 中小企业集群文化环境的经济意义

中小企业集群的文化环境是集群赖以成长和发展的重要条件之一，文化环境起到稳定、固化和强化中小企业集群竞争力的作用。中小企业集群本身具有社会文化特征，这种特征也称为根植性，集群内企业家具有相同或相近的社会文化背景和制度环境，以此为基础，人们之间在经常的联系、互动过程中所采取的各种经济行为深深根植于大家所熟悉的圈内语言、背景知识和交易规则，因而具有可靠性、可预见性，并避免了彼此陌生的人进行交易时可能产生的问题。共同的社会文化环境产生的信任、理解和相互合作，既有效地防止各种机会主义行为，又促进知识的流通和扩散，其中包括明晰的知识，但大部分是默会的知识。相互信任和满意成为群内最有价值的资源。集群文化具有很强的凝聚作用，它改善了集群企业之间的信息沟通和人际关系，共同的价值观和经营理念成为中小企业集群内各企业合作的坚实基础。它为集群企业提供了一种"胶"，使众多企业黏结在一起，既营造了区域创新环境，又使企业深深扎根于当地。由此可以看出，中小企业集群竞争力的提升除了本身具有较好的创业环境，促进企业升级的竞争协作机制外与一定的文化背景、文化环境关系密切。社会人文环境作为创新的"温床"或孵化器，对于创新的产生具有决定性作用。中小企业集群内部的文化环境是维系中小企业集群正常运转、降低中间产品市场交易费用和对外部市场变化做出适度反应的内在机制，而这种文化环境的核心是业主之间以信任和承诺为主要内容的协作精神。这种协作精神体现在集群企业自觉遵守共享价值观和行为规范，形成共同创新、风险共担、利益共享的有效的激励机制，从而减少了许多的监督和协调，为中小企业集群高效率配置资源发挥了巨大的作用。如果缺乏这种合作精神，"同质的"小企业业主之间的恶性竞争就会迅速滋长蔓延，精细的专业化分工也将难以为继，小企业集群整体对外的竞争力也将消亡。

集群文化的导向和影响作用虽然是间接的，但是更持久、更深远、更加根深蒂固。强有力的集群文化使中小企业集群成为具有凝聚力的带有"宗派性"色彩的集团，在市场竞争中发挥着资金、物资等无法相比的巨大作用。良好的集群文化是中小企业集群久盛不衰的重要原因。资源是会枯竭的，唯有文化生生不息。优秀的集群文化在长期的合作实践中建立和升华，它不会因为集群组织和结构的变化而衰落，而会持续稳定地发挥作用。

2．培育中小企业集群的精神与制度的文化环境

中小企业集群的精神和制度层面的文化环境能够为中小企业集群持续成长提供动力。同一集群内的各中小企业具有相同的或相似的社会意识、价值观念、经

营哲学以及道德标准，这些就构成了该集群文化的核心框架，即群内企业在上述几方面达成一致，形成了共同认可的一种集群内的柔性约束，更多地表现在精神层面。在这种柔性约束基础上，逐步形成了群内企业之间协作、竞争、配合时的统一标准，这样的标准会随着集群的发展而变成了一个规则或是潜规则，进入集群的中小企业需要接受这样的规则，此时精神层面的柔性约束逐渐转变成制度约束。这种制度约束既约束了群内各中小企业的行为，也将群内的各中小企业紧紧地联系在一起。随着中小企业集群的不断地成长，以及相应制度的不断改进，各中小企业联系更为紧密，持续的演变会不断促使中小企业集群发展、成长。所以，精神文化层面的柔性约束与制度层面的刚性文化约束会不断地为中小企业集群发展提供核心动力。

3．培育中小企业集群的创新文化环境

中小企业集群的创新文化环境的形成能够为中小企业集群品牌建设提供支撑。企业是真正实现创新的经济实体，是整个创新文化中的核心。具有“企业家精神”的经营者是创新观念的实践者，居于主导地位。在集群内，企业与企业、行业与行业要加强合作，真正形成节点对节点的、网孔对网孔的非线性的“金刚石型”的网络结构，使资源能够有效地流动，使创新活动能够在网络中产生、发展，形成良性的互利型的竞争，从而为集群品牌的产生和发展奠定基础。集群品牌能够加强群内企业间的相互协作，最大限度地限制恶性竞争，刺激群内企业的自主创新意识，产生最优的协同效应。从品牌关注度来看，集群品牌效应显然在多方面优于企业单体的品牌效应，甚至在某些区域，几乎没有单体企业的知名品牌，却诞生了区域内的集群品牌。例如，江西景德镇的瓷器品牌，集群内几乎没有有影响力的品牌企业，但“景德镇瓷器”的品牌效应却享誉国内外。具有品牌效应的集群往往在市场竞争、地区经济贡献度等方面显现优势。集群品牌有利于培养群内企业的品牌意识，强化群内企业自觉约束的行为，避免只顾及短期利益的抄袭和模仿群内其他企业的行为，最大限度地保护群内企业的利益。优秀的集群文化可以通过对群内企业的激励和控制，为群内企业的单独运营提供良好的市场环境。群内企业对共同价值观和行为准则的自觉遵守，形成了风险共担、利益共享的有效机制，共同建立的法律之外的奖惩机制和程序，为群内企业行为进行最大限度地约束和激励，保证了集群品牌的健康、持续发展，进而发挥集群品牌正效应，提升中小企业集群整体的竞争力水平。

4．培育中小企业集群的价值观念和共生共享的开放氛围的文化环境

合作的价值观念和共生共享的开放氛围能提高群内中小企业相互间协作效率。中小企业集群竞争力的提升不仅仅在于某一项技术、某一种产品或某一个企业，而是在于各个系统组成部分之间的相互竞争和合作。企业内部各单位之间、企业与企业之间以及企业与大学、行业协会之间的关系是相互开放的，同行业的企业之间在相互竞争的同时又相互协作，相互交流市场与技术方面的信息。每个企业都设法利用本地区所有知识来开拓市场，利用当地的各种关系网络来建立新的市场和开发新技术，以适应不断变化的市场。竞争需要不断创新，创新又需要合作。企业文化强调的是加强企业员工的认同感、归属感以及分工合作等，集群文化也同样强调群内各企业对集群整体的认同感、对集群整体归属感以及集群内部的上下游的协同性。中小企业集群内的核心企业通常对市场变化比较敏感，但中小企业集群整体对市场变化的应对由于受信息流、资金流、物流等因素的影响，会有一定程度的滞后性。集群文化的凝聚作用会使其他中小企业与核心企业保持协同一致，密切配合，进而增强群内企业的凝聚力，使集群内的中小企业在市场竞争中共同发挥集群效应，共同应对市场变化，使集群的整体运作更加快速、高效，在市场竞争中占据优势。具体表现在价格和成本方面：

（1）优秀的集群文化有助于提高群内中小企业的议价能力

议价能力的提升在两方面影响中小企业的竞争力：一是在产品销售方面，中小企业由于议价能力的提升，对产品价格的控制力进一步加强，能够在一定程度上影响下游厂商的购买价格，增加群内中小企业的收入；二是在采购成本方面，整体集中原材料采购，会因为采购量大而降低单位原材料的采购成本，提高单位产品利润，增加群内中小企业收益。

（2）优秀的集群文化有助于降低群内中小企业的交易成本

同一价值链条上的中小企业存在密切的相互间交易，由于共处同一集群内的中小企业在集群文化的作用下，信息在群内能够达到一定程度的共享，并且每个企业获得的信息充分性一定优于游离于集群外的单体企业，这样集群内的中小企业由于信息相对透明，能够充分降低群内企业间的相互交易成本。因为在共同的集群文化的作用下，中小企业的经营规范、道德标准是相同的，如果群内中小企业选择与群外中小企业合作，其合作成本会非常高。出于理性的选择，群内中小企业更多的是选择坦诚、公平的相互合作，以获得正常利润为主，这样就降低了

中小企业的交易成本。从而使其在市场竞争中处于优势。

（3）优秀的集群文化有助于改善群内中小企业人才环境

人力资源是保证企业可持续发展的重要因素，经济发展状况对人才环境状况有着决定性作用，集群的经济特性在很大程度上决定着群内企业的发展空间和成长潜力，与群内企业间的人才竞争与合作有着密切关系。由于集群文化是中小企业集群发展的精神源泉，积极的价值取向、道德的职业操守、勇敢的开拓精神都可能成为优秀集群文化的一部分，这种集群文化的正效应往往对人才具有足够的吸引力。相比较中小企业曾经单纯通过物质待遇留住人才的举措，有着良好的集群文化做依托的中小企业集群通常能够提供更为优越的发展空间，而集群经济发展状况逐渐向好更是为人才环境的改善提供了物质保障。逐步形成“文化繁荣促进经济发展，经济发展留住高级人才，高级人才创造文化繁荣”的良性循环。

第八章　中小企业集群竞争力的政策环境

一、主要国家产业集群政策概述

产业集群政策引起了普遍重视，但由于集群规划目的、集群类型、集群参与者等各种因素的影响，并不存在一种政策能够满足各国所有的集群及集群内企业的需要。

1．美国产业集群发展的相关政策

美国是最早研究集群政策的国家，但在集群政策的实施方面并不领先。目前来看，美国政府实施的产业集群政策主要有三个特点：

（1）明确针对产业集群的国家政策并不完善

美国政府并没有能够提出专门针对集群的政策体系。而北欧的一些国家如荷兰、芬兰、丹麦等却是接受集群思想、实施集群战略和集群政策，并取得很好效果的国家（黄花叶等，2003）。丹麦政府在 1989—1990 年首先提出了一项针对集群的战略规划，以促进企业之间的合作。美国政府以此项规划为蓝本，根据本国情况，制定了促进中小企业之间建立网络联系等以实现集群发展的一些具体政策措施。

（2）地方政府制定的集群政策比较具体、针对性也较强

虽然美国国家战略层面的集群政策较少，但美国各地方政府却有较为具体、完善的集群政策。产业集群统计在美国发展得比较早，但主要是民间组织或地方政府在进行。例如，在 20 世纪 90 年代初，“合资-硅谷网络”这个非营利民间组织就对硅谷产业集群的发展情况进行了探索，并于 1993 年公布了“硅谷索引”统计年报，来反映硅谷产业集群的发展情况，以后每年公布一次。随后，美国加利福尼亚州、华盛顿州等产业集群比较发达的几个州的州政府也陆续开展了产业集

群统计工作，为地方政府制定相应的集群政策提供了很大帮助。

（3）国家层面相关政策完善，促进了集群的健康发展

尽管美国政府专门针对产业集群的政策不多见，但是与产业集群发展密切相关的政策措施却相当完善。一是科技政策。美国科技政策着眼于未来，在科学研究领域加大投资，促进教育和研究相结合；在技术领域，以提高国际竞争力，促进经济增长为目标，政府和企业共同致力于关键技术的创新。美国完善的科技政策为高新技术产业及产业集群的发展提供了有力的支持。二是鼓励小企业发展的各项政策。美国不但注重大企业的发展，对中小企业的发展也给予了足够的重视和支持，在税收、促进企业网络化和协作等方面都有相关的政策。三是区域发展政策。美国政府在区域发展规划中，对地方基础设施等投入较大，为地方产业发展创造了良好条件，并且为产业集聚进一步发展成为产业集群奠定了基础。

（4）代表性产业集群发展概况

硅谷微电子产业集群。加州的微电子业是全美乃至全球微电子业的先导，而硅谷所在的圣克拉拉县（Santa Clara County）是加州微电子行业最具有代表性的集聚地区。硅谷微电子产业集群主要由中小企业组成，各企业虽同在一个行业，但类型多样、发展重点不同，企业在相互竞争和学习中寻求发展。

硅谷的兴起在很大程度上归功于斯坦福大学的副校长弗雷德里克·特曼（Frederick Terman），他独具慧眼，发现正在兴起的高技术产业对科学具有较大的依赖性，并且在大学附近建立研究性企业也会给学校带来益处。因此便成立斯坦福大学研究所，从事和国防相关的研究并帮助教师、学生创立发展公司，建立起斯坦福大学和当地企业之间的合作纽带。随着第一批创业公司在硅谷的诞生，奠定了其发展高技术产业的基础，同时吸引了众多老牌公司如西屋、瑞森、IBM 等在该地区建立研究中心。20 世纪 60 年代，硅谷借助国防部采购基金的支持，逐步成立了极富创新精神的微电子公司，在 60 年代后期成为航天工业和电子工业中心。70 年代半导体工业成为硅谷经济中最大且最具活力的一部分，同时风险投资取代军费成为硅谷创业者的主要经费来源，硅谷自己的社会网络造就了自我支持的金融系统。80—90 年代，计算机工业的支配地位逐步确立，超过半导体业成为该地区最重要的基础产业，产业的国际化进程和高新技术企业的发展步伐都不断加快。目前，软件产业又进一步取代硬件制造成为促进硅谷发展的主要推动力。

纵观整个硅谷的发展历程，可以看出其依靠的主要是私人、企业和科研机构等民间力量，政府除间接参与风险投资运作外，主要是制定有力的政策、出台各

种法律、法规，以及给风险投资以优惠，另外还对风险投资的高科技企业进行监管。因此，可以说硅谷是市场主导型高科技产业集群的典范。它的发展充分利用了本地资源，创建独具特色的区域创新网络，通过人才、技术、资金在本地的互动，最终使得该地区能够协调、迅猛地发展，成为世界上最成功的高技术产业开发区，也成为全球知识经济的发源地。

2．英国产业集群发展的相关政策

英国对集群政策的研究和实施较早，英国产业集群政策主要包括以下三方面内容：国家高新技术产业集群政策、园区集群政策和中小企业集群发展的政策。

（1）国家高新技术产业集群政策

英国对高新技术产业的发展及“集群化”给予了很高的重视和支持。英国政府出台了一系列政策：一是实施促进中小科技企业集群发展的税收优惠政策。实施税收优惠政策是英国政府促进高新技术产业化的重要制度安排，并且国家牵头建立了法拉第中心，推动产、学、研的紧密结合，也为促进中小企业高新技术产业化集群发展创造了良好的条件。二是实施了苏格兰企业网络计划。该计划优先支持苏格兰经济中集群的发展，并将石油和天然气、食品、半导体和生物技术这四个集群列为先导集群，制定了推动产业升级的发展计划（朱丹，2003）。三是加大资金投入，通过地区发展署推动产业集群战略的实施。

（2）以园区为载体的集群政策

将科技工业园区建设成为高新技术产业集群的载体，是许多国家为了适应高新技术产业化的内在需要所采取的一种手段。英国由于自身的经济特点，其在建设工业园区方面较为积极。从 20 世纪 70 年代开始，英国总体经济状况开始出现滑坡的趋势。在这种情况下，英国政府开始意识到发展高科技产业的重要性。当时英国国内大学普遍出现研究经费不足，政府便鼓励大学与企业合作，大学科技园应运而生。英国第一个大学科技园——剑桥科学园建立于 1970 年，目前其所在地区已经发展成为规模庞大的工业园区。英国建设大学科技园的热情在欧洲是首屈一指的。

英国政府在发展产业集群时，注重将科研资源运用到企业中。以园区为载体发展产业集群，可以将大学和科研机构很好地纳入其中，科研成果可以尽快应用到企业生产中去，企业又可以提供资金资助科研。由于各级政府积极参与了科技工业园区建设，并为中小企业在科技工业园区集聚创造了有利的条件，使得以园区为载体的高新技术集群很快发展起来。

（3）鼓励中小企业集群发展的政策

在鼓励中小企业集群发展的政策中，最典型的是网络建设，并且地方政府在实际操作中起到了重要的作用。在1998年的《竞争力》白皮书中，英国把产业集群和网络作为本国经济发展的重要领域。目前，产业集群的形成与发展已成为英国经济发展战略的一部分，而各地的地区发展署负责本地区相关事务。地区发展署与地方政府、培训与企业顾问机构、小企业服务中心等中介机构一起，成为网络的促进者。这些机构直接参与集群内部的共同项目，如培训课程、出口项目和研究协作活动等的策划和实施。鼓励中介机构的积极参与为中小企业集群发展起到了很大的作用。

3．意大利产业集群发展的相关政策

世界各国对产业集群的关注在很大程度上是受到“第三意大利”的影响。在20世纪70年代末期，意大利南部地区（“第二意大利”）经济增长缓慢，传统的富裕地区西北部意大利（“第一意大利”）正经历衰退，只有东北部和中部地区（“第三意大利”）实现很快的经济增长。推动“第三意大利”快速发展的是一些中小企业居主导地位的产业，大量企业聚集在特定区域带来了很强的竞争力。可以说，意大利是产业集群发展最成功，也最具有代表性的国家之一。

意大利的产业集群政策不是对某些地区的产业集群或某种类型的产业集群做具体资助或优惠，而是让企业成为集群发展的主导，政府和公共部门只起辅助作用，疏通信息渠道，为集群的发展创造良好的外部环境。

（1）以鼓励创新为核心的产业集群政策

意大利发展以地方生产系统和产业区为导向的区域产业政策，主要措施包括设立科学园、产业技术中心、地方技术中介机构等。这种园区化集群战略不是针对个别企业，而是针对区域的发展，将区内高校、研究所等科技资源和企业、中介组织、政府等相关部门的功能集中在一起，共同推进产业集群的创新和发展，将产业集群的发展和区域的发展有机地结合起来。

（2）加强集群统计为集群发展提供信息和指导

官方统计的实施主体主要是产业集群所在的地方政府，在意大利主要是一些区级、省级政府等。官方统计一般是在参考已有各类统计的基础上，制定集群统计的各种方法和措施。意大利统计局在集群统计方面做了大量工作，对产业集群

的识别标准、类型、分布范围等进行了详细研究和规定。另外，政府部门还开展了一些技术预测研究等。意大利政府所做的这些工作，为集群发展提供了重要的信息和指导。

4. 日本产业集群发展的相关政策

（1）制定实施有力的产业发展政策

日本在产业政策的制定和实施方面都是较为积极的，虽然明确针对集群发展的产业政策并不多见，但是仍有不少对产业集群发展有力的政策。总体来看，日本产业政策带有明显的自上而下的特点，因此其产业的发展受政府政策的影响较大。日本有一些支持中小企业发展的政策措施，为中小企业的发展及相互之间的网络联系提供了平台，如加强产学研联合、促进科技成果产业化、发展技术城的政策等。有些也涉及集群政策，如为便于技术的推广和应用，提出建造“知识创新集群”、培育“日本式硅谷”等，并且对一些相关项目提供资金援助。

（2）信誉和诚实行为起到很大促进作用

企业网络发达的产业集群内部，信誉和诚实行为对产业集群的持续发展有着至关重要的作用。日本是一个对信誉和诚实高度认可和赞美的社会，这种人文因素对产业集群的发展也起到了良好的推动作用。特别是在中小企业组成的产业集群内，经济活力很大程度上来源于企业之间的高度信任和长期合作。这种高度信任的氛围有利于企业之间的技术、信息交流，尤其是在专门的技术接洽与调整时，高度的诚信基础使合作进行得更加顺利。日本行业协会在产业集群的发展过程中也起到了很大的作用。行业协会成员共同协商，制定一些规章制度，使大家在相互信任的基础上，为实现一致的目标而共同努力。行业协会的成功在很大程度上也是由于相互之间存在的信任和对各种规章制度的自觉遵守。

5. 印度产业集群发展的相关政策

印度非常注重产业集群的发展，在高科技领域和传统产业领域，都出现了一些运作良好、经济效益较高的产业集群，引起了国内外同行业和相关研究学者的关注。在此过程中，无论是政府政策的推动力量，还是市场自发作用的力量，都取得了令人瞩目的成就。

印度软件业所取得的巨大成就，在很大程度上得益于政府适时适度的产业集群政策。印度政府对电子工业和软件产业的发展非常重视，在政策和投资等方面一直给予优惠。目前，印度全国范围内共建立了 18 个软件技术园，大大促进了国内外的投资和软件产业的快速发展。

另一个与印度软件产业集群兴起直接相关的就是电信港计划。印度的“电信港”（Teleport）计划是其软件产业政策中最具特色的内容之一，就是由高速宽带通信设施、跨国通信网络、数字交换与传输设施、卫星地面站所组成的网络系统。为了顺利实施这一计划，印度政府打破几十年由国营电信企业垄断的体制，取消电信设备的特许生产制度，除了向外资开放电信产业外，还逐步实施电信部门私有化的计划。据世界电信港协会（Word Teleport Association）统计，目前全世界已有 100 多个电信港建成并营运，其中印度以班加罗尔为首的主要软件园中的“电信港”设施都超过或基本达到世界电信港的标准和要求（沈维涛，2001）。

印度政府还在引进人才、促进产学研联合等方面制定实施了一些政策措施，并在科研领域加大了投资力度。这在促进电子、软件产业的集群式发展方面都起到了很大的作用。

印度政府信贷对农村地区推进工业化、形成产业集群起到了一定的作用。自 20 世纪 70 年代以后，为了促进中小企业的发展，印度政府开始对纺织等行业的个人投资提供信贷，并且逐渐发展到对服装工业的一些中间产品的生产提供支持。这一措施对中小企业的发展产生了很大的推动作用，其中印度政府银行（SBI）起到了重要的中介作用（王缉慈等，2001）。随着中小企业的发展并在地域上逐渐集中，最终形成产业集群，地区经济得到了很大的发展。

6．我国产业集群发展的基本情况

产业集群在国外已经有了很长的发展历史，现已成为推动一些国家实现快速经济增长、获得国际竞争力的重要因素。产业集群作为一种经济现象值得研究，作为一种生产组织方式和产业发展模式更值得学习。目前，我国产业集群发展水平还较低，很多集群刚刚显露或处于初级发展阶段，任其自由发展可能会出现衰退甚至消亡，也可能要在很长时间后才发展成熟。因此，需要借鉴国外产业集群的发展经验，制定实施产业集群发展战略规划与集群政策，促进、引导和规范我国产业集群的发展。北京中关村可以作为我国产业集群，尤其是中小企业集群的代表反映我国产业集群的基本状态。下面对北京中关村的情况做一简要分析。

中关村之所以具有无法比拟的竞争优势，主要有以下几个原因：首先，特有的区位竞争优势。中关村地区地处北京市西北近郊区，紧靠着作为首都的北京市区。正如卡斯特尔和霍尔（1994）所指出的："在发展高新技术的第一阶段，国家选择高新技术中心的区位时，国家首都地区应该是第一选择，因为没有其他地区像首都那样最富有社会文化网络，集中着最高素质的劳动力、先进的基础设施和服务业"。其次，企业集群内部人力资源和智力密集。与美国的硅谷地区、英国的剑桥等地区比较相似，中关村地区发展的初期，更多地依赖于本地大学和研究机构的集聚。由于地区内拥有北京大学、清华大学等 73 所大专院校，而且区域内还有中国科学院等 232 个科研院所及所属 37.8 万科技人员，具备了科研力量密集、科学仪器设备密集、图书情报信息密集、科研成果密集四大优势。再次，是因为企业集群内部大量中小企业的诞生及其集聚所衍生的竞争优势。在 20 世纪 80 年代初期，由于改革开放政策的激励，大批的科研人员和大学教师纷纷走出单位，创办企业，从而保持了整体区域的创新与发展活力，也为区域经济的发展带来较强的"乘数效应"。除此之外，中关村区域内各行业主体不断地创新活动，企业集群所具有的良好的外部环境优势以及中关村特殊的区域社会文化背景等都促成了中关村企业集群竞争力的形成和发展。

中关村的发展在今后面临着许多挑战，具体表现为：首先，外部竞争压力大。中关村地区先前积累的优势，如不重视保持和持续发展，将只能是静态的优势，逐渐失去竞争力特别是国际竞争力。目前大量的网络技术公司出现并进一步集中在北京市朝阳区的嘉里中心而不是中关村地区，其原因在于朝阳区良好的服务环境特别是与跨国公司及服务机构的联系，使国际上有利的信息、技术、资金、服务等更容易在此交流。可以看出，这一地区将成为中关村地区发展的合作和竞争的伙伴。其次，部分企业过分依赖政府。中关村地区在某种意义上是"政策区"，是在国家计划经济体制下发展的"试验区"，区域内的企业较早地在市场环境中生存、成长和竞争。但近年来，一些企业的发展更多注重密切与政府部门联系，有的甚至过分依赖政府，这显然不利于其他一些企业特别是中小企业的正常发展。再次，企业间信任程度低。企业家之间的信任程度仅仅限于发生在同学、亲戚之间，企业之间的协作与集体学习能力比较弱，特别是同行业企业之间的协作更是如此。而且，市场中的欺诈行为、机会主义等经常发生，企业发展的交易成本高昂，会导致企业创新和发展的效率降低，企业的国际竞争力提升困难重重，区域的发展活力就会降低，甚至消失。最后，中关村内企业间的专业化协作程度低，专业化的服务体系尚未建立，这体现在中关村企业的数量虽然多，但高度专业化协作的产业链关系尚未建立，"中关村实际只有企业没有龙头企业"，也没有龙头产业，更没有龙头产品，中关村的大部分产品仍然建立在外来平台上，元器件的供应也大多依赖于国外进口，没有形成自己的上下游关系。

中关村的案例足以说明我国急需制定产业集群发展战略规划，采取相应的政策措施。近年来，我国产业集群已得到了快速发展，尤其在广东、浙江、福建、江苏等地，产业集群已经成为推动地区经济增长的重要力量。但迄今为止，我国还没有一个明确的国家产业集群政策，更谈不上集群政策体系。从各国产业集群的发展经验看，通过调整投资、信贷、基础设施建设等方面政策可以有效地促进产业集群的发展，而以生物、医药、电子、软件等为代表的高新技术产业集群更是需要从战略高度制定相关政策给予支持，通过集群式发展获得整体竞争优势。走集群式发展道路对于提升传统产业的竞争力至关重要，而传统产业集群的发展也需要国家在政策上给予相应支持。国际经验表明，这方面政策是积极有效的，也是必需的，即使是一些信奉和坚持自由主义、市场导向的老牌发达国家也在务实地调整其政策方向，充分发挥政府规划和政策在促进产业集群发展中的重要作用，以便加快其高新技术产业的发展步伐，并保持传统产业的国际竞争优势。

二、中小企业集群的政策导向

中小企业集群既古老又新兴。说其古老是因为其发展足迹可以追溯到商品经济发展初期，例如14—15世纪地中海沿岸的某些城市和之后我国的某些城市，围绕着一个产业形成了事实上的中小企业集群，实现了从要素到社会网络的集聚，具有现代中小企业集群所具有的基本特征；说其新兴是因为富有特色的中小企业集群不断涌现，呈现出与传统中小企业集群不同的路径和特征，区域经济政策在中小企业集群形成中发挥作用。当今时代中小企业集群被赋予了更多的使命，例如就业、竞争力、经济发展战略调整、改善民生、增加政府税收、创新、与大企业的公平等。因此有意识扶持和引导中小企业集群发展形成了潮流，世界上主要经济体纷纷出台政策法规为其提供帮扶。应当说，到目前为止还没有主要针对中小企业集群的政策，至少没有国家层面的中小企业集群政策，因此所谓的政策导向实质上是针对中小企业的政策导向，地方政府在关注中小企业集群发展的过程中，对中小企业集群的扶持通常并不是针对集群提出来的，而是针对集群中的龙头企业。对中小企业集群中的龙头企业给予扶持通常的做法不是干预企业的经营方向，而是进行所谓的引导，规范企业的发展行为，对中小企业集群中的其他企业起到示范效应。

综合这些政策和措施，主要集中在这样一些方面：第一，强化基础设施建设和提供便捷的公共服务，降低中小企业交易和创新成本。成功的中小企业集群不是政府创造出来的，也不是政策引导出来的，政策导向应当是政府鼓励企业自身解决企业发展中遇到的问题，政府在位而不错位，严格划分政府与市场边界，政府把自己控制在公共服务领域，努力创造高效、公开、公平、公正的市场竞争环境。第二，政府不直接干预企业行为。我国的经济发展道路有特殊性，就是从传统的计划经济转向市场经济，在向市场经济转变的过程中，中小企业集群迅速形成，完全不是政府指导的结果，而是在经济利益最大化的驱动下，自发形成的。而且在中小企业集群发达的地区，政府也一直恪守不干预的原则，把政府的职能定位在基础设施建设和环境保护等公共产品的协调上。如果说政府对中小企业发展有什么鼓励和支持的话，那就是不断破除旧有体制对民营经济发展设置的障碍，优化民营经济发展环境，实现民营经济国民待遇。中小企业集群本身不是政府强行植入的，它从出现的那一天起就是适应市场需要建立的，因此政策导向本质上是优化市场环境，这个市场环境的核心对于我们这样的社会就是纠正政府自身违反市场要求的行为。从一般规律看，自己纠正自己的行为往往十分困难，尤其是涉及政府部门经济利益，改变政府行为就更为艰难，时至今日妨碍中小企业发展的制度仍然存在。第三，政策导向从更为微观层面观察就是支持优势中小企业建立现代企业制度，推动企业建立现代法人治理结构，从制度层面解决中小企业可持续发展。规范而完善的产权治理结构能够为企业发展和创新提供良好的机制和制度保障，更便于获得企业发展所需要的资金支撑，便于技术嫁接。对于处于中小企业集群中龙头地位的中小企业，在上市融资属于行政控制的资源，政府给予扶持，以便能够带动中小企业集群发展得更健康。

政策导向也意味着政府引导中小企业集群加强国际技术与贸易合作，在合作中寻求中小企业集群发展的机遇。

相对于大企业，中小企业在市场竞争中往往处于不利地位。地方政府招商引资的对象针对大资本，大资本往往获得超国民待遇，使中小企业处于更为不利的境地，由此更需要对中小企业生存和发展环境给予关注。这方面的做法主要有降低市场准入门槛，取消某些审批和服务管理收费，对中小企业创新给予资助，鼓励和促进科技成果向中小企业转移，倾听中小企业的呼声等。这些针对中小企业生存和发展的措施，显然也会直接作用于中小企业集群。

仍然以大唐袜业中小企业集群的形成阐释政策导向所发挥的作用。

20 世纪 70 年代后期中小企业集群产生时期，社会基本生产关系整体上是阻碍中小企业集群形成的，中小企业初创形态以家庭手工作坊组织形式处于地下和半地下状态，没有政策的许可与引导，展示生产力的顽强生命力。但是，值得称道的是地方政府部门并没有因为其非法生存而进行打击和取缔，面对生产力顽强，生产关系也出现了惰性。当此种惰性出现的时候也是生产关系调整之时，调整的标准当然是生产力水平，这就是生产关系的客观性所在。

20 世纪 80—90 年代大唐袜业中小企业集群发展时期，政策为集群发展发挥了建设性的作用。此种建设性作用核心体现在优化市场环境上：乡镇企业的产权制度改革，明确企业的市场主体地位。所有参与集群的中小企业都是产权明晰，机制灵活的，竞争意识强烈的私有产权企业；引入外资，可以学习其技术和先进管理理念；帮助中小企业开拓国际市场，扩大中小企业集群生存空间；增强政府服务意识，提高行政效率，降低市场准入门槛，降低中小企业生存的制度成本。

进入 21 世纪的中小企业集群的升级时期，政策成为集群升级的重要推动力量。一是政府搭建交易平台，建立了全国最大乃至全球最大的交易市场。2002 年，政府用地 40 万平方米，建造 12 万平方米铺房，分割成轻纺原料、袜子、袜机、物流四大交易市场。这个市场已经成为全国重要的集散地和相关产品的展示地，为大唐袜业的发展奠定了基础。二是以园区建设为依托，吸引企业入园安家。园区内产业功能完善以及政府服务到位，都促进了袜子产业的集聚和整个产业的升级。三是不断提高大唐袜业在国内外市场上的知名度。通过举办袜业博览会在国内外重大新闻媒体上加大宣传力度，极大地提高了大唐袜业在国内外市场上的整体品牌知名度，为大唐袜业的快速发展起到了推波助澜的作用。

从 20 世纪 90 年代开始，产业集群逐渐成为经济发展的主流。尤其是发达国家的产业集群取得了巨大的成功。在我国，以产业集群为核心的经济发展模式，催生了新一轮的区域经济发展浪潮，形成了珠江三角洲—长江三角洲—环渤海地区的龙头产业集群隆起带，成为中国经济最具活力的地区和参与国际竞争的先进产业制造基地，支撑着中国经济持续、稳定地增长。因此，越来越多的国家和地区，都把产业集群作为推动中小企业发展，拉动地方经济增长、促进工业化和城镇化建设的重要战略方式。然而，产业集群在一定程度上还存在着集而不群、群而无力的现象，普遍存在着专业人才缺乏、资金投入不足、技术装备相对落后、自主创新能力弱、企业家的知识水平和员工素质相对较低等困难和问题，严重束缚着产业集群的进一步扩张和提升。而产业集群建设，正是一种按市场化方式重建产业联系，迅速提升中小企业和区域竞争力的发展模式。产业集群作为一个有较强生命力和创新力的企业组织形式，如果能对其进行科学规划并给予必要的政策支持，产业集群的发展和不断升级将促进区域经济的兴起，通过专业化分工，获得外部规模经济的成本优势。

三、我国中小企业集群政策的形成与选择

从现实社会看，各级政府没有专门针对中小企业集群竞争力形成方面的政策，所有的政策都是针对中小企业本身的。从逻辑上看，中小企业集群竞争力的形成是内生的，其本身并不是政策的结果。这样就使得对中小企业集群竞争力形成的政策思考转向对中小企业政策的思考。现有的文献资料也都集中在各国对中小企业政策的探讨上，寻求具有规律性的内容，供彼此借鉴。如果遵循这种逻辑推论，就不会有专门针对中小企业集群形成的政策，更不可能有针对中小企业集群竞争力形成的政策。认真思考和观察现实经济生活中的中小企业集群竞争力的形成，并非政府单纯贯彻和执行中小企业政策的结果，诚如一再阐明的那样，中小企业集群竞争力的形成是自然的、人文的、社会的，是几个因素共同作用的结果。如果能够认可这种说法，探讨中小企业集群竞争力形成的政策环境就能够成立。这种探讨的逻辑路径应当是这样的：以中小企业政策环境为基础，在这个政策平台上，地方政府进行产业选择，重点扶持就应当是中小企业集群竞争力形成的政策环境。更进一步地说，中小企业集群竞争力形成的政策环境以中小企业政策环境为基础，在自然生产力布局的基础上，地方政府顺应此种要求，使具有同种生产和经营属性的能够在一定的区域范围内集聚，形成产业上的整体优势，进而成为区域经济发展上的优势。因此，中小企业集群竞争力形成的政策环境一定具有鲜明的区域特征，或者说，中小企业集群形成的具体政策一定独具地方特色。

1. 中小企业政策要实现三个转变

（1）多龙治水转向一龙眷顾

政出多门，多门出政，既反映了政府机构庞杂，又说明中小企业政策涉猎的部门多。这可能出现的结果就是政府的部门从自身利益出发，使得政策本身具有局限性和片面性。能否像有的国家那样，政府设立专门的中小企业管理和服务机

构，针对中小企业的特点制定系统性的中小企业政策，服务于中小企业的发展。当下的一些政府部门对中小企业既服务管理又收取服务管理费，指望这样的部门制定扶持中小企业发展的政策是有难度的。政府应当设立专门的中小企业机构既是管理服务机构又是中小企业的利益代言人，反映企业的利益和要求，协调政府部门之间的利益关系，监督政策的落实。

中小企业对某些政府部门的牢骚多怨气多，实际上是对这些部门的管理者个人的牢骚和怨气，他们在管理和服务的过程中鱼肉中小企业，谋取私利，企业敢怒不敢言。政府设立专门的中小企业机构促进中小企业政策的落实及检查和纠正对中小企业管理过程中出现的公务人员的枉法行为。现实经济生活中的经济政策的落实之所以遇到弹簧门、玻璃门，核心是涉及部门利益，动了它的奶酪。中小企业因为自身的特点，生活在经济领域中的确有千难万难，但是相对于融资难、税费负担重、市场准入难等公认的困难之外，更难的就是应对公务管理机构和管理人。中小企业专门管理机构的设立或许能够更多地缓解这方面的难题。有专门的机构负责制定中小企业政策和监督政策的执行，完善的中小企业服务体系或许会更快到来，中小企业融资渠道能够更好地打通，中小企业创新会获得更有力的支撑。现实社会中，各部门都有部门内部的中小企业和中小企业管理机构，机构重叠可以暂且不说，但各自为政的管理行为使政策的统一性受到挑战，中小企业发展受到政策的束缚，企业之间竞争公平性受到挑战，与大企业的差距进一步扩大。

（2）政策特惠转向政策普惠

中小企业政策资源实际被众多的政府部门分割所有，中小企业在获取政府公共服务和取得政策资源上彼此竞争博弈。税费、融资、准入等向中小企业公开的普惠扶持政策解决的是其与大企业间的公平问题，让在市场经济中竞争的主体处于相对平等的地位，这也是市场经济国家普遍的做法，具有规律性。因此，给予中小企业相对于大企业更为优惠的经济优待本无非议。囿于对中小企业认识上的局限与其他因素，我国对中小企业赋予的优惠往往口惠而实不至，在税费等负担上往往比大企业更重，致使中小企业生存更为艰难，大企业与中小企业之间的公平性问题更为突出。

就中小企业群体而言，社会在给予中小企业普惠政策的同时往往还伴有特惠政策。各级政府各部门几乎都握有重金，对一些项目投资、补贴、资助等，这些并非普惠的利益只有个别企业能够申请获得。当有限的政府资金与众多的中小企业需求相博弈的过程中，中国社会的人情关系的重要作用会充分显现，权钱交易就自然滋生。围绕政府部门各种特惠，已经形成了社会利益链条。这个链条的顶端是政府部门，其次是这些部门的负责人，他们处于审查者的地位，有着天然首长的优势；链条的下层是众多的中小企业，它们处于被审查者的地位，为了获得政府提供的特惠进行零和博弈；链条的中段是政府与企业之间的掮客，他们掌握相应的信息，有人脉资源，穿针引线，从中拼缝。

从市场经济的理论逻辑看，需求产生供给，供给创造需求都是成立的。其本质是强调供求取决于市场，企业的生死存亡取决于市场，而不是依靠政策或计划。但是近似于丛林规则的市场又为社会人文情怀所约束与摒弃，对待中小企业的政策就属于社会人文情怀，为社会所需要。中小企业的特惠政策虽然有其合理性的一面，但是这一面与其所产生的负面效应相比可以忽视不计。过多过乱的中小企业特惠政策造成了中小企业之间的太多不公平。能够获得此种特惠的企业只是众多中小企业中的极少数，而参与特惠资源争夺者远远超过这极少数，其中的想象空间很大。实际调研的情况看，应当获得特惠资源的企业往往无法获得，而获得特惠资源的企业似乎又不应当获得。获得特惠资源的企业人前人后说成是自己的本事。

我们并不看好政策特惠。相反，一些获得特惠政策资源的企业得了政策特惠症，利用一切可以使用的手段进行特惠政策公关，依赖特惠政策生存。这必然产生设租与寻租，权钱自然走到一起，沆瀣一气，所产生的风气对社会持续而可怕。

在一项中小企业政策与中小企业成长环境的相关性研究中认为我国中小企业政策差异化现象较为突出①。不同所有制性质的中小企业明显感受到政府政策上的差异，外资企业好于内资企业，这也是政策普惠与政策特惠矛盾的一面。面对中介服务、融资环境、管理机构、信息环境、政务环境、财税环境、环境秩序，相同的地域相同产业中的中小企业，仅仅因为内外资本主体差异，就会有政策差异或政策歧视，彰显经济生活中，中小企业政策普惠制与特惠制的差异与矛盾，有何公平公正而言。

同为中小企业何以有政策上的普惠制与特惠制差异，此种政策差异产生了怎样的政策效应，政策差异是否为社会接受和认可？这是政策制定和执行者必须要认真面对的课题。

从思想根源上看，我们都一直存在所有制情怀。从清一色的公有制经济到以

① 袁红林，陈小锋. 我国中小企业政策与中小企业成长环境的相关性[J]. 企业经济，2012.

公有制经济为主体多种所有制经济并存，习惯于所有制思维而不是市场主体思维。作为所有制，不同的主体有差别；作为市场经济的主体，则不存在身份上的差别，只有能力上的不同。所有制情结直接导致了中小企业政策上的差别和歧视。

从地方政府急于发展经济、急于增加地方GDP而不惜血本招商引资的实践层面看，外来资本通常享有超国民待遇，中小企业政策上的差异与歧视在所难免，政策的普惠制与政策的特惠制必然并存。外资中小企业对政策的满意度普遍好于内资企业并非政策之福而是政策之祸。此种政策呈现出来的效应通常是这些外资企业利用享受到的政策特惠，与内资企业争夺优势人力资源及其他各类资源，保持生产经营过程中的强势地位，另一方面在国际市场上则毫不客气地高举反倾销的大棒砸向内资企业。外资企业就可以从两个方面对内资企业处于强势地位，这是一种人为制造的不公，其根源是扭曲的政绩观和GDP至上的发展观，是制度设计上的偏差。

（3）政策重点转向产业升级和现代化

我国的人均GDP已经超过了6 000美元，进入到中等收入国家行列。要避免中等收入陷阱，必须加快产业升级速度，通过劳动生产率的提升，减少低收入人口，从而缩小收入差距，缓解社会矛盾，高质量建设成小康社会。对此中小企业肩负着重要的历史使命。

放眼看去，众多的中小企业停滞在低价竞争、相互模仿、污染环境、浪费资源等低层次生存状态阶段。企业利润薄，生存艰难，在各种要素成本不断快速攀升中，逐步走向了末路，可持续发展正经受着痛苦的考验。中小企业走出当前的困境，必须决然进行产业升级，以产业升级实现可持续发展。在市场经济中，产业升级和实现发展方式的转变首先应当是企业自身的主动行为，因为越是能够降低消耗提高效率就越是能够在竞争中处于主动地位。这个过程中，政策引导也是不可或缺的，如果政策引导效果好，则可以使众多的中小企业实现快速的产业升级，或许能够在市场竞争中脱颖而出，把企业做大做强，成为国民经济的重要支撑力量。这需要把中小企业政策的重点放到实现产业升级和现代化上。换句话说，政策的重点不是普遍扶持中小企业发展，而是提高中小企业市场准入门槛，清除市场中不合格的中小企业，迫使中小企业实现产业升级，面向现代化。

使中小企业实现产业升级需要从两个大的方面加倍努力，一是各级政府尤其是拥有制定和实施中小企业政策权力的政府，必须要有先进的政策理念。所谓先进政策理念，就是制定中小企业政策部门应当清楚地知道，政策的制定和实施能够使中小企业始终把企业目标与社会目标统一起来，企业在自利的同时能够他利，利己与利他不断放在更高的起点上。进一步说，政策的制定和实施不应当局限于GDP增加，而在于经济增长的素质。在相当多的区域或地区，地方政府部门招商引资几乎是饥不择食寒不择衣，凡商都招，最基本的环境评价都要应付了事，至于资源消耗、掠夺性使用劳动、产品的安全性和可回收性等更是不闻不问，纵容企业做出格事。企业虽然能够实现自利，企业的行为对社会却是损害。所以，中小企业政策理念必须要先进，当下政策理念的先进性就是表现为产业升级和面向现代化。切记牢记产业升级和面向现代化并不是所有的中小企业一概放弃传统产业，进入到所谓的高精尖产业，这才叫产业升级和面向现代化，而是说即使传统产业中的中小企业也应当加快技术进步步伐，节能减排，降低消耗，提高产品档次和增加产品附加值。企业规模虽小并不意味着不强。二是政府要转变职能，调整和理顺政府与中小企业的关系，由微观干预转变为宏观管理和服务。政府机构设置应当结合机构改革进行精简和统一，减少政府审批环节，对中小企业实行登记备案制度，减少对中小企业经营活动限制性规定。先从取消企业经营执照中“主营范围”的规定做起，只要是国家法令不准涉猎和经营的产品外，中小企业都可以从事生产经营活动。市场经济制度中，市场的本意就是自由就业自由赚钱，这与市场需求信号千变万化的逻辑相吻合，市场是变化的，企业经营范围却受到限制，只能够从事主营范围内的生产和经营活动，要改变主营范围必须申请政府许可，这是与市场逻辑相悖的。如果从中共十四大确定我国经济体制改革的目标是市场经济体制算起，至今已经20余年，市场经济的大方向不可逆转，但是我们的一些政府部门的理念和职能仍然是计划经济时代，非常值得反思。

维持中小企业的生存和发展，就可以增加就业，就可以改善民生。中小企业政策理念以增强中小企业持续创新能力和竞争力为核心，遵循这种思路，政策制定和执行要体现出能够淘汰落后产能，把一些不符合环保标准，大量浪费资源，圈占土地的中小企业驱除市场，优秀企业则可以获得更大的市场，促进中小企业产业升级和实现现代化。

信息革命发生以来，企业的规模和形式都在悄然发生着变化。大工业时代所追求的规模扩张、批量生产、成本降低的重要性在一些行业中呈现出弱化趋势；大企业与中小企业之间的关系不再是大鱼吃小鱼、小鱼吃虾米的关系，转而以核心竞争力为依托、各自专注于各自的产品设计和质量，形成企业之间的协作关系，形成协作链条，分割协作链条上的价值。单纯从生产力上看，新技术的应用也在压缩企业合理规模的空间，企业不能够追求规模的无限扩张。大而不专、大而不强、大而不精的企业在呈现出需求多样化和个性化的约束下的市场竞争中举步维艰，随着居民收入的增加，个性化需求对价格的敏感度降低，各类高、精、尖中小企业提供差异化和个性化需求获得市场青睐，呈现欣欣向荣的景象。这样中小企业政策要适应生产力变化和生产关系出现的新态势做出相应的调整。

从战略的高度看待中小企业政策，或许更能够清楚地知道中小企业政策应当体现出来的理念。既然企业是国民经济中创新的主体，那么科技型中小企业就是主体中的主体。科技在解决资源稀缺的同时成为提高经济效益和驱动经济成长的重要因素，国家强大也靠科技支撑。对于科技型的中小企业应当给予政策上的更为合理的眷顾。

2．中小企业集群政策的选择

应该说我们有中小企业政策而没有专门针对中小企业集群政策，从这个意义上说，中小企业政策就是中小企业集群政策。这样简单画等号或有合理之处，因为中小企业集群首先也是以企业个体形式出现的，集群之中的企业都是独立的企业，中小企业政策适用于中小企业集群。但是仅仅这样画等号似乎又不妥当，以集群形式出现的中小企业不同于一般的中小企业，政策上应当而且必须表现出差异。中小企业政策的普遍性与中小企业集群政策的差异性必然同时存在。在分析了中小企业政策应当实现的转变后，阐释中小企业集群政策就有了立足的平台，在中小企业政策转变的基础上谋划中小企业集群政策就有坚实的依托。立足和依托中小企业政策的转变对中小企业集群政策应当做出适当的选择。

（1）政策理念决定中小企业集群发展的未来

政策理念根植于社会文化来源于政策制定和实施者。所谓的社会文化是指把握话语权影响政策制定的特定群体的价值取向或价值观。之所以在此搬出此种话题，是因为改革开放30多年中国经济总体上取得了相当大的成功，居民收入和国家实力都有了长足的提升，回过头来总结过去的经验和谋划未来的发展都需要有先进理念的指导。思想领域中人们把中国改革的成功概括为“中国模式”的成功。这个模式又被简化为强大的政府干预和国有企业的主导作用，并认为这就是中国特色。2008 年由美国次贷危机引发的全球经济危机以及我国对此作出的大胆反应制止了我国经济下滑的趋势更强化了中国特色的发展模式。这会造成一种幻觉，似乎政府有能力、有力量与市场过招，政策手腕可以掰过市场大腿，大有政策极度扩张的趋势，政策频繁出台和使用，进入了政策无所不能的时代。政府行为的逆市场特征明显，是否说明政策理念上的变化，变成向市场经济叫板。果真此种理念在政策制定和实施中占据了决定性地位，经济改革必将发生倒退，中小企业作为经济个体或作为产业集群都会面临政府越来越多的直接干预，扶持中小企业集群发展的政策就会形式上正确而本质上错误。

全国已经有 2 000 多个具有一定规模的中小产业集群，这些集群所在的区域同时也是我国经济较为发达地区和市场化程度高的地区。集群的形成和壮大首先是市场力量决定的，如果不是改革开放，建立市场经济体制，中小企业集群以及中小企业集群竞争力不可能在我国计划经济时代的土壤中产生；如果像管理国有企业一样管理中小企业，中小企业集群竞争力的产生也是困难的。中小企业集群竞争力只能在市场经济中产生。因此中小企业集群政策理念必须是市场化，必须立足于政府的服务而不是管理，更不能把中小企业集群看做唐僧肉。

现行的政策理念隐含着对中小企业的歧视。当 2008 年开始经济危机时政府迅速做出的反应是投资 4 万亿元的刺激政策，同与之配套的数万亿元新增银行贷款大都流向国有企业，经济危机期间，中国经济增速不但没有下滑反而实现了快速增长，此种事实更会强化政府统治的政策理念，当这种理念走向极端的时候，会复制计划经济的老路。名义上的市场经济体制会被非市场化的政府主导所取代，中小企业行为会扭曲，中小企业集群将不复存在。必须谨防政策理念的扭曲。

（2）政策突出集群特色

分布在全国各地的大大小小 2 000 多个中小企业集群是以区位优势或区位资源优势为依托自发形成的，当然，并不是有区位优势或区位资源优势的地区都形成了中小企业集群，甚至一些地区区位优势可能还比较突出。其中的差别可以从政策的角度进行探讨和得出某种结论。

中小企业集群以区位为依托，大体上可以划为区域经济范畴，一般而言中小企业集群是区域经济增长和区域经济改善的支撑力量，因此格外受到地方政府的眷顾。地方政府、集群领袖、商会组织等共同面对集群内的问题。为了更清楚地厘清政策的集群特色，我们先讲述一个事实。从全球范围来说，每一年都有各类峰会、论坛等活动，虽然主办方就这样的活动都要抛出一个主题，但是参与活动的主体结构上却很复杂，有政界要员、有商界领袖、有知名学者、有相关组织的代表、民间团体等，他们就相关话题交流协商，体现出广泛的参与性，因此无论在相关问题上是否取得共识，都为问题的解决提供了思路和建议性参考。这说明一个普通的道理，无论是国际社会还是一个国家，当问题出现时，任何一方都不能单独依靠自身的力量前去面对，必须集思广益，使相关方共同参与化解矛盾。这就是集群的力量，是一种凝聚政府、企业及其他组织乃至社会公众的处理社会问题的必然模式，其特征就是广泛的社会参与性。国家应当采取一种更开放、分散、团结的方式使政府、企业及其他组织共同分担风险、奖励和责任。

中小企业集群的形成和集群竞争力的体现显然不单纯是中小企业自身的行为结果，企业、地方政府、各类社会组织和机构等相应的群体都在这个过程中发生着作用，因此作为政策制定和实施主体的地方政府在制定中小企业集群政策时必须兼顾各方诉求，在税费标准、土地使用、信息咨询、机构设置、市场创造、结构调整和优化等方面同各方协商，寻求利益均衡点，实现多赢。单纯从政府的角度看，中小企业集群政策不是我们对他们的关系，而是我们和他们的关系，各种群体的参与是为了一个共同的目标就是最大限度地做出成绩。政府不应当把制定和实施中小企业集群政策看做是对中小企业的恩惠，中小企业集群政策不是“零和博弈”，而是实现多赢。综合而言，中小企业集群政策的制定和实施凸显的是集群特色，这个特色可以归纳为这样几个方面。

一是中小企业集群政策的制定与参与集群的各个主体利益攸关，需要包括政府在内的各方协商制定。更宽泛解释集群就不局限于参与集群范围内的作为从事相同或者在生产经营过程中从事具有相关性的产品和服务的中小企业构成的群体，而是有更为广泛的内涵，涉及方方面面。这样出台政策就不能是地方政府单方面的行为，必然是利益相关方共同的行为，中小企业集群支撑地方经济的半壁江山或者说支撑着地方或区域经济。集群政策主体必须具有广泛的代表性，表达各方利益诉求，有利于实现利益分配上的均衡。相对稳定的利益结构更有利于中小企业集群的成长。这与现实中的中小企业政策政出多门不同，中小企业政策政出多门是因为一些部门都有自己的中小企业管理权限范围，不同部门出台的政策如果存在冲突或矛盾也并不奇怪，政策效应达不到预期目标也比比皆是，执行过程中的“玻璃门”、“弹簧门”问题也会屡见不鲜。但是中小企业集群政策具有地区性或地域性特征，不会出现政出多门现象，由于广泛的参与性，政策效应是可以预期的。

二是中小企业集群政策不是封闭的系统，而应当保持政策大门敞开，把促使集群成长的经验上升为政策措施。就理论而言，政策协调的是不同群体之间的利益关系，是人与人之间的关系，在马克思的理论中属于生产关系的范畴，在制度经济学理论中则属于制度范畴。生产关系也好制度也罢，政策一旦形成就具有相对稳定性或者称为惰性，正因为如此，他们既可以促进生产力发展或经济效益的提高也可能成为效率提高的阻碍因素，因此主动进行的生产关系调整或制度变迁就是必要的和必需的，总之，内在动力和外在压力共同作用成为政策调整理由。政策目标与中小企业集群的目标一样都是成长。市场在变化过程中走向完善，市场也在变化过程中使企业集群成长或使之衰落，伴随着这个成长或衰落过程的必然也有政策的因素。政策所要解决或承担的就是当中小企业集群衰落时是生产力内在规律使然，而不是政策失误的结果。这样中小企业集群政策的开放性来自生产力发展的现实需要，集群政策必须要保持这样一种状态，在资源和环境约束下欢迎来自集群成员加入政策的制定和调整。

三是中小企业集群政策必有政策偏好。政策偏好既不同于政策特惠也不同于政策普惠，而是针对特定的中小企业集群而创设政策取向，政策偏好有利于保持集群有持续的竞争能力。中小企业集群都是依托于一定的经济资源优势形成的，例如区位优势、资源优势、资本优势、地方政府理念优势、技术创新优势等，除了区位或地域因素外，其他优势都是可以改变或是变化的，即使是区位也会发生相对变化，因此所谓的政策偏好就是凸显优势和持续保持相应的优势。更为核心的是市场需求和市场竞争都呈现出市场本身的变化，中小企业作为市场主体时刻应对着这种变化，作为调整集群行为的集群政策就不应当停留在政策的普惠上，而要保持政策的偏好。

四、提升中小企业集群竞争力的政策运用

各国产业集群的发展经验证明，通过调整投资、信贷、基础设施建设等方面政策可以有效地促进产业集群的发展，而高新技术产业集群更是需要从战略高度制定相关政策给予支持，通过集群式发展获得整体竞争优势。走集群式发展道路对于提升传统产业的竞争力至关重要，而传统产业集群的发展也需要国家在政策上给予相应支持。国际经验显示，这方面政策是积极有效的，也是必需的，发达国家也在务实地调整其政策方向，充分发挥政府规划和政策在促进产业集群发展中的重要作用，以便加快其高新技术产业的发展步伐，并保持传统产业的国际竞争优势。增强中小企业集群竞争力有赖于政策上的宽松环境。我国要借鉴西方国家的经验，制定促进中小企业集群竞争力持续提高的相应政策，创造良好的政策环境。

1. 利用金融政策提高中小企业集群内各企业的资本充足率

当前困扰部分中小企业生存发展的一个重要问题是资本金不充足。因此，制定相应金融政策，加大对中小企业的融资力度，建立中小企业融资网络，拓宽中小企业的融资渠道，缓解中小企业资本短缺的困难，从而支持中小企业发展。这是政府义不容辞的责任。政府适度介入，建立一种合理的机制，搭建起银企资金供需的桥梁，政策性信用担保成为一种比较通行的选择。政府要向中小企业融资担保，降低商业银行贷款的经营风险，使商业银行加大对中小企业贷款额度成为可能。同时，可以建立和发展中小企业信用担保公司，为中小企业融资提供了良好的担保服务，分散信贷风险。另一方面，就商业银行而言，要不断强化金融创新，在为中小企业提供投资理财、资产兼并、信息中介和市场开拓等服务的同时，要针对中小企业的资金需求变化开发新的金融服务品种，此外，金融还应与政府配合，共建高薪项目孵化基地，在项目成熟之后全盘接管并进行有效管理。政府对集群中的中小企业融资提供支持的具体途径可从 6 个方面考虑：向中小企业提供信贷服务；切实做好中小企业债务安排工作；建立中小企业改革与发展基金；建立地方性中小型发展银行；改善投资环境，吸收外资解决中小企业资金短缺的困难；政府应该积极运用财政税收政策向中小企业倾斜，营造中小企业发展的宽松环境。

值得注意的是，高新技术中小企业集群对风险投资有着强烈的依赖感，在一项新成果从无到有，从理论到实际的生产运营的整个过程中，风险投资资金起了绝对重要的作用，它不仅为集群内的企业提供资金，更对其公司治理结构的影响甚大。风险投资基金参与风险企业的公司治理主要是通过一系列契约进行的。加强风险企业经营活动的监管，把风险投资基金积极导向具有发展前景的企业是今后工作中的长期任务。

2. 利用人力资源政策提高中小企业集群内的人力资本素质

一方面，中小企业集群需要高素质的企业家队伍；另一方面，传统的企业人事管理只是招聘人才进入企业，对员工进行教育和培训，负责员工的日常考勤，工资奖金发放，监督培训，办理离职等。中小企业集群的人力资本管理应有自己的特色，需要彻底摆脱传统的从事管理模式，根据企业集群发展的战略，有计划有步骤地对人才进行培养、招聘和筛选。高素质的专业技术和管理人才是提高本地企业集群竞争能力的人力资本保障，是提高企业集群国际竞争能力的必备条件。可以从多个方面着手建立引进和使用外地人才的机制。从长远的发展来看，企业集群应立足于本地人才的培养，提高本地劳动力的素质，建立包括中等职业教育，高等职业教育，成人终生教育等多种形式并存的教育体制，以增强企业集群经济发展的后劲。

3．利用技术创新政策营造中小企业集群的创新环境

中小企业集群的创新环境由硬件环境和软环境两个方面组成。其中，硬件环境主要包括现代化的基础设施、便利的交通通信、配套的生产服务设施等，它们无不需要大量的人力和财力投入。软环境包括介质环境、机构环境和调控环境三个层次。介质环境包括人们的文化水平、心理素质、价格观念、社会风气等内容。它直接影响着人们是否追求创新，人与人之间能否相互信任、相互合作。这种环境与当地的社会文化基础有关，还有赖于长期的教育投入、国民素质提高和精神文化建设。机构环境包括各种为区内创新主体之间建立联系的机构和制度。首先，创新环境的建构要求群内的企业加强联系。在区域内集群内的企业可以在相互信任的氛围内广泛地加强各种领域的合作。企业集群的创新动力是团队学习，集群内企业的技术创新与知识积累主要在其内部完成，而中小企业的知识积累主要在企业外部通过集群内劳动力的流动、与供应商及客户的联系等社会化的过程进行的。因此，集群内企业间应该增进交往，通过内部往来形成内部网络关系。集群内的信息交流和业务往来主要是通过内部网络中进行的，即便在缺乏知识中心的情况下，网络中的关联企业也能通过知识积累产生创新。其次，区域创新网络的构建还要求集群内企业与本企业集群之外的企业、机构联系，了解外部环境的变化及其他企业的信息，提高其对环境变化的应变能力并获得更多的创新源泉。再次，企业集群这种柔性生产集聚的形式使集群内劳动力在工作中获得了专业知识，积累了经验。劳动力市场的稳定性对保障企业集群创新的连续性有一定的影响，集群内企业应保持该市场的适度稳定性。最后，区域创新系统的构建还需要加强大学（科研机构）与产业之间关系的发展。

培育和增强企业集群的创新能力，可以从以下几个方面进行：首先，研究和开发能力。技术开发是指利用从研究和实际经验中获得的现有知识，或利用从外部引进的技术、知识、为生产新的材料、产品、装置和建立新的工艺和系统而进行的创造性研究。随着知识和技术在竞争中显现出越来越重要的作用，许多企业

十分重视自身的研究和开发能力，我国一些大企业开始重视建立自己的专门研究和开发机构。知识和技术是企业集群竞争力内核中最重要的组成部分，企业集群只有拥有自己的研究和开发能力，形成自己的技术、知识核心，才能使竞争对手难以模仿和超越，从而保持长盛不衰的竞争优势。其次，技术转化能力。技术转化能力是指企业集群把技术创新活动得到的新技术应用于产品生产和提供服务，从而转化为实际生产力的能力。企业只有把技术创新的成果成功地应用于生产实践，才能实现技术创新与经济的有效结合，提高生产效率和经济效益。最后，应变能力。应变是人的主观思维的一种“快速反应能力”。企业集群的应变能力是企业集群能够改变特定资源，使其产品能够快速满足客户需求的能力，它包括对客观变化的敏锐感应能力和对客观变化迅速做出的应付策略能力。

4．制定相应政策发挥行业协会和社会化服务系统的作用

目前，在我国各产业集群内企业间存在的恶性竞争、假冒伪劣、互相拆台等种种问题，这些问题在很大程度上可以通过建立行业协会加以解决。通过建立行业协会，一方面，可以使集群内各企业真正实现内抓质量，外树形象，从而提升整个集群的竞争力；另一方面，在市场经济条件下，随着政府职能的转变，很多政府管不了，管不好，也不好管的事情可以交给行业协会去做，使之起到政府与企业之间的桥梁和纽带的作用。行业协会的重要职能是：代表区内企业共同的职能；制定和协调企业集群产品质量标准的职能；信息、教育、咨询、培训等服务职能。但在实际操作中应把握的原则是，行业协会作为自律性民间经济组织，应由企业家们自发组建，政府在其中只起到协助作用。社会化服务系统是企业集群中的企业实现高度专业化生产、通过企业间协作获得外部经济（外部规模经济和外部范围经济）的基础。完善集群的社会化服务系统应注意以下几点：① 社会化服务系统在服务内容上包括新企业的孵化、生产、技术、资金、信息、市场、咨询、人才培训等方面，在组织机构上包括政府、行业、跨行业的专门服务系统以及多家企业的联营或协作形式。② 改变过去各种中介服务机构各自为政、独立行事的状况，对各机构进行分工与协作，发挥其服务体系的整体功能。③ 根据各企业集群的行业特点及发展状况，在不同阶段确定相应的服务重点。如在集群形成之初，重点是培育孵化新企业，培训民营企业家，为企业提供资金、市场、投资分析，而在其进入中期发展阶段则应为企业间的各种形式的交流与协作创造更多的机会。

集群政策的基本理念应立足于市场：政策的作用在于促进或补充民间部门的功能，而不是替代民间部门。政策目标在于提高民间部门解决协调问题和克服其他市场缺陷的能力。这种立足市场的政策不仅包括社会先行资本和社会规则供给水平的完善，更重要的是促进中小企业拓展市场的能力。

中小企业集群竞争力是一个有机的整体，其基本构成要素是资源的配置、资金的供给、组织结构、竞争和合作的运行形式、集群内的人力资本以及基础设施等条件的配合。

第九章 中小企业集群竞争力的制度环境

中小企业集群竞争力的形成是一个渐进的过程，正如同产业集聚也是一个渐进的过程一样。按照马克思主义的观点，社会经济形态的发展是自然历史过程。所谓自然就是如同自然界中生物之间的关系那样，经济发展乃至中小企业集群形成是经济自身运行的结果，是由事物的内因决定的，绝不是主观强迫的结果。马克思说："一个社会即使探索到了本身运动的自然规律，它还是既不能跳过也不能用法令取消自然的发展阶段。但是它能缩短和减轻分娩的痛苦。"我们可以套用一下马克思这段话的意思，来说明中小企业集群的形成也是如此，探求其中的形成规律并非能够代替中小企业集群的形成，但是找到其中的规律可以相应地为规律趋势形成助阵，避免走弯路。从经济学研究的对象说，是为了减少或避免出现资源配置错位现象，加快中小企业集群形成，同时就等于加快经济发展。

一、中小企业集群竞争力形成的制度依赖

1. 制度是生产力

在新制度经济学看来，建立一套适应市场经济体制要求的制度安排无疑是重要的，制度也是生产力，而且相对于科学技术而言，制度应当是第一生产力。因为科学技术的突飞猛进是在市场制度建立起来之后，市场创造了对科学技术的需求，科学技术作为生产力要素同时构成了市场经济的要素，市场经济越是发达对科学技术的需求就越是迫切，市场也就越会提供科技供给。从更为宽泛的角度看，市场制度的建立虽然自发产生了两极分化，但是同时市场制度也是解决贫困的制度，虽然它不是最好的制度，却是到目前为止最为适合的制度，例如，我国是在建立市场经济制度之后，社会生产力获得巨大发展的，从根本上解决贫困问题，正在走向富裕文明。以这样两个层面的认识为基础，通过制度安排的科学性和先

导性及规范性，把握经济运行过程中的中小企业集群竞争力形成的规律应当是合适的支点。

制约中小企业形成发展的因素多种多样，如果从经济发展的核心物质要素看，无非是劳动资料、劳动对象和劳动者。这三个要素的统一构成了生产的基本条件，因此一个地区如果能够有效地集聚这些简单的生产要素，形成企业或者企业群就是近水楼台先得月，占有资源禀赋的优势。按照资产专用性理论，资产地理区位关系到产业的建立，如为了节省运输费用，加工设备一般坐落在原料产地附近，一旦建成，移动较为困难，以原料加工为依托的企业通常建立在原材料产地；如果从现代经济运行的形态上说，市场经济围绕着资金运行，资金成为现代经济运行的血液，吸引不到资金或者说区域经济本身对资本没有吸引力，则地区经济快速发展是无法想象的，按照马克思的说法货币资本是经济发展的第一推动力和持续推动力；从市场占有程度上看，市场不断扩张则是区域经济发展的保障，也是中小企业集群竞争力的体现；从制度经济学角度看，无论历史与现实，很多国家和地区的发展的差异根源都可以用制度变量解释，通过制度创新或变迁也能够提高劳动生产率和实现经济增长。制度同样也会有利于或者制约中小企业集群的形成。

2．中小企业集群形成的核心环境

显然制度对于中小企业集群而言属于环境条件范围，而且应当是核心条件。做一个简单的类比，可以说明制度对于中小企业集群形成的重要性。1600 年到 1850 年，世界海洋运输没有发生重大的技术进步，即海洋运输的技术手段一如既往，但是此间海洋运输的成产率提高，运输成本下降了 50%。诺斯解释这种现象的答案是制度的功劳。诺斯分析的结果表明，尽管此间海洋运输技术没有变化，但是由于海洋运输变得更安全和市场经济变得更完善，从而降低了海洋运输的成本，最终使海洋运输生产率大大提高。事实上，许多技术创新因为缺乏相应的制度环境而被束之高阁的事例很多，足以彰显制度的重要。国与国之间的竞争，地区与地区之间的竞争，从表面上看是产品的竞争服务的竞争、技术的竞争、人才的竞争，但是本质上都可以归结为制度的竞争。有效的制度安排可以大大降低该地区的交易成本，吸引生产要素向本地区集聚，中小企业集群的形成或多或少与制度安排相关。

企业发展速度慢、资金匮乏、市场萎缩一直是困扰区域经济发展滞后省份工业发展的三大制约。企业发展速度慢、资本匮乏和市场萎缩是同一个链条上的三个环节，彼此相互制约和相互影响。企业发展速度慢是因为市场相对萎缩，市场相对萎缩是因为企业开拓市场的能力有问题，企业开拓市场能力问题导致企业资金匮乏，企业资金越是匮乏，银行等金融机构就越是惜贷。形成了恶性循环的怪圈，这个怪圈产生的根本就是企业的竞争力缺乏，企业的区域集中度或者企业集群效应缺乏。增强本地区企业的竞争力是艰巨复杂的工作，需要长期的积累和持续努力。相对于促进本地区经济增长速度而言，竞争力的形成不是一蹴而就那样容易。我国经济体制改革以来的实践说明，保持长期的经济高速增长容易，提高经济运行的质量难。从中共十二大起就提出转变我国过于粗放的经济增长方式，使经济增长更注重经济效益的提高。从那时算起到如今快 30 年的时间过去了，经济增长方式转变的使命依然没有完成，经济增长方式依然粗放，频繁采取行政手段强制淘汰落后产能，成效也不显著。

地方政府更是把经济增长速度当做领导地方经济建设的第一要务，普遍具有 GDP 情节，保经济增长速度也就是保政绩。为了保政绩就一定要有经济增长速度。这种制度怪圈产生不了真正意义上的企业，产生不了真正的企业家。地方政府抓经济建设被等同于抓经济增长速度。下面引用的一段内容是一级地方政府保经济增长的动员报告，从中或许可以窥测一些端倪。“一是看工业增加值增长速度，我们为保 11%的 GDP 增速担忧。年初（2009 年）在《政府工作报告》（黑龙江省）中提出了全年 GDP 保 11%的盘子，要求规模以上工业增加值保持到 12%以上增长速度。但第一季度仅获得了 3.5%的速度，第二季度是工业增速的艰难期。国际石油价格虽然回暖，但上扬抬高势头不明显，煤炭、装备、石化、医药、食品仍没有走出下行区，非油工业增加值速度迅速提升到 20%以上的难度很大，工业拖全省经济增长后腿的可能性不能排除，担忧工业提速不够影响全省 GDP 增长的盘子也不无道理。二是看主要行业和骨干企业运行状态，我们为企业可能出现资金断链担忧。今年 1—3 月份，装备、石化、能源、食品四大支柱产业实现主营业务收入 1 189.4 亿元，同比下降 22.0%；实现利税 210.6 亿元，同比下降 58.1%，其中利润 103.5 亿元，同比下降 71.5%。100 户重点企业实现主营业务收入 976.6 亿元，下降 27.9%；实现利税 210.0 亿元，同比下降 58.0%，其中利润 105.8 亿元，同比下降 70.9%。减少的 56 户企业中建龙钢铁、七煤公司、大庆油田等 15 户企业利润同比减少在 5 000 万元以上。全部工业品产销率为 94.7%，同比下降了 3 个百分点，应收账款和产成品占用增加了 154.3 亿元。资金周转不畅，加上银行借贷，担忧一些企业会就此出现资金断链。三是看市场份额变化，我们为一些产业发展空间萎缩担忧。黑龙江省大豆加工企业现在出了问题，原因在市场。今年3月份全国进口转基因大豆386万t，创下了历史第二新高，导致全省规模以上的68家油脂企业全部停产或半停产，使黑龙江省豆油销售由占全国非转基因豆油市场的八成收缩到不足两成。由此看来，我们担忧黑龙江省具有比较优势的乳业、煤炭等行业，也可能因不适应市场变化而进一步造成市场份额的萎缩。四是看工作摆布和精力投放，我们为一些地方只重当前，不谋长远，错失工业发展良机担忧。毋庸置疑，国际金融危机对工业生存与发展的冲击和挑战是前所未有的。立足当前保增长是第一位的，但工业结构调整也必须同步推进。现在最大的担忧是，危机冲击进一步扩散，问题与矛盾呈现多米诺骨牌态势，我们乱了阵脚，顾此失彼，不能科学摆布工作和配置好发展资源，只抓投资拉动基础设施建设，不抓投资拉动结构调整，如此下去，就必然前庭救火，后院起火。要加大固定资产投资拉动经济增长，但固定资产投资相当一部分要投到结构调整之中。”

从上述这段内容可以看出，即使传统产业面对严重的经济危机，地方政府仍然念念不忘保持经济的增长，调结构，提高经济效率和经济效益始终是其要考虑的问题。保增长和调结构虽然并非矛盾，在保增长中实现结构调整是最为理想的情况，因为这可以避免经济的大起大落，对保持就业的稳定、政府收入的稳定增长都是稳妥的做法。但是增长的惯性思维和GDP情节会在经济危机过后仍然占据政府工作的主导地位，其原因就是发展的急性病在作祟。发展的急性病同政治体制联系到一起，是政治体制的结果，是问题的总病根。

发展速度容易做到是因为只要增加相应的经济要素投入就可以实现，按照马克思的劳动价值理论，从全社会看商品价值是由成本价格加上平均利润构成的，甚至不存在价值增值，只要成本价格增加，就能够实现价值的增加，进而GDP自然增长。因此只要投入劳动力增量、只要增加资源的消耗量，经济速度就会增加。对于像黑龙江省这样的石油、天然气、煤炭、森林、原粮等资源丰富的地区，自然资源的依赖症是自发形成的，经济发展的路径依赖也是自然而言的事情。经济周期中经济形势好的年份，即使这些自然资源的产量不增加，但是由于需求旺盛，价格走高，产值和利润的双增加是顺理成章的事情，搭上需求增长和效益上涨的“班车”，以追求经济利益为主要目标的各种产权主体，自然不会放过这种机会，增加资源的供给量就是必然的选择，他们会千方百计增加产量，加快资源的开发速度。这种经济的繁荣掩盖结构性、体制性和机制性矛盾和问题。经济衰退到来时，社会对上游产业产品的需求下降使本地区经济快速陷入困难，调结构被重视起来，但是为时已晚，经济萧条中调结构就必然使问题和矛盾更为突出，解决起来就更困难。事情也往往是这样，繁花似锦，烈火烹油的景象下问题和矛盾容易被掩盖起来，或者人们根本就不愿意承认矛盾和问题的存在。经济衰退，矛盾和困难集中爆发，往往压得人没有了信心。经济资源本是经济发展的重要依托，而不能成为经济发展的依赖。以资源为依托发展经济，就会保护资源，寻求资源的永续利用之策；以资源为依赖，能消耗则消耗，资源消耗完毕，则经济发展就会中断。依托和依赖一字之差，则相差甚远。速度经济就是高消耗的经济，就是高消耗低产出的经济。地方政府始终把经济发展速度放在首先考虑的地位就不可能改变经济增长方式的现状。

当今时代并不是资金匮乏的时代。改革开放 30 多年来，政府财力雄厚，而且居民个人腰包不空，民间资本并非缺乏，从全国看、从全球看就更是如此。因此资金匮乏不是绝对的而是相对的。究竟是什么制约了资金的进入，这才是我们应当认真思考的主要问题。企业资金链与地区的资金数量既有联系又没有关系。说有联系，是因为企业资金链直接构成本地区资金的组成部分，企业资金链条上资金充裕，本地区资金数量相对充足；说没有关系，是因为本地区资金的充裕程度最终取决于本地区的经济发展状况，经济发展好，则资金充裕，经济发展滞后，则必然本地区资金匮乏。所以，区域性的资金匮乏的意义就是本地区经济发展滞后，缺乏活力，对资本、资金缺少吸引力。世界上最没有良心的就是资本，它是嫌贫爱富的榜样。

按照供给学派的观点，供给会创造其自身的需求。其实这句经典话语包含另一层意义，就是市场永远都不会萎缩，有供给就能够创造出市场需求。虽然这句话或者说供给学派的理论是有问题的，但是供给能够创造市场需求也是有道理的。因此市场萎缩的另一种解读就是产品没有竞争力，没有竞争力的产品必然会不断收缩自己的战场，没有竞争力的企业必然会不但收缩自己的经营范围，乃至最终退出竞争。市场经济天高地远，这个舞台是永远都不会落幕的，但是大家的角色不同，主角、配角都是自己争取的，剧中的主配角随时都在更换。天地虽宽，但竞争之路是艰难的。

二、产业转型中中小企业集群竞争力的形成

1. 产业转型的障碍

发展路径依赖、市场化进程缓慢、技术创新不够一直是困扰区域经济尤其是欠发达地区经济发展的主要障碍。一个国家和地区工业结构演进的基本规律是，传统工业转向现代工业，必须要经历一个短期过度重化的过程。但在完成原始资本积累后，对内就要转向发展制造业，体现出加工高度化；对外进入国际分工体系，加入国际化产业链条。1988—2005 年，我国工业结构发生了明显变化，资源性产业和低技术产业的总产值占制造业的比重都有较大幅度的降低，分别由 30.60%和 15.98%下降到 18.88%和 8.39%，年均降幅分别为 2.80%和 3.71%；高技术产业发展迅猛，其工业产值占制造业工业总产值的比重由 6.21%猛增到 30.59%，年平均增加率高达 9.83%。工业结构的这种变化基本上与产业结构演进的一般规律相适应，制造业虽然在国民经济中的比重下降，但这种下降是必需的，因为是资源性和低技术加工制造业在其中的比例降低，而技术水平较高属于国民经济装备制造业的比重不降反升，说明国民经济在产业结构上不断向好的方向转变，整体经济素质在提升。然而国民经济在产业结构上的这种积极转变并非发生在所有的经济地区，与发达省区市相比，仍然有经济欠发达地区伴随着经济总量的扩张在加工制造业上呈现出资源依赖和技术升级困难。“改革开放初期，我们错过了工业产业结构面向市场需求调轻调精调优的机会；到了 20 世纪 80 年代末和 90 年代，我们错过了激活存量和提升增量，促进所有制调向多元化的机会；进入 21 世纪，我们又错过了适应国际化进程，调进国际产业链条的机会。传统工业发展问题不但没有得到很好矫正，反而不断地强化与放大。”地区经济发展及展现地区经济发展的主要表现仍然在加工制造业上。经济发展的不同阶段对加工制造业水平的要求是不同的，形成了加工制造业的不同档次和其中潜藏的机遇。地区经济发展的悲剧莫过于错过并且一再错过历史造就的机会。改革开放一路走来，给地区经济发展带来的机会众多，能够真正把握住各种机会的地区大都走在经济发展的前列，而一次又一次丧失机会的地区必然在国家经济发展的进程中不断排名靠后。我们认为，市场经济条件下，把握经济发展过程中的机会是市场主体的行为，而不应当是地方政府的行为。政府的行为方式和行为特征决定了政府同市场经济的各类

主体有着本质上的不同，结构变迁、技术创新、市场需求等，市场主体具有天然的敏感性，快速做出各种反应，但是同时，市场主体同样存在发展路径依赖，对经济生活中的一些本质变化反应慢，调整自身的行为滞后。这就是事物的两面性。虽然政府不是经济主体，不从事直接的生产经营活动，但是同样可以敏锐感受到经济结构悄然发生的变化，根据本地区的区情有所作为。无论是古典自由主义思潮还是新自由主义思潮，虽然他们分析经济问题的立足点和关注的重点有差异，但是对政府干预经济基本上都持反对态度。政府可以干预和调节经济活动在当今时代各种主流经济学中都得到了肯定，但是对政府采取行政压力的直接介入经济的行为还是受到一些诟病的。然而把握经济发展中的历史机遇并不是单纯的市场主体行为，而是厂商与政府协同努力的结果。政府不能直接介入经济活动并不是绝对的，尤其是一个领导经济建设的政府一方面通过资本即吸引资本和为资本的生存提供合适的环境创造投资和就业机会，增加收入，创造财富，另一方面政府也通过自身的行为约束市场主体适应市场变化的惰性，迫使某些市场主体主动调整自身的行为，达到一种协同效应：市场主体与政府共同肩负起调结构保增长责任。深圳、上海、江苏、浙江等地区基本上把握住了历史赋予的每一次机遇，这与地方政府积极参与经济结构调整有密切的关系。“腾笼换鸟”、“俊笼装靓鸟”是地方政府与企业协同形成的，是地方政府的一种主动行为过程和结果。政府的这种主动行为加快了本地区经济结构调整的速度，抢得经济发展先机，增强区域经济的竞争能力。市场经济既是一种开放经济也是一种快速发展的经济。公司与公司之间的竞争、地区与地区之间的竞争以及国与国之间的竞争，基本上都以创新和劳动生产率的提高为核心，使得生产速度不可能慢下来或者停滞下来，尤其是商品拜物教规律的作用，价值成为商业社会人们追求的目的，为了这个目的就必然以创新和提高劳动生产率为手段加快社会生产的速度。这个过程中，取得先机、赢得先手，就在竞争中获得主动。发展快的战胜发展慢的；发展快的剥夺发展慢的。这也正是中小企业集群形成的重要背景，众多中小企业集群首先在这个大背景下在某些地区迅速成长起来。

2．产业转型障碍的深层次原因

经济欠发达地区屡次错过经济发展的历史机遇，不能够实现跨越式发展，缩短与经济发达地区的发展差距的原因是多方面的。至少有三个方面的深层次原因必须引起高度关注：

（1）路径依赖性强

路径依赖是经济学中的一个普遍规律，也是社会经济生活中的一种文化现象。极端的路径依赖会使事物走向极端，走向事物的反面，即在思想上的僵化和保守，对创新及新生事物持批判和反对态度，甚至采取过激的行为扼杀创新及新生事物。路径依赖表现在制度安排上就是习惯于现行的制度设计，成为现行制度的忠实的执行者和遵守者，反对制度变迁。“在发展观念上，多少年来，谋思路、摆项目时，只是在固有定格中打转转，很少能够突破创新。在发展出路上，摆脱不了对煤、木、粮、油、有色金属等自然资源优势的过度依赖。这些资源不是不开发，而是说只依赖于这些资源，加上资源开发深度不够，一旦遇到市场风浪，我们就没有回旋余地。”对资源的过度依赖，使区域错过了很多发展和调整的好机会，这在经济学中叫做资源诅咒。煤炭、石油、木材、粮食、有色金属等资源类商品在历史上乃至在现实经济生活中都是经济发展的支撑，都通过国有企业掌握在政府手中，并且这种事态仍将延续。在地方政府主导地方经济发展的经济中，路径过度依赖，就一定会使过多的经济资源在原有的结构中配置，而以社会资本为主体的中小企业或中小企业集群的形成成为难事。此外，路径过分依赖使得地方政府习惯于用管理国有经济的思维和行为方式管理中小企业，导致中小企业本身发展的不适应，历史上曾经出现过孔雀和麻雀同时东南飞的情景。时至今日，调查过程中发现大量的中小企业仍然认为南方地区发展环境宽松，要好于本地区的发展环境。这同路径过于依赖是否仍然有关系，仍需要做进一步的考察。但是单纯从这种普遍的看法而言，显然中小企业集群在这种地区存在也是不可想象的。

（2）市场化进程缓慢

与原有的经济制度相比较，市场制度是一种全新的制度和理念，其核心价值观就是在遵守法律的前提下公平竞争，竞争出速度、竞争出效率、竞争出企业家、竞争实现资源的优化配置、竞争产生中小企业集群。在市场化改革进程中，经济欠发达地区中小企业发展慢的重要原因是“计划体制遗留症”与“市场竞争恐惧症”的“双重叠加”。市场化进程不加快，体制机制、结构调整就缺乏变革的动力，体制机制反作用于中小企业，影响到中小企业集群的形成。如果梳理一下我国中小企业集群发展的历史过程和地区分布状态，大体上与一个地区市场化过程速度联系到一起。市场化进程首先是一个地方政府的行为过程，理由也很简单，因为我国的市场化进程是从传统计划体制转轨开始的，是从改革不适应生产力发展的生产关系开始的，转变政府角色一直都是最本质的问题。直到今天，政府角色转换仍然困难重重，充满艰难，核心是政府部门不想舍弃已有的权力和由此产生的利益。因此加快市场化进程的核心是政府自身的改革，计划经济的后遗症和市场经济的恐惧症首先是地方政府的权力顽症，这个权力顽症在改革开放的历史上决定了多少中小企业的命运。

（3）创新动力不足

创新动力是与市场化进程联系在一起的，市场经济体制是人类文明历史选择的结果，从市场体制建立的时刻起，创新就成为人类社会文明进步持续不竭的动力来源。资本社会之所以战胜封建等级社会在于从生产力到生产关系从而到社会生产方式的全面创新。“资产阶级除非使生产工具，从而使生产关系，从而使全部社会关系不断地革命，否则就不能生存下去。反之，原封不动地保持旧的生产方式，却是过去的一切工业阶级生存的首要条件。生产的不断变革，一切社会关系不停的动荡，永远的不安定和变动，这就是资产阶级时代不同于过去一切时代的地方。一切固定的古老的关系以及与之相适宜的所被尊崇的观念和见解都被消除了，一切新形成的关系等不到固定下来就陈旧了。一切固有的东西都烟消云散了，一切神圣的东西都被亵渎了。”如果我们从市场经济体制来看马克思在《共产党宣言》中这段阐述，无疑这是市场经济的结果，是竞争的结果，核心就是创新。“不断扩大产品销路的需要，驱使资产阶级奔走于全球各地。它必须到处落户，到处创业，到处建立联系。”

美国麦肯锡公司 2004 年经济报告指出：“当今世界最稀缺的资源已经不再是资本，而是掌握技术的天才，这是一个大量资本竞相追逐技术的时代”。OECD（经合组织）主要成员国国内生产总值的 50%以上已经是知识密集型产业所创下的产值。同时，以资本为代表和进行计量的物质投入对经济增长的贡献率大大降低，在美国、德国、日本等发达国家已降低至 20%左右，而技术进步对经济增长的贡献已经上升到 60%～70%的水平，我国达到 39%。多数企业缺乏关键技术储备，知名品牌较少，产品附加值较低，更新换代周期较长，市场竞争力不强。“据不完全统计，黑龙江省工业企业装备水平 70%没有跨入 21 世纪。个别企业里，新中国成立前和新中国成立初期的设备仍然在‘挑大梁’。受体制、机制、环境等方面因素影响，技术人才流失问题仍然比较突出，制约了高新技术产业的发展和传统产业的优化升级。”

3．寻求突破转型障碍的途径

针对发展路径依赖、市场化进程缓慢、技术创新不够等区域经济发展中的障碍，需要对症下药，寻求解脱，开上发展经济的快车道，摆脱经济发展的困境。地方政府在谋求经济发展的过程中应当明确自己的行为，廓清职责范围，在产业项目布局上应当形成符合现实的认识。在区域经济发展中应当坚持以下原则，克服经济发展速度慢。

（1）坚持路径依赖才能突破路径依赖

路径依赖是经济学中一个重要的关键词，其基本含义是经济主体或区域经济发展中依赖原有的手段、方式、资源、技术等的思想和行为，以至于脱离开原有条件和方式就不能或不适应生存。路径依赖表现在观念上就是思想因循守旧和趋向保守；表现在行为上就是不能或不善于创造新生事物；表现在区域经济发展上就是依赖传统的产业和传统的生产方式。

产业的发展进而经济的发展必然以某种主要生产要素为依托。综观经济发达地区，资源匮乏，以人力资本为依托发展经济几乎是其共性，真正应了这样一句话"所有的富裕都源于贫穷"。经济发展落后地区多属于资源丰富地区，例如黑龙江省耕地资源、粮食资源、煤炭资源、石油资源、森林资源以及野生动植物资源等同国内众多省份相比绝对属于丰富地区，但是这个省份在全国经济发展中的地位却是排名靠后省份。地方政府在求解本地区经济发展滞后的障碍时，把路径依赖归结为资源的依赖，"资源诅咒"，因此错过了许多调整结构和发展的好机会。这种解释多少让人觉得缺少说服力，资源丰富似乎成为了过错，而资源贫乏好像可以有更多的机会可以把握，真是荒谬。自然经济资源丰富的省份自然应当以资源为依托发展地区经济，由此而形成的路径依赖本无可厚非。资源属于国民经济上游产业，经济的起伏波动，国际市场供求变化和价格涨跌必然对于依托资源或主要依赖资源支撑发展的地区产生影响，尤其是经济衰退阶段，对本地区经济的影响尤其显著。资源禀赋的变化和开采条件的恶化，导致资源开采成本上升，对依托资源发展经济的地区的竞争能力产生制约作用。因此，单纯依赖资源开采和消耗发展本地经济的路径迟早会无路可行，资源消耗型的路径依赖是行不通的，是不可持续的，必须跳出资源依赖型的经济发展模式。跳出资源依赖型经济模式必须专注资源的开发，必须坚持路径依赖，因为资源优势就是区域经济发展的优势，只有坚持优势，保持强项才能在激烈的竞争中占有一席之地。中小企业集群或者中小企业集群竞争力正是在这样的过程中形成的，尤其是依托资源使用性的中小企业集群必然以一定的资源存在为前提，路径依赖在某种条件下是必需的，一味地反对路径依赖不是辩证地考虑问题。

（2）以政府改革为突破口推进区域经济的市场化进程，创造有利于中小企业集群形成的微观经济环境

政府改革本质上是经济利益的再分配问题，因此政府改革的难点就在于此。以政府主导的经济资源配置方式所造成的结果就是使经济不能够按照自身的规律运行，企业并非企业，市场并非市场，其本质上是寻租经济。设租与寻租构成的供求关系破坏公平竞争，经济利益的形成突破正常的生产经营渠道，不是来自要素的投入和产出，而是因权力关系形成的利益输送。企业搞好与政府的关系就能获利而且获得高额利益；产业的形成不是因为分工协作而是招商引资的规模，通过持续招商引资堆积产业规模，堆积国民生产总值规模，中小企业自发形成集群不具备形成条件，地方政府把更多资源配置到招商引资之中。

（3）创新动力来自于有效的市场竞争，中小企业集群形成同样产生于有效的市场竞争

市场化与创新本质上是同一个问题的两个层面，市场经济体制的建立为创新展现无限空间，创新是为市场需求创新，没有市场经济体制，虽然创新也在发生，但是创新既缺乏充分动力也失去服务方向。无疑市场体制的建立就使得创新成为自然之事。中小企业集群竞争力会形成集群创新格局，相对于个体创新而言，群体性创新使优势更为显著，竞争力更为持久和强势。

结构调整是一项复杂而艰巨的任务，通常而言这不是区域经济发展所要考虑的问题，而是更为宏观的国家经济结构的大问题。笼统地讲调结构是无的放矢的，会使人不知所措，无所适从。如果简单地看结构调整，就是压制高耗能高污染低效益的产业。而单纯地压制甚至是淘汰落后产能也是片面的做法，高压政策会在一段时期减少“两高一低”产业的数量，但是风头一过往往死灰复燃，甚至在规模上有所扩张。实践上看，我国经济增长中结构问题伴随着经济增长而存在，这也是符合经济规律的。有需求就有供给。结构调整首先是市场行为而非政府行为，政府只要在相关行业中设立市场进入门槛，基本上可以解决高能耗高污染产业的国度膨胀问题。中央政府调结构，地方政府也就跟着调结构，基本上都认为本区经济存在结构性问题，因此普遍确立了调结构的任务，形成了先入为主的判断：“客观地看，中国经济面临的经济增长波动，不是短期的冲击或扰动，而是遭遇了

一次较大经济增长调整周期。本轮经济调整周期要经历 3 个调整阶段：库存调整、价格调整和产能调整阶段。目前正处于库存调整和价格调整阶段。但是仅仅经历了库存调整和价格调整是远远不够的。经济周期性调整的核心是产能调整，也就是通常所说的结构调整。结构调整一定要经历市场出清阶段，通过市场出清，矫正经济内部的结构失衡。可以肯定地说，黑龙江省工业问题出在失衡的结构上，症结集中在结构调整滞后上，希望寄托在结构战略性调整与优化上，出路定位在结构的战略升级上。金融危机的发生，使我们不得不市场出清，不得不进行结构调整。这一点，我们务必要清醒，要坚定，要抓紧。”[①]从这段话似乎可以肯定地说，地方政府又把本地区经济的症结算在了结构的头上，因为本地区经济结构失衡，才有了本轮经济周期性的波动，而不是经济的周期波动自然使然。只要是市场经济就必然会出现周期性的波动，宏观经济调控只是影响了经济周期波动的波幅，使经济本身不能够随波逐流而已。全球性的市场经济体制，使经济周期波动具有全球性，中国经济不能独善其身，超然事外，区域经济必然也是如此。从逻辑上说，即使区域经济结构合理，本身不存在如何问题，当全球性经济衰退或者经济危机到来之时，也是躲不过去的。此次全球性的经济危机，没有哪个国家和地区能够幸免于难，影响严重的国家甚至整个国家陷入破产境地，这就是对先入为主地认为本区域经济结构失衡的否定。既然本区域经济存在着结构失衡，顺理成章的逻辑就是调整所谓的经济结构，调整经济结构的对策无外乎教科书式的表述，即推进传统产业改造升级，通过深加工不断提高加工层次，促进产业向高级化发展；加大科技投入，提高自主创新能力，增强企业竞争能力；发展产业集群和企业集群形成规模经济效应和产业规模效应等，由此所进行的活动就是结构调整。难道我们每天所做的不正是进行这种活动吗，既然每天所进行的活动就是结构调整活动，就不应当产生结构问题，乃至结构问题成为区域经济发展的症结。结构问题本质上是市场经济问题，而不是区域性的经济问题，如果说区域性经济结构存在失衡，那也主要是“两高”行业的所占比重过高，不是加工和深加工程度问题，不是单纯的附加值问题。诸如“加快煤炭安全高效矿井建设，实现煤炭转化增值。在优化电力资源配置的同时，加快风能、水能、太阳能、地热能、生物质能等新兴能源建设，使黑龙江省尽快建设成为国家重要的新型能源基地。要

① 认清形势 抓住机遇 坚定信心 大力度推进工业结构的调整和优化——在黑龙江省工业保增长促发展工作会议上的讲话，2009 年 5 月 15 日。

充分考虑装备制造业在保障国家经济安全方面的重要性，把它作为下一步结构优化的重点，予以支持。拿出老本，强化改造，在继续保持原有优势的基础上，不断开发适应市场需求的新型装备，通过龙头带动、主体配套、园区建设、集聚发展，全面提高装备工业成套化、高技术化和国产化水平”等更多的应当是企业行为，是市场行为，而不是政府行为。

第十章　中小企业集群竞争力与政府作用

中小企业集群通常是指一定区域范围内，在地域上靠近的众多企业为适应市场竞争需要以专业化分工协作为机制和基础的自组织系统，其集群竞争力就是这个系统所形成的整体优势。从结构上看，在中小企业集群系统之中，它们彼此互补与共生，各自都有技术、工艺、成本等竞争优势，以此为前提转化为集群整体市场竞争优势。在全球经济体制趋于一致的背景下，企业集群在国与国之间、地区与地区之间的经济关系中越来越具有突出的地位。可以不夸张地说，地区经济发展水平可以用企业集群竞争力来衡量，企业集群正成为地区经济发展的源泉和主要推动力。之所以如此，是因为它的形成能够提高产业效率，使结构优化升级迅速，化解市场风险能力强，形成资本和财富的洼地效应；在这个过程中以基础设施为代表的公共产品由于运行效率趋于最大化，私人产品部门与公共产品部门匹配成本降低。正是因为如此，各地区都肯在形成有本地优势的企业集群竞争力上下工夫。

审视企业集群竞争力的形成过程，简单地看是主要生产要素在一定区域范围集聚过程，进一步而言，它是资本在某一区域范围内的扎堆过程。从这个意义上说，企业集群竞争力的形成过程也可以抽象为资本的流入和聚集问题，所以，一个地区能否形成企业集群竞争力，就看资本来不来，留不留得下。这必然涉及资本的生存条件或生存环境。因此，研究和考察中小企业集群竞争力可以归结为研究企业集群竞争力形成应当具备的环境上。

对资本而言，到处寻求的就是生存土壤和适宜的环境，从结果上看就是取得合适的利润或利润率。其生存的土壤除了一目了然的自然环境和自然禀赋外，还有制度环境和人文环境。在马克思看来，社会经济的发展是自然历史过程。这个过程既是技术的，也是人文的或社会的。在此，我们把马克思的看法演绎一下，即资本的集聚、由此中小企业集群的形成也是自然的，这个过程既是技术的也是人文的。资本向自然资源丰富、传统商路通道、交通条件便利的区域聚集在相当大的程度上是自然环境使然。随着生产力的发展，便利的交通条件及其位置在企业集群竞争力形成中依然显得突出，在我国东南沿海地区企业集群大体以港口为半径布局，小港口腹地为小经济圈，大港口腹地为大经济圈。某些企业由于产品的特殊性，对水陆运输吞吐能力有直接的要求，必须建立在重要的交通枢纽上。当自然资源既定的条件下，资本是否流入及企业集群是否能够形成，关键看区域的人文环境。由于我国是从传统的几乎清一色的计划经济转向适合以私有产权为基础自发形成的市场经济体制，因此适合资本生长的社会人文环境是在政府的主导下进行的，所以这个环境的营造主体自然在政府，尤其是地方政府。资本是否在一定的地域集聚，企业集群竞争优势能否形成，考验着地方政府以营造市场环境为基本内容的能力。

一般而言政府能力应当是政府对自己掌控的资源的运用能力。政府掌握的资源不仅有权力资源，还包括经济资源、信息资源、文化资源、人力资源、权威资源等。这些资源叠加在一起，就能够扩展政府的权力资源，尤其是权力资源与经济资源叠加到一起，政府的能力几乎是无限的，政府可以把自己的触角延伸到社会的方方面面。

按照公共需要理论，在政府与市场的关系上，政府的职责就是提供公共产品。因此，政府的能力就是提供公共产品的能力。公共需要理论的基本逻辑是：社会经济体制为市场经济体制，人们的需要被分割为私人需要和公共需要。市场在提供私人需要时既有效率又体现公平，因此，私人需要应当由市场提供；满足公共需要的产品在消费时存在非对抗性和竞争性，因此在消费公共产品时存在“搭便车”现象，市场没有动力和能力提供公共产品，它只能由政府提供。公共需要与私人需要是两种性质不同的需要，但是公共需要本质上仍然是私人需要，这是两者同一性的地方。在正常运行的情况下，如果没有政府提供公共产品满足公共需要，市场就会走向自己的反面，市场无法运行。政府的职能就是纠正市场偏差，防止市场失灵。从这个意义上说，政府能力就是政府纠正市场失灵的能力，保证市场正常运转的能力。相对于中央政府而言，地方政府虽然提供的公共需要范围受到限制，但是保证市场正常运行同样也是能力的要求。

公共需要理论彻底颠覆了传统的量入为出的理财原则，使得政府支出超出收入规模的行为获得了逻辑支撑。政府自身有扩大公共需要的利益驱动，使政府活动的范围超出纠正市场失灵和保证市场正常运行的边界，成为资源配置的主体，这就完全背离了市场配置资源的基础性地位，喧宾夺主。公共需要的范围和规模在相当大的程度上由政府定，因此，从逻辑上说，公共需要的范围并没有严格的数量界限，政府行使职能的规模和范围有弹性空间，政府可以在更广范围发挥作用，甚至会超出政府能力范围。主权债务的不断扩张正是这种情况的注释。按照现行的理论逻辑、实践逻辑和政治逻辑，终会有一个时点陷入政府能力危机中。所以，政府行使职能应当有领域界限和数量界限，政府必须严格遵守这两个界限，从这个意义上说政府能力不是无限的。但是，经济生活中的政府能力对经济本身有重要作用。用革命导师的话说，就是“暴力也是经济力”。政府能力也是有伸缩力的。

整体而言，我国仍然属于转型国家，政府行使职能的范围和规模更大一些是必然的和必需的，即使这样，政府也必须对自身行使职能的行为有科学的认识。

一、地方政府的经济认识能力对中小企业集群的影响

俗话说思路决定出路，有什么样的思路就可能产生什么样的结果。面对既定的物质条件或客观环境，在不同人的眼中所看到的结果是不同的。中国国内革命战争时期革命队伍中就有“红旗能打多久”和“星星之火可以燎原”的不同见解，其结果是坚持后一种看法的人最终赢得了整个国家，因为他们找到了中国革命的正确道路。所谓思路是对事物认识的基础上所形成的系统的看法，是依据现实物质基础主观思维的结果，当然这个结果也可以根据现实条件和借鉴他人的经验不断进行调整和完善。以客观经济实际为基础，积极发挥人的主观能动性，即客观地发挥主观能动性是取得先机、获得成功的前提。谋事在人，成事在天。谋是前提，是对事物本身的认识和理解，是对事物规律的把握。如果这些都是明确的，虽然说“成事在天”存在着不确定性，有唯心成分，但是可以说成事是必然的，是水到渠成的。只要谋划得当，周到细致，能够从实际出发，不好大喜功，不盲从，不成功的几率是很低的。中小企业集群竞争力的形成，其内在规律是根本，即中小企业集群竞争力的形成是由企业、产业互动内生的结果，其优势存在于群体生存中的创新、集群规模效应、局部范围的公共产品的高使用效率，这导致人流、资金流、资源流合理配置。虽然如此，政府层面的服务、引导、规范乃至产业的植入同样是不能够忽视的力量，可以使中小企业集群形成少经波折、少走弯路，在短时间内就能够快速形成。植入虽然看似与中小企业集群、产业群的内生性形成矛盾或者冲突，但是实践中却有相当多的成功案例。这绝不是违背规律肆

意妄为，不是简单的拉郎配、乱点鸳鸯谱，而是客观发挥主观能动性的结果，因而所产生的企业集群、产业集群都是理所必至、事所必然。从本质上看，中小企业集群的形成是经济因素内生的结果，或者说，内因是决定性因素，是本质，但是外在因素也是必不可少的条件。改革开放过程中就不断上演过某些地区的企业外逃的现象，发生过外资不断从某些地方持续退出的现象，多方论证的结果不是因为资本自身的因素，而是地区的人文投资环境出了问题，这种境况下企业无法生存，更是奢谈企业集群。显然，这些外在因素与政府的行为息息相关。政府为中小企业集群形成提供什么样的条件同样对中小企业集群形成起重要作用，影响力极大。政府尤其是地方政府的认识能力，即对经济本身的认识能力是关键条件，认识能力是行为能力的前提，认识是错误的或者是不科学的，行为上难免失当，政府对此付出的财力、权力等政府能力资源再多，也只会使问题更多，资源配置更加失衡。

中小企业集群形成缓慢，经济发展相对滞后的地区或地方，政府对经济本身的认识能力或者对经济规律的认识能力陷入了教科书式的理解，是影响中小企业集群形成和本地区经济发展的首要障碍。某些地方政府对区域经济落后、产业发展滞后、经济发展速度慢给出了似是而非的解读，很可能陷入引导经济发展的误区。对经济的认识尤其是对本区经济的认识至关重要，如果在认识上出现偏差，就会在指导经济实践中使自身的经济行为与实际背道而驰，经济运行的结果与自身的预期发生严重的偏离。

1．三大矛盾的成因解读

改革开放30多年后的今天，可以说制度性、体制性和结构性的矛盾和问题仍然是主要的矛盾和问题，甚至区域经济发展的滞后大可以归咎于此。通常我们把制度性、体制性和结构性矛盾称为三大矛盾。到目前为止，看不到集中分析三大矛盾成因的文献。把三大矛盾看成即成事实，用于解释区域经济滞后，解释中小企业集群的不发达却成为突出的现象，甚至一度成为一种潮流或时髦。普遍将三大矛盾看做困扰发展的症结。一种较为流行的说法是，国家意志嵌入式强投入建设形成的工业体系，具有国家计划安排的体制性特征，又具有逆市场化的结构性矛盾，计划时代是共和国的工业骄子，进入市场经济具有诸多的不适应。制度性、体制性、结构性矛盾就是这样形成的。此种解释似乎顺理成章，但是只要深入观察经济实践，这种解释又过于表象化。以这样的认识能力指导和推动地区经济发展往往又会陷入到变化了或者发展了的三大矛盾之中。因此有必要廓清三大矛盾的成因。

（1）对国家投入的理解似是而非构成三大矛盾的认识成因

制度性、体制性和结构性矛盾会是经济生活中的常态，只是不同的历史阶段会有不同的表现形式，社会转型时期这些矛盾尖锐一些，社会经济平稳运行时期，这些矛盾会缓和一些，同时也是这些矛盾的积累时期，积累到一定程度之后，矛盾会再次激化。因此社会经济生活可能展现给我们的就是三大矛盾的积累—三大矛盾的尖锐—三大矛盾缓解（经济规律的自然使然和人们使用某些手段主动而为）—三大矛盾的积累，循环往复，周而复始。所谓经济周期也不过如此，或者不妨说这是经济周期性的另一种说辞。属于国家意志嵌入式强投入建设形成的工业生产能力虽然历经曲折，至今其中的主要部分具备市场竞争能力，为政府尤其是地方政府提供主要税收收入，是地方经济的骨干力量。其中表现出来的逻辑，属于国家意志嵌入式强投入建设形成的工业生产能力就一定不符合经济规律，就普遍存在问题，都与市场经济相对立，留给地方政府的就是这些企业的计划经济的后遗症，就是地方经济发展缓慢的根源。从理论逻辑看，计划经济时代嵌入式强投入建设形成的工业生产能力有符合经济本身规律的也有不符合经济本身规律的，但是从现有的生产能力看，工业基础大多是计划经济时代建立的并且延续至今，构成了国民经济的重要力量，如果全盘否定，既不符合逻辑也不符合现实。实际上，这是个看问题的角度问题，既然属于国家意志嵌入式强投入形成的工业生产能力已经是一个客观存在，当其被看做是各种矛盾的根源，被当做包袱看待时，是地方经济发展的病根，是想甩掉，恨其被生，除之后快；如果能够当做资源看待就是利用，就是利出之处。生于计划经济时代那些企业尤其是其中的骨干企业多数至今仍然发挥骨干作用，因此不能够把生于那个时代的企业一概而论都属于国家意志嵌入式强投入建立的企业，都完全不符合经济规律，从一定意义上说，存在就是真理。从现实逻辑看，经过改革洗礼的那些嵌入式强投入建立的工业企业成为市场经济主体的组成部分，完全根据市场信号组织生产经营活动，变成了名副其实的市场主体，不应当再把他们当做说事的借口。

从计划经济转变成为市场经济大家几乎处在相同的起点上，发展的快慢更多地需要寻找自身主观原因。“我们错过了文革后期、改革开放初期短缺经济、卖方市场的良好机遇。那时候，假冒伪劣都能卖出去。”①这是政府官员也是国有企业改革专家的表白，有惋惜之情也有些无奈，但是这与国家嵌入式强投入行为无关，嵌入式强投入是客观事实，而错过了历史机遇则是主观行为使然。如果做一个假设，难道没有国家嵌入式强投入这个事实存在，经济就一定走到了全国的前列，就没有体制性、制度性和结构性矛盾了，这是不能够知晓的结果了，历史是不能够假设的，但是可以肯定地说，经济生活中的矛盾还是会存在的。

实际上，在东北老工业基地的升级改造过程中，一部分地方政府的行为是相当矛盾的，一方面把历史上国家投入看做是制度性、体制性、结构性矛盾的根本，把此看做是地方经济发展中的重要问题，成为地方政府持续攻击的对象，另一方面却“跑部钱进”，地方主要行政首长挂帅直接到中央政府中管钱管物部门游说，请求中央政府把更多的投资项目放到本地方来，而不看项目的内容，只要是项目就争，能够争来就是业绩就是政绩，至于这些争来的项目后续的运行如何似乎关系不大了。争投资争项目的另一种形式是各种类型的招商引资，只要是商就招，是资就引。国家嵌入式强投入显然不是单纯的中央政府的单方面行为，还有地方政府的态度和行为，由此而生出的三大矛盾显然不是中央政府单方面行为的结果而是中央和地方政府共同作用的结果。如果把这类项目统称为“国家嵌入式强投入”就不够准确，至少在表述上不够严谨。国家嵌入式强投入或多或少有强奸民意之嫌，属于被动接受，主观上是极不情愿的，从前述事实看并非完全如此，一些地方政府甚至把国家投入项目当做钓饵，以此作为获得更多资源的条件，这背后的用意是难以言传的。

（2）教条化的产业发展思维加深三大矛盾

产业集群化、企业集群化是地区经济发展最有效的实现途径。单纯从各种经济要素的配置而言，中小企业集群实现了经济资源区域内合理搭配，创造了一种不可复制的集群效应。从工业化反梯度推移理论和实践看，中小企业集群在一定的区域形成，是实现地区经济跨越式发展的有效路径。②在经济快发展的大背景下，地方政府有着强烈的使命感，地方行政首长有极大地发展经济的压力和动力，实现跳跃式发展或跨越式发展重点放到抓工业上必然是不二法门。从理论与实践两个层面看，眉毛胡子一把抓式地发展工业的做法显然能够增加本地区 GDP，甚至

① 胡祥鼎. 东北老工业基地调整改造中黑龙江深化国企改革的问题[J]. 哈尔滨市委党校学报，2004（3）：3.

② 李立辉，等. 区域产业集群与工业化反梯度推移[M]. 北京：经济科学出版社，2005.

在经济形势不断向好的条件下，能够快速增加GDP，但是经发展的持续性受到挑战，经济增长的驱动力不足，虽然地方政府花费主要精力抓工业，但是效果不明显。这正是一些地方政府十分困惑不解的地方。招商引资最终的结果可能是给自己制造了许多的麻烦。从生产组织形式上看，中小企业集群是一种竞争力强的地域性生产组织，它依靠集群产品、集群企业创造集群经济优势，在经济竞争过程中，实现经济势能的高效释放。经济势能的高效释放主要是通过经济自身的方式实现的。首先，中小企业集群的形成能够形成更为合理的专业化分工与协作。中小企业集群是基于产业链条不同环节分工协作，其结果能够铸就一个地区、一个产品的品牌效应。典型的表现形式是当人们需要某种产品或者服务的时候能够自发地与某一个地区、某一个品牌联想起来。[①]区域范围内的企业集群在竞争与协作中扬长避短，分工协作优势更好体现；其次，中小企业集群有利于降低交易成本。各企业利用彼此空间的接近，共同协作生产、共同销售、互通信息，增加各种经济资源的利用程度，使集群内部的企业取得孤立企业不能比拟的生存和发展空间。地域上的接近、分工协作的密切性、获得信息快速性、大规模的批量生产、区域内巨大的竞争压力、建立共同的采购中心、大批量地取得原材料等因素共同作用降低了生产成本和交易成本；再次，企业集群能够推动产业升级。产业升级通常是经济本身发展中的内在要求，因为产业升级是技术积累的结果，是社会需求变化的需要。但由于经济发展的路径依赖，产业升级通常又难以自动实现或者说产业升级不易实现。企业集群的形成就使得这个过程变得容易起来。企业之间的上下游分工协作、横向间的竞争有利于产品创新和技术创新及扩散，产业结构调整在这种竞合中自然实现，产业结构的不断升级又能够保证企业集群始终处于竞争的制高点，突出企业集群的优势。中小企业集群与产业结构调整之间实质上存在着良性互动关系，彼此存在正向相关性。所以，地方政府抓工业不应当是泛泛而为，重点始终要着眼于企业集群进而推进到产业集群形成上，其一旦形成，企业集群所释放出来的效率和效益，即资源配置上的优势自然凸显出来，抓工业的效果才会出现。

（3）GDP伦理扭曲必然放大三大矛盾

早在中共十二大就提出转变我国经济增长方式，时至今日已经25年了，转变经济增长方式仍然是经济生活中最为困难的行为，我们从技术创新、企业家精神、

① 程玉林. 围绕品牌发展黑龙江省绿色食品产业[J]. 哈尔滨工业大学学报，2002（3）.

交易成本等方面寻求原因，但是各级政府过度抓工业，抓大项目或者只要是项目就想办法使其落户到本地区，这种过于执着抓工业的普遍做法就是企业遍地开花，不用追求技术含量，不用顾忌规模经济，甚至不用考虑环境容量和环境污染，不考虑对环境和资源的破坏，不顾人的生命安全，只要GDP，只追求政府收入的增加。人人是环境，事事是环境。一切妨碍招商引资行为都被视为影响经济发展环境的因素，都是政府的敌人，"谁要影响我发展一阵子，我就要影响他一辈子"就是这种创造GDP的极端和霸道表现。马克思在阐述商品经济规律的时候，分析了商品社会中人与物之间关系颠倒地表现为物与物之间的关系，并把这种现象称之为商品拜物教性质，这种拜物教性质在人们头脑中的反应就是商品拜物教观念。商品拜物教发展的形态包括货币拜物教、资本拜物教和土地拜物教等，在这些规律的支配下，商品社会中人们会疯狂地追逐、追求商品、货币，甚至不惜铤而走险、谋财害命。我们可以把各级地方政府追求GDP的极端行为称之为拜GDP教，即在某些地方政府的行为中只有GDP，并为此陷入了疯狂的境地。土地、信贷、财税、环境、资源、劳资关系一概为此开路。资本可以无偿使用或者只是象征性交费就能够取得土地使用权；几乎由储户倒贴利息的贷款，政府出面协调信贷；税收上的"三免两减"或者减半征税，政府在税收利益上主动相让，甚至鼓励资本反复使用"三免两减"，使得税收优惠具有持续性；动用行政力量提供特殊保护措施，例如各种执法部门不能上门检查等，致使个别招商来的企业即使从事非法经营活动，长期不被外界所知；污染环境、破坏资源能够被容忍；劳资矛盾、劳资冲突被转化为劳政矛盾、劳政冲突。这些所谓的投资环境使资本获得了近乎奢侈的乐土。资本当然欣然笑纳，并尽显本性，毫无顾忌地获取利润。

地方政府只考虑GDP的增长，而很少思考GDP伦理，整个经济几乎是没有GDP伦理的经济。经济越是增长，经济生活中的矛盾就越复杂越是尖锐，经济增长就越发显得不可持续、不协调，最后的结果，越是想快发展经济，就越是快不起来。据说希腊医学的始祖是希波克拉底，他提出了医学伦理，他要求他的学生必须宣读下列誓言："我将依赖自身的能力和判断，采用对病人有利的疗法与处方，绝不施以有害或有毒之物。无论应何人之请，我也绝不给予致命药物或做此类之建议，也绝不协助妇女堕胎。进入病人家访视时，我将以病人的福祉为念，不做任何贪渎害人之事，不受男女奴仆之引诱。我在执业时之所见所闻，凡不应泄露者，我将严予保密。若我遵行此一誓言，不懈不怠，愿上苍使我乐享生命、精进医事并受世人敬重。若我违反誓言，愿我遭相反之命运。"这也是现代医学伦理的基本规范。从事医学职业之人，遵行医学伦理才能走得远，才有可能赢得声誉。在追求 GDP 的道路上何尝不是如此。

不思考 GDP 伦理，只要能够使经济增长就给予支持，这样的经济发展环境必然能够催生经济增长的奇迹，在个别地方，只要招商引资能够拉来一个大项目，就能够使本地区的 GDP 直线上升。这样的经济发展环境却难以实现经济增长方式的转变，甚至很难形成真正的企业和企业家。改革开放 30 多年来，做企业的人与政府打交道可谓轻车熟路，但是成为优秀的企业家难上加难，说到底这样的投资环境中企业是依靠投资环境赚钱的，而不需要踏踏实实从事生产经营活动赚钱的，只要从政府那里得到所谓的"政策"，傻子也应该赚钱，各类经济主体宁愿争相做这样的傻子，费财费力的创品牌搞研发才能够赚几个钱，与从"政策"获利相比更困难。在这里驱动企业出生和成长的要素不是经济学教科书所列出来的那些正宗因素：企业家精神、制度创新与变迁、知识的增长与传播、科学管理、分工的深化等，而是寻租成分大于这些正宗要素，这样驱使企业生长就难以持续，要想持续就必须持续寻租，这也就注定了企业成长困难。企业成长的边界依赖政府设租的边界，企业文化道德服从于寻租的需要，市场经济得以建立的道德、宗教等基本约束规则在寻租面前遭到践踏，行贿受贿成为经济活动中经常谈论的活体，甚至公然成为了一种所谓的文化，成为商业社会的毒瘤。

然而，现实社会中，资本似乎呈现出一种矛盾现象，一方面，在权力的庇护下，挖地三尺获取利益：敲骨吸髓使用劳动力、掠夺性消耗资源、近于疯狂的寻租；另一方面，资本的所有者具有普遍的移民倾向和移民行为，有计划地向境外转移资本，颇有捞一把就走人的意味。仔细体味其中的奥秘，马克思在《资本论》中引用的话能够解释这种现象。"资本逃避动乱和纷争，它的本性是胆怯的。这是真的，但还不是全部真理。资本害怕没有利润或利润太少，就像自然界害怕真空一样。一旦有适当利润，资本就大胆起来。如果有 10%的利润，它就保证到处被使用；有 20%的利润，它就活跃起来；有 50%的利润，它就铤而走险；为了 100%的利润，它就敢践踏一切人间法律；有 300%的利润，它就敢犯任何罪行，甚至冒绞首的危险。如果动乱和纷争能带来利润，它就会鼓励动乱和纷争。"[①]地方政府的拜 GDP 教行为为资本的活跃和铤而走险创造了宽松环境，政治权力服从于和服务于资本牟利，甚至助纣为虐；资本收买政治权力为其增值保驾护航。在这个过

① 马克思. 资本论[M]. 北京：人民出版社，1972：829.

程中，GDP 快速增长，就自然创造了中国经济奇迹。但是，事与愿违的是，权力庇护下的资本并没有安全感。一考虑到财产和人身需要就选择移民海外。因为政府掌握和支配太多的经济资源，已然使社会滑向权贵经济，权贵资本以劫掠的方式获取高利，一旦有风吹草动，立等逃之夭夭。招商引资而来的资本未见得考虑到生产力的空间布局，考虑到产业的集聚效应，可能是为了权力而来，也可能因为权力而去。因此，持续的招商引资，却在相当多的地区没有形成产业优势或者产业集群或集聚效应，没有形成企业集群，或与此不无干系。

（4）规避矛盾使三大矛盾更为凸显

制度性、体制性、结构性矛盾并不是国家意志嵌入式强投入建设形成的持续存在的矛盾。它在某种特殊的历史阶段成为重要矛盾，而在其他经济发展阶段则可能不是普遍的矛盾。改革开放初期这个矛盾的存在一度上升为主要矛盾是事所必然。这也是大多数中国地区普遍现象。这个矛盾既是体制改革的结果，也是体制改革的内容。经济体制改革就是要从根本上克服这些矛盾，使市场经济走上正轨。由于改革的艰巨性和复杂性，面对改革中的困难，有些地方就选择了回避。所谓的“开辟第二战场”、“农业强省”等本质上是地方首长经济，更换一届地方首长就会有新的战略、就有新的发展思路、就有相应的舆论攻势、就有相应财政手段和协调信贷支持，从本质上看是以 GDP 高增长为目的和目标的行政首长经济，从结果上看是丧失了国有企业改革的良机。在国有企业改革过程中，地方政府更看重自身的利益，政府与企业争利、与百姓争利。对政府有利则做，对政府没利则拖。国家意志嵌入式强投入形成的国有企业的改革在一拖再拖的过程中使制度性、体制性、结构性矛盾越来越深。这样的政府思维方式一直持续到今天。例如持续上涨的房屋价格成为全民关注的重点，不能否认的事实是房价的脱缰式的上涨与政府的经济利益相关。政府要利益、地方首长要政绩。这才是制度性、体制性、结构性矛盾的主要成因。作为中国市场经济建设的领导者，各级政府如果不能够反思自身的行为，而是一如既往追求政府利益、行政首长政绩的最大化，可以预见，转变经济增长方式、产业结构升级、体制性、制度性、结构性矛盾会持续存在下去的。

（5）政府的经济人行为产生新矛盾

人们经常把制度性、体制性、结构性矛盾归结为新旧体制的转换，认为是这种转化必然使然，很少讨论制度性、体制性和结构性矛盾的更为深厚的政府利益背景。曾经有相当长的一段时期，有的西方经济学者把政府当做一个市场主体，构成经济人组成部分并对此进行分析时觉得不可思议，简直为另类，政府怎么能够成为经济人？而新制度经济学把经济人的范围扩展到政府以及政府中的公务人员，从而社会经济生活中凡是有行为能力的人都是经济人，在此基础上建立起来新制度分析的基本框架，对经济人的假设有了进一步的理解。政府这个经济人行为必须限定在为社会经济运行提供制度的范围内，而不是利用一切可能处处设租，通过掌握经济资源谋求自身利益。政府作为经济人提供社会所需要的制度规范，其他经济主体消费制度规范，政府与其他经济主体之间是供求关系。作为分析经济的基本方式，供求分析是常见的方式之一。政府过度逐利行为以及这个行为的执行人一手炮制了三大矛盾，因为政府和公务人员是三大矛盾的受益人，只有在制度性、体制性和结构性矛盾中，他们才能够谋求更多的经济利益。从这个层面说，解决三大矛盾或者更应当从解决政府过于追求经济利益入手，限制各级政府行政权力，减少或者降低政府掌握经济资源的数量，把政府权力限制在制度的提供者和制度消费者范围内，政府不更多直接介入到经济过程中，这样政府设租的几率必将降低，体制性、制度性和结构性矛盾必将大大减少。据资料显示我国19家路桥上市公司17名董事长曾当官，高速收费堪称最暴利。“据媒体报道：通过对A股公路板块上市公司2010年年报进行梳理发现，19家路桥上市公司的毛利率平均为59.14%，而净利率平均35.51%，而在同期，上市券商的平均毛利率为47%，上市房地产企业的平均毛利率仅在10%～20%。路桥上市公司的盈利能力位居各行业之首，早已超过了“贷款修路收费还贷”的范围，以皖通高速旗下的核心资产合宁高速公路为例，合宁高速1995年建成通车时，起始投资仅10亿元，再加上2002年和2004年的两次大规模改建投资27亿元，一共投资总计37亿元。然而仅仅据200—2010年的财务数据，皖通高速通过合宁高速公路所获取的通行费已经超过50亿元，这还没算上通车之后前7年的通行费收入。按照高速公路30年收费年限计算，到现在合宁高速公路才收了一半的年限，此后还有交通运量更为充足的14年。而皖通高速的网站上显示，其公司2011年3月的通行费用达到1.96亿元，相当于平均每天的收费达到了632万元。”[①]要致富先修路，这是经济发展过程中针对交通瓶颈具有普适性的口号。道路属于国民经济基础设施，是经济发展的先行条件，同时按照经济学教科书中的说法道路也是公共产品的组成部分，具有公共产品的一般特征。从新制度经济的角度看，修路也有成本，只有

① 摘自《羊城晚报》，2011年8月11日。

修路带来较好的社会收益时人们才会选择修路。从修路的投资回收周期看，投资额大，投资周期长，一般不会成为私人资本投资选择的对象，所以政府投资或政府主导投资修建道路是必然的选择，投资的方式主要是财政投融资。因为财政投融资能够把商业投资的高效率与财政融资的良好信誉结合起来，从资金的使用效率上看通常会高于一般的财政拨款，因此财政投融资虽然属于政府投融资，但运行模式却是商业模式。路桥显然国民经济基础设施的重要组成部分，由于其公共产品的属性，投资路桥不应当把追求经济效益放在首要地位，而是应当把成本低和使用效率高放在首要位置。这样可以有效地降低路桥的社会使用成本，从而有利于社会整体经济效益的改善和提升。现实中的路桥类上市公司会计报表显示投资路桥成为国民经济中最为暴利的产业，着实令人惊讶，已经背离了其公共产品的属性，牟利成为路桥上市公司的首选，这种首选居然成为活生生的现实，现实逻辑与理论逻辑完全不同，经济规律在这里失灵。十分有必要分析一下公共产品适应的那些规律和特征在我国路桥建设上失灵的原因，借此可以说明，政府或政府部门过度谋求自身的利益产生的矛盾给社会带来的后果。

2．三大矛盾的外在表现

就各种公开的政府文件看，我们找不到三大矛盾形成的原因的深刻分析，因此也就无法针对这些矛盾开展工作，似乎经济增长方式转变困难就是创新能力问题，就是技术不够先进问题，这样我们就必然处于产业价值链的底端，依靠消耗廉价劳动力和大量使用资源维持经济的增长。这看似顺理成章，实则与实际不符，没有抓住更为本质的内容，对政府过于逐利分析得不够，对政府逐利成为三大矛盾的本原理解不到位，因此，任何转变经济增长方式的举措可能都最终流于形式。接下来看政府是如何解释三大矛盾的表现的。

（1）轻重工业比例失调论

统计数字是枯燥的，但是它最有说服力。看统计数字论轻重工业比例是实实在在的。但是从地区和封闭的视角看工业的比例是没有实际意义的。工业内部的轻和重是相对概念，具体应当包括两个方面的内容，一是地区范围内两相对比；二是不同地区的两相对比。仅此而言，工业内部的轻重都不能成为问题，轻重是自然使然。工业内部的轻重也是动态的过程，轻重之间的转化因经济发展的阶段性而有所差异，工业起步阶段轻工业比重会高一些，而到了工业化的中期阶段，重化工业的比重就会大一些，因此，所谓的轻重比例并不是一成不变的，也不是能够刻意追求到的，轻重比例是动态的，不是一成不变的。就国民经济自身的一般规律而言，工业化的起步阶段工业内部结构偏轻；到了工业化的中级阶段，工业内部结构偏重。重工业通常属于国民经济的装备制造业，为生产提供强大的物质条件，决定经济发展水平。重工业中的极端制造业往往融合或者综合了当今时代最为先进的技术，这些先进技术也支撑着极端制造业。通常而言，重工业中的翘楚大都属于极端制造业，极端制造业是高端制造业中的高端，由于制造产品的特殊性，往往处于寡头竞争状态，甚至是独家垄断，因此是产业链条的独特部分，当然可以获得垄断利润。归根到底，无论轻重工业，能够赚钱，能够赚大钱，自然应当是求之不得的事情。重工业过重没有什么不好，如果能够成为重工业中极端制造业，我们的地方政府恐怕就更不会认为轻重工业比例是个问题了。产业的轻重的形成必然有其中缘由，不能从本地区产业轻重就贸然肯定或加以否定。

当轻工业发展到一定阶段之后，经济的进一步前行就必须有强大的装备制造业为基础和支撑，某个阶段后，重工业在工业中的比重上升是必然的。就工业的整体而言必然遵循工业内部轻重工业结构的一般规律，先轻后重，重而转轻；就局部经济区域而言，工业结构偏重并不能够成为问题，而是各种经济条件使然。从政治经济学的原理看，以技术进步和资本有机构成提高为前提，生产资料生产的优先增长在理论逻辑上是成立的，在所有的部门中生产生产资料的部门的增长应当是最快的部门。因为这个部门多属于国民经济的装备制造部门，他决定国民经济发展的质量，引领国民经济方向。同时这条学理上的规律也内含着国民经济各部门之间应当有合适的比例关系，因为这直接关系到社会总产品的实现。当然涉及比例关系必然有量上概念，即不同部门之间的数量对比关系。所谓农轻重或者“轻工业过轻，轻重比例失调”首先应当是个数量概念，但是这个数量关系不是绝对的，而应当是相对的。因此政治经济学在学理上阐述这个原理的同时也告诫人们，生产资料生产的优先增长不意味着其增长速度时时刻刻大于其他部门的增长速度，试图提醒人们不能教条式地理解经济规律。工业结构上的轻重问题，不是静态的而是动态问题，不是个封闭的问题而是个开放的问题，不是现实问题而是个想象问题，不是真实的问题而是制造出来的问题。政府不应当自我制造问题而庸人自扰，寻求所谓的重点抓工业的印象。在我国这样政府主导市场经济的国家，这个国家又处在工业化和城市化阶段，政府把自己的重点放到抓工业上不是什么错误，是应当抓工业的，问题是怎样抓工业，本着什么样的思路抓工业。如果还承认“市场的基础性作用”的话，工业的发展就应当是市场的事情，是轻是重由市场决定，政府只是为此提供公共服务和提供公共产品。政府过多介入到具体的经济活动中，使公权力与私权利相混淆，对招商引资提供优惠条件本身就是市场公平的践踏，就是制造经济结构的失衡，就是制造经济矛盾。

作为历史沿革而成为国家工业基地的优势可能就是因为重工业在国民经济中的突出地位，重工业有竞争优势，这是历史过程造就的。如果依据“轻工业过轻，轻重工业比重失调”这样的事实，就贸然调整这个结构，使这个结构与国家的此种结构相吻合，或者像有些地区那样，轻工业成为工业的主角，这样的结构也许看上去很美，但也许是中看不中用，因为那不是你的结构，或者说无论是历史积累还是现实条件，本地区是无法建立起想象中的经济结构的，甚至每个地区都不能够形成理想的工业结构，有时候，各级政府都有经济结构情结，试图按照想象的样子或者理想的模式建立自己的经济结构或者轻重产业结构。改革开放 30 多年的历史证明，本地区工业结构中是轻工业逐步退却的过程、是某些轻工业逐步消失的过程，这个过程是市场调节和市场选择的过程，白色家电、小商品等曾经一度遍地开花，到如今已经不用问究竟花落谁家了。地方行政首长们早早注意到了这些事，以精准的统计数字证明这样的事实就是工业结构中的问题。经济的均衡发展、产业结构的均衡化一直是经济发展中所追求的理想目标。就区域经济而言，追求这样的均衡几乎是没有任何意义的。按照产业均衡化的逻辑，温州是否会认为自己在工业结构上偏轻是毛病，广东省治下的那些明星城镇也要把制造业偏轻看成自己工业上的短板，进而需要补重工业比重偏低这一课呢，如果真是这样做了，不是非常荒唐吗。

从这种工业经济结构思维出发，地方政府必然想方设法调整工业经济结构，把偏轻的重起来，把偏重的轻下去。自己不具备优势的工业强行介入，自身具有优势的工业不能强大，最终的结果就显而易见了，最有可能的结果是芝麻没捡到，西瓜也丢了，极为得不偿失。中小企业集群怎么可能在地方政府如此颠倒的工业结构调整中形成，怎么可能形成中小企业集群竞争力！

从全国范围看，整个国家的制造业并不存在重工业重、轻工业轻的结构性矛盾，转型阶段的中国经济是需要国民经济装备制造业提供相应技术保障的。经济结构问题更多地表现为高耗能、高污染、高排放产业在国民经济中的比重过高的矛盾，致使经济增长不可持续。而那些在近些年来快速增长起来的高能耗、高污染和高排放的重化工业大都有当地政府全力推动，这毫不奇怪，因为重化工业项目更能够催生当地 GDP 成长，更能够展现行政首长的政绩。我国工业企业占全国能源总消耗量的70%以上，钢铁、有色金属、化工、建材等又占工业企业能源总消耗的70%以上。这些大量消耗能源污染环境的重化工业在个别省份已经成为灾害，这背后都能够找到地方政府的影子。过于追求政府利益，也是我国经济成长中高能耗高污染高排放的成因之一，甚至是其中重要成因。2008年我国消耗能源21.16亿吨油当量，仅次于美国，占全球的17.3%，但创造的GDP只占全球的6.4%，单位GDP消耗得能源是美国的4.3倍，日本的8.1倍。政府不能够把高污染高能耗、不可持续的经济发展模式的板子统统打在企业的屁股上，认为企业创新能力不强，普遍进行所谓的恶性竞争，政府更应当反思自己的行为，检讨自身的过失，尤其应当检讨过于追求自身经济利益的行为。

局部地区例如某些省份重工业比重高一些并不是什么问题，当然也不能认为是国民经济结构问题。如果地方政府把此作为问题就必然试图进行所谓的结构调整，而这种调整未必符合国民经济要求，极有可能这种调整既不叫好又不叫座，往往会事与愿违。改革开放以来的中国经济在轻重结构上看先是南轻北重的过程，进入20世纪90年代又转型向南轻南重的过程。北方地区尤其是东北地区传统上的重工业的优势地位在逐渐丧失，历史走到今天，传统的重工业优势省份已经没有什么优势而言，这种情况下，抛开国家经济大背景，抛开经济全球化大背景，谈本地区的经济的轻重结构似乎没有意义。从科学发展观出发，看国民经济的轻重结构应当转换视角，更多地应当从消耗、环境、民生、产业竞争力等层面关注国民经济的轻重结构，本质上就是关注地区产业的竞争力，因为只有有竞争力的产业才能够持续、能够稳定、能够促进民生的改进。地方政府如果重点抓工业的话，就应当重点抓工业的竞争力，而不是急于把工业做大和进行所谓的轻重工业的结构调整。工业的竞争力与工业的结构调整则属于两个不同的层面，工业竞争力看的是工业自身的素质，而轻重工业结构调整则重点在两者之间的数量对比关系。质量重于数量，质量胜于数量，建立起这种理念，地方政府就不会纠结工业结构上的轻重，使能够知晓花费精力和财力抓工业的重点在哪里。只有地方政府在工业结构轻重比例上有科学的理解，把工作重点放在工业的质量上，作为工业质量重要载体的中小企业集群才有可能形成，最终产生集群竞争力，使工业经济更有效率和最终形成竞争力。如果地方政府一心想着工业内部的轻重关系，进而试图调整这种轻重关系，中小企业集群形成几无可能。任何中小企业集群都是围绕着一定的优势资源形成的企业的分工协作，当本地的优势经济资源得不到展现，地方政府总是在骨子中补所谓的短腿，地方的经济优势就难以形成，中小企业集群自然失去相应的依托，它是难以形成的。

（2）产业链条论

最上游初级产品生产在我，终端产品生产大都在他。从地区经济的产业效应（规模、链条、效益）看，当然产业链条长好，产业链条短很可能是产业集聚水平低的结果。链条越长越理想，链条越长附加值就越多。在附加值想法的支配下，试图人为延长产业链条就是必然的逻辑选择。

辩证法不断告诫人们，任何事物都没有绝对的，而是有条件的、相对的。一味追求产业链的延长，追求过多地取得产业链条上的附加值很难做得到，很可能是一相情愿的事情。我国是世界上进口铁矿石最多的国家，铁矿石的对外依存度到了 70%，国内众多的钢铁厂都是进口铁矿石的用户。澳大利亚、巴西是中国铁矿石需求的最大供给国。我们常想，这些铁矿石出口国为什么不延长产业链条，把矿石资源吃干榨净，至少应该建立钢铁厂，把铁矿石加工成为钢铁卖给中国，把中国的多数钢铁厂都可以挤黄了，甚至在钢铁领域中自己可以雄霸天下，形成垄断价格，获得垄断利润。矿渣可以进行再加工，例如做成建筑材料，中国同时也是建筑市场巨大的地区，对建筑材料需求相当旺盛，又可以大赚一笔。而事实却相反，他们只卖铁矿石，不建钢铁厂，不吃干榨净，也不谈产业结构不合理，不谈初级产品出口比重过高，更不谈要扭转这样的格局。又比如，我国大豆有一半以上需要从国外进口，美国又是其中最大的大豆的提供国，美国政府是否想到了大豆出口的附加值问题，把大豆资源吃干榨净，以附加值最大的状态出口到中国，因为中国进口大豆的最终目标也是提取蛋白质、榨制油料、制作蓄饲料等，而且在植物蛋白提取和油料榨取技术上美国似乎比我国有优势。这种情况下仍然把大豆出口到我国，简直难以理解。我们试图给出有说服力的解释，但是得出的结论有勉为其难的感觉，基本上没有说服力。无论如何，以丰富的铁矿石资源、大豆资源为依托进行深加工，在增加就业，增加财税收入，形成钢铁业、大豆业强大的竞争优势是有足够的吸引力的。然而事实却不是这样，而是把铁矿石、大豆卖掉了，肥水流到外人田。这种现象在不同的领域长期存在，理论逻辑与现实逻辑相违背。这足以说明延长产业链条、增加产业附加值不是由主观愿望决定的，应当有其自身的规律。如果从主观愿望出发，为了延长产业链条而延长链条，不可为而为之，在经济运行过程中嵌入相应的产业，则有绑架经济的意味，能否取得期望的效果是很难说的。产业链条的短长不是可以由政府决定的，而是经济自身条件决定。一架波音飞机由上万个零部件总装而成，供应这些零部件的企业分布在全球20多个国家和地区，波音公司所在的地方政府是否想到了这些零部件配套企业都应当聚集到本地来呢，为了所谓的产业链条的完整就必然进行产业聚集。

无论是上下游产品分割，还是总装产品的配套化率偏低，看起来不美，即没有实现产品链条上全价值的占有，甚至不是链条上最核心价值的占有，但是从分工协作的角度看也许这就是非常合理的，或者说这不是最优的但却是必需的自然的。产业价值链的形成有其自然规律，不可能是主观臆想的结果。家用办公电脑就很能够说明问题。电脑的核心技术硬件是CPU，软件是操作系统，它们也是电脑价值链条上价值最大的部分，除此之外，硬盘、存储条、机箱、电线、显示器、键盘、鼠标、音箱、耳麦、摄像头、各种应用软件等都构成其价值链的组成部分。

从当前的情况看，没有哪一家企业，甚至没有哪一个国家占据全产品价值链，而是进行广泛的分工协作，分工协作越是深入和深化，产业链的稳定性就越为充分，这种境况下甚至有的电脑品牌没有一家自己的生产企业，自己只是负责设计和订货，其他环节一概交给自己的合作伙伴，同样能够从这个产业链条中分得一杯不错的羹。通吃产品价值链上的每一部分价值，所谓吃干榨净，应该还是自然经济时代的思维，从播种到耕耘，从浇水到施肥，从收割到贮藏，都由一家一户完成的时代已经成为过去时，从田间到餐桌，整个价值链在分工协作中被各方分割占有，并不时根据分工协作要求进行价值链整合，以优化价值链，但是，这首先已经不是政府的使命，而是价值链参与者根据资源配置效率要求的自发或自觉行为，追求的就是效率和效益。

在发展经济上，政府不要把自己当神仙看，政府领导人也不要把自己当做救世主，放眼望去皆是问题，于是就要解决问题。显然这不是想如何就可以如何的，经济有自身规律的，顺应规律要求才好。如果政府想要在产业链条上有所作为，只应当在自己的强项上下工夫，牢牢占据价值链条上其中的一个或几个环节就相当可以了，不要价值通吃，不要绞尽脑汁去占有全部价值。如果那样，还要地区之间的分工协作干什么。有那么多的配套企业为你配套，就已经说明你是产业链条必不可少的环节，你是行业或产业的领导者。只要做好这个领导者，被领导者都围绕着你转，他们占据价值链条的一端，虽然处在配套的地位，但也要赚钱，你不能不让他们活，你也做不到不让他人活，因为任何企业、产业、地区都无法做到这一步。产业链条价值通吃的想法属于空想，做做梦还可以，但是作为形成地方政府文件中的要求就错得离谱了。

理论界有一种观点就是“小企业做产品，大公司做产业”，从小企业为大企业提供配套产品的角度看这无疑是有道理的。大公司主导和引领行业，小企业生产配套产品，而配套产品的生产有其自身某种关系，这种关系绝不仅仅表现为大量的小企业在地域上依附于大公司周围。产品、产值、收入与大公司一样是否属于同一个行政区域，应当是纷繁芜杂的。如果我们放眼全球，产业配套不完全呈现地域特征，而是可以来源于世界任何一个地方，服务外包、软件外包的现实情况就能够说明这一点，产品外包当然也是工业生产加工中的常态，只是从本位主义出发的地方政府试图使地区 GDP 最大，拜 GDP 教思维中天然存在产业通吃的情结。此种情结的存在和强化通常会导致政府行为失常，经济开发区、产业园区一波未平一波又起，政府的主要精力投放到招商引资方面，一切为此让路，难免良莠不齐，追求产业聚集效应的过程中产业聚集效应不显著，追求形成中小企业集群效应的过程中却不能形成企业的集群效应，政府忽视了产业集群、企业集群的形成首先是一个自然的过程，而不是地方政府主观意志的结果。如果说属于国家意志嵌入式强投入建设形成的工业生产能力最终造成地区经济发展中的制度性、体制性和结构性矛盾，进而成为地方政府试图摆脱的对象的话，那么地方政府 GDP 情结，过于急迫的招商行为正是造成企业集群难以形成的核心障碍。

地方政府行为本身正是当代社会制度性、体制性和结构性矛盾的制造者，或者说政府的 GDP 伦理是这些矛盾的根源。一方面，这些矛盾被政府认识到了，并把这些矛盾归结为旧体制或旧体制的残余，构成改革的对象和要克服内容。对此，从上到下都有共识；另一方面，政府的经济行为无疑在重新制造这些矛盾，放大这些矛盾，从而使这些矛盾无法得到克服，这一点却不被人所注意。这是经济增长方式不能得到转变的根本。转变经济增长方式必须从根本上改变政府的 GDP 伦理，转变政府的行为，彻底改革政府自身。政治体制的设计必须顺应经济规律的要求，不能要求经济规律顺应政治体制。辩证唯物主义一条基本的原理就是上层建筑为经济基础服务，顺应经济的变化主动做出调整。

市场经济体制的本质是要素的自由流动，市场是资源配置的基础。我们建立市场经济体制就是要回归经济制度的本质，由政府配置资源向市场配置资源回归。你不能一边建立市场经济，一边政府仍然抓住资源配置的权力不放；一边试图克服经济生活中的三大矛盾，一边却以更大的规模复制和制造这些矛盾。

（3）产权结构论

“非公有制经济发展慢，产权结构调整滞后”。我们把这句话分开看，更有利于对问题展开说明。

首先看“非公有制经济发展慢”。非公有制经济发展快慢应当有两个参照对象：一是同其他地区非公有制经济发展速度相对比，即横向对比；二是同本地区公有制经济发展速度相对比，即纵向对比。从逻辑上看，本地区非公有制经济发展慢一定是两相对比的结果。同其他地区相比，本地区非公有制经济发展在规模速度等方面的确滞后，这反映出不同地区市场环境或市场经济发展水平上的差距。说到底，非公有制经济的发展并非需要政府的强大行政动员能力，只要市场环境具备，有适合其生存的土壤，非公有制经济的发展就属必然。经济的发展是自然历史过程，只要不折腾，不进行人为限制，经济就有自身的运行动力，就会因时而动。古典经济学创造的自由竞争理论就是基于对经济的此种认识。从历史逻辑看，所谓的治制之世，大都经济发展，居民能够安居乐业。究其原因，就是政府管得少，不折腾百姓，没有复杂繁多的各种审批制度。政府管得少，自然就没有较为繁重的税收负担，官吏不能够从中渔利；没有复杂的各种审批制度，人们就能够根据需要从事各自的经济活动。从这个意义上说，政府不用号召人们怎样发展经济，经济有自身的内在动力。但是，从另外的角度看，政治行为对经济发展有重要作用。原始积累时期和资本主义经济发展的初期，政府作用的发挥都对经济产生了重要的影响。从这个意义上说，暴力也是经济力。[①]就此而论，系统的社会有组织的暴力本质上是对经济发展的适应问题。例如原始积累时代，看上去不是田园诗般的美好，而是充满了血腥味，但是，这是生产力低水平下经济快速发展的必然选择，是对规律的顺应，因此，尽管上层建筑对破产小农的保护也尽了力，但是却阻挡不了趋势本身或规律本身。暴力本质上是为市场经济创造适宜的环境，创造适应私有产权生存和扩张土壤。改革开放以来，政府所作的许多努力本质上都可以归结为建立市场经济制度，营造市场经济发展的环境。这个过程就是非公有经济快速发展和扩张的过程。如果排除其他条件，“非公有制经济发展慢”说明本地区的市场环境在一定时期内欠佳，非公有制经济对此敬而远之，因为，从产权的角度看，市场经济是非公有制经济发展最为适宜的土壤。这是自由主义经济学始终坚持的基本理论逻辑，市场制度就是依据这个逻辑而存在的。市场经济就是自由而理性的经济人追求自身经济利益最大化的舞台。私人产权和理性经济人追求经济效益最大化构成市场经济核心内容，同时市场体制也是这两者最合适的土壤。从现实逻辑看，曾经在一段时期内，本地区的民营企业不堪政府的各种明

① 马克思. 资本论（一卷）[M]. 北京：人民出版社，1972：819.

里暗里的各种课税杂派之重，纷纷从本地区外逃，呈现孔雀东南飞和麻雀也东南飞的势头，一时间成为公众谈资，成为政府思过的话题。外资曾经一度从本地区大量撤离极度刺激了政府的神经，“外资的大量撤离影响了本地的形象”，这是出现在正式文件中的表述。我们一直认为这种表述在逻辑关系上是完全颠倒的，不应当是资本撤离影响了本地的形象，而是本地的形象有问题导致了资本的撤离。政府为了自身的形象不惜颠倒逻辑关系，不惜犯常识性的错误，形象对政府太重要了。所谓形象是凭自己过硬的软硬环境建立起来的，而不是外在资本撑起来的。资本的本性是逐利，哪里能够使资本增值，哪里就是资本展示肌肉的场所。对于资本而言，所在地区的自然条件，包括气候、商业通路、资源禀赋、劳动力数量等都是一目了然的，在这方面，政府不如资本的嗅觉敏感，资本能够寻找到适合自己的生存土壤，但是对于地方的各种人文环境只有生活其中才能够有切肤之感，才能够真正知道适不适合自己生存。如果不适合自己生存，必然寻求适合自己生存之处，增值自身是耽搁不得的。

其次看“产权结构调整滞后”。这里所谓的产权结构就是公有制经济与非公有制经济的比重，而产权结构调整滞后无非是说公有制经济占有的比重大而非公有制经济占有的比重小，进一步说，这是改革开放以来，非公有制经济不够发展的结果，产权结构应然以公有制经济为主体，不够多元化。从新制度经济学理论看，除了经济人假设更为宽泛，即把政府和公务人员都当做经济人，其在产权制度上并没有特别的制度偏好，即新制度经济学既不偏好公有制产权也不偏好非公有产权，它只是强调要界定产权，产权要清晰，要有完整的产权制度，产权自然有效率和配置资源的功能、公平分配的功能等。从这个意义上说，产权结构并没有特别意义。对体制转轨过程中的国家而言，重要的是国有企业的改革。作为经济体制改革的中心环节，国有企业改革是重新界定产权和规范产权的过程，这才主要是政府的工作，但是种种迹象表明，国有企业改革步伐有停滞的趋势，在重点需要打破行政性垄断的一些行业中，这种垄断反而得到不断地强化，产权制度改革仍然任重道远。从产权理论的另一个角度看，无论是公有制经济还是私有制经济，在产权安排上有一个共同点，就是产权代理，形成委托代理关系。从理论逻辑看，单纯就委托代理关系而言，无法得出产权性质上的优劣之别。从现实逻辑看，委托代理关系也无法得出产权性质上的差异。在地方政府里似乎于认识上形成了产权结构上的偏好性矛盾，一方面地方政府把“产权结构调整滞后”看做制度性、体制性和结构性矛盾表现之一，认为这是常年抓工业却不见显著效果的原因之一，自然也就是中小企业集群无法形成的理由，因此有必要纠正产权结构调整滞后的现象。

不妨做一个假设，把工业结构的偏轻或偏重应用到产权结构上，公有制经济比重大的地区称为产权结构偏重，公有制经济比重小的地区称为产权结构偏轻。放眼看过去，我国经济发达省份就是非公有制经济总量大和发展速度快的省份，因此，从实证的角度看，产权结构偏轻的确是工业经济发展成效显著的推进剂，所以地方政府看中本地区产权结构的轻重就更是理所当然的事了，产权结构调整滞后理所当然成为地方工业发展滞后的理由。另一方面，在推动工业发展的过程中，地方政府扮演另一种角色，就是不断强化公有制产权，我称之为产权结构的强化。产权结构的强化突出表现为，第一，公有产权企业长期不进行利润分配或者只拿出很少的一部分利润进行分配，致使公有产权企业存在更为严重的投资冲动，本质上也是在扩张公有产权。政府投资一直是经济生活中投资的重头戏之一，这些投资大都转化为公有产权，银行、地产、矿藏、电力、石油化工等行业实际上都是在强化公有产权。第二，在企业兼并重组过程中，在某些资源类行业整合中，集中表现为公有产权的强势，经济资源向公有产权集中，在某些特殊领域，私有产权存在着生存上的严重困难。第三，政府的过度管制，使私有产权不能够平等获得社会资源，从相反的角度看就是公有产权的强化，例如，在金融服务业方面，即使在2009—2010年银行信贷处于高速增长的狂欢状态，民营企业融资难的问题依然故旧，民营中小企业融资难反过来则大大限制了民间投资的增长，实际上就等于限制了私有产权的扩张。“产权结构调整滞后”与强化公有产权并存，地方政府陷入产权结构调整的茫然之中，认识逻辑与现实逻辑不对称，调整产权结构与强化产权结构相冲突，在这场冲突中，天平向公有产权倾斜。

产权结构调整滞后与产权结构强化实际上是非常矛盾的。现实逻辑是产权结构的强化造成了产权结构调整滞后。地方政府认识到了产权结构调整滞后是个问题，显然这样的认识来自于对市场经济本身的理解。从产权理论看，似乎并没有产权性质的偏好，即没有私有产权与公有产权谁优谁劣的偏好。但是从假设条件和行文中的取向看，强调产权界定和产权调整的重要性，产权应当界定到自然人，因为产权界定越清楚越好，越具体越好。这是资源配置具有高效率的前提和消除经济外部性的根本。

二、地方政府微观经济环境的持续创造能力与中小企业集群竞争力

1. 中小企业集群形成的驱动力

地方政府创造经济发展原动力的能力是企业集群形成的根本外因。从调研和已有的研究成果看，我国各地区现有的企业集群都不是由地方政府创造出来的，而是资本自由流动，作为资本载体的企业自发交往生成的。在一些地区，地方政府积极操办经济开发区和工业园区或“工业走廊”，集中了若干企业，但是它们相互间没有往来，不能称之为企业集群。在市场经济条件下经济发展的原动力、企业集群形成的原动力都在于市场。市场经济一旦消除了所有不利于其发展的制度性障碍，就会自发的成长，并自动地成为制造大规模创新和经济增长的机器。改革开放以来，我国经济高速成长，取得了巨大的成就，其根本原因在于以市场为取向的改革，依靠市场激发经济活力，在这个过程中形成和正在形成着一大批有国际竞争力的企业集群。梳理有竞争力的企业集群的成长过程就不难发现共同的生成规律，就是地方政府都充当了关键的角色：积极转变职能，主动从微观经济领域退出，创造经济发展的大环境，发挥资本效能。而在一些个别地区（如温州）地理位置偏僻，交通条件不好，地方政府对中小企业不加以干预，自发生成市场环境，自发形成中小企业集群竞争力。正是因为市场环境好，内生资本稳得住，外面资本乐意来。一些地区市场基础环境不够理想，企业之间协作困难，生成企业集群几乎没有可能性。迫于发展经济的压力，地方政府下大力招商引资，试图以行政方式给资本实惠弥补市场环境的不足，但是也往往效果不够理想。西部大开发也好、振兴东北老工业基地也罢，还是促进中部崛起，在相同的区域经济政策大背景下，不同地区企业集群竞争力的差别实质上可以归结为市场环境、市场条件的差别。企业集群竞争力的差别只是结果，市场环境差别才是原因。所以，对于想发展区域经济，形成支撑区域经济发展的优势产业集群的地区来说，与其花费主要精力招商引资，不如从解决根本问题着手，把政府的主要精力放在改善市场环境上，铲除不利于资本逐利的体制和机制。国有企业越是集中、原来计划经济色彩越浓的地区就越需如此。地方政府打造微观机制的能力直接决定着本地区经济发展的快慢。地区经济竞争的核心是地方政府之间的竞争。资源、地理位置、贸易通道是客观存在的事实，不是能够由哪一级政府所能左右得了的，也不

是资本所能够左右得了的。地区之间的竞争其实是竞争一种资源，主要是竞争以人和资本为主体的流动资源，以使本地区的国民收入最大化，增加本地区财富总量。人和资本是否能够流进来、留得住，关键看这个地区的微观经济环境，尤其是各种制度环境。巢筑得好，鸟才可能来；鸟笼漂亮，才能与靓鸟相匹配。鸟巢与鸟笼的好坏完全取决于地方政府。这是对地方政府真正有考验性的课题。“资产阶级除非使生产工具，从而使生产关系，从而使全部社会关系不断地革命化，否则就不能生存下去。”马克思的这个论述从另一个角度看也可以理解为创新是资本主义经济的生命之源。对于中小企业集群而言，地方政府能够不断创造性地为其提供相应的环境以适应不断变化的经济状况，毋庸置疑会给中小企业集群起到持续的推动作用。

2. 中小企业集群生存的微观环境艰难

中小企业集群形成进而中小企业集群竞争力的体现以中小企业的生存和发展为前提。中小企业的生存和发展必然涉及微观经济环境。我们的一个基本看法是，中小企业的发展不用政府号召也不用政府督促，只要有合适的土壤和环境，就会是自然之事，依靠口号是不能发展经济的，至少不能使经济发展持续。局部地区的调研表明中小企业尤其是其中的小微企业处在艰难的生存环境之中，这集中表现为企业的政府负担上。

（1）税费负担重

中小企业尤其是其中的小企业普遍处在充分竞争领域中，企业利润薄，如果实实在在纳税和缴费，企业基本无钱可赚，因此，财务措施显得极为重要，很多时候通过购买正规发票冲抵相应的成本，这种情况在中型企业中也普遍存在。这个意义讲，经济生活中存在着虚假销售和虚假GDP，但是，这些数额有多大，从没有相应的数据，也难以做出估计，但的确是一种普遍的现象。中小企业对发票、车票、餐票、书票等规范票据普遍有需求，甚至在人员出入较为集中的火车站、汽车站形成了一定的链条，专门收集和提供票据，高等学校的学生也成为车票、机票的重要来源渠道。表10-1是一家小微企业提供的，虽然其真实性还无法验证，但是对其税费负担情况还是可见一斑的。

表 10-1 企业税费负担项目表

项目内容		2011 年税费额/元	计算方法
收入		616 337.3	—
增值税		61 633.73	销项税减进项税正差，税负 10%
企业所得税		265.61	利润总额的 25%
地税	城市维护建设税	4 314.361	增值税的 7%
	教育费附加	1 849.012	增值税的 3%
	地方教育费附加	1 232.675	增值税的 2%
	水利基金	616.35	收入的 0.1%
	印花税	207.61	采购金额的 50%×0.003%+收入金额的 70%×0.003%
	房产税	3 600	全年租金的 12%
	土地使用税	1 200	200 m^2×6 元/m^2
	生活垃圾处理费	96	4 个人×2 元/月×12 个月
	工会经费	1 152	工资总额的 2%
	残疾人保证金	1 943.82	4 个人×485.955 元/人
全年金穗维护费		407	—
全年中税维护费		900	—
税收合计		79 418.17	—
工商年检会费		300	注：工商所行为无正规发票
环保年检		1 000	—

资料来源：某一小微企业。

调研过程中，无法获得中小企业会计报表，无法精确计算中小企业税费负担或者估算中小企业税费负担，但是企业普遍的反应是税费负担重。政府为了扶持中小企业发展，取消了一些收费项目，往往是口惠实不至，中小企业并没有感到负担减轻。从表 10-1 看，这家企业的税费负担为销售收入的 13.096%，是企业税后利润的 101.35 倍，调研过程中小企业的负责人明确表示，“如果不在账目上想一些办法，企业能否赚钱都不好说”，“没有不在账目上做手脚的企业”。

（2）灰色负担成为企业的难言之隐

所谓灰色负担是执法人员和执法部门在执法过程中对制度的弹性把握可以带给企业的经济利益和由此企业直接增加的支出，中小企业的这种支出变成执法人员和执法部门的收入。灰色负担与税费负担存在着正向相关性，即中小企业通过承担灰色负担可以减少企业的税费负担，进而使中小企业整体税费负担相应下降，这对中小企业自身和执法人员和部门两利，但在一定程度上吞噬政府的税费收入。具体而言，灰色负担由这样几个方面构成：执法部门在某个或几个服务项目上对企业收费，收费之后不开发票。在拜访的企业中，几乎每个企业都提到过这种情况。对政府明令取消的收费项目，政府执行部门则会通过增加相应的程序，例如申请和审批程序，需要得到执法部门的相关人员签字方能免费，企业对此要付出时间和精力；直接付给工商、税务、环保、卫生、检疫等执法部门个人的好处费，求得执法过程中的给予照顾，这些部门中的执法人员与企业税费征缴关系越是密切的人可能从企业得到的好处就会越多。个别企业反映，相关的执法人员父母过寿、儿女结婚、升学等事项必然要知会自己所管辖的企业，这其中的猫腻是不言而喻的，企业对此敢怒不敢言。

一个企业负责人的话给作者的震撼使作者无法不把这句话在报告中再现出来，企业检举执法部门或者执法本人的违法行为的最终结果是“一次赢，次次输”，而对对方而言则是“一次输，次次赢”。从经济的角度看没有哪个企业愿意做这种赔本的买卖。灰色负担成为企业挥之不去的痛，这种隐形的中小企业集群生存环境是经济发展的毒瘤，中小企业是在这样的毒瘤中生存的，这才是中小企业生存的最为真实的环境。这种生产环境换不来中小企业集群的形成，更无法形成集群竞争力。

三、地方政府地区经济发展战略的持续推进能力与中小企业集群竞争力

地区经济发展战略的持续推进能力是形成企业集群竞争力的重要手段。从经济发展战略的二重性看，它作为指导地区经济发展的有意识的安排既是自然的、物质的，也是社会的、人文的。经济发展战略的选择是直接由物质生产力现有的质量、水平、结构决定的，因而有不可随意选择的客观性，不能脱离现有的各方面的经济条件。从这个意义上说一个地区经济发展战略应当是既定的、是自然而言的。它不是想当然的，更不能朝定夕改。但是经济发展战略作为主观安排，作为主观能动性的体现又为政府的创造性和主观能动性的发挥提供了相当大的空间。政府作为实施经济发展战略的主体必然用经济体制、经济秩序、结构变迁、制度调整实现经济发展战略。理解经济发展战略的二重性很重要。对于前者来说，任何经济发展战略的实施都必须按自然规律行事；对于后者而言，需要客观地发挥主观能动性。某些地区产业集群竞争力形成难，其原因不在于自然条件或地理

位置，而在于地区经济发展战略推进过程中没有处理好以上两者的关系，把经济发展战略看做是单纯的主观设计，随意而为。地方经济发展战略随地方主要负责人的变更而改变，使经济发展战略具有鲜明的政治周期性，经济发展的连续性、产业成长的连续性稳定性受到重要影响。

按照区域经济组织要素理论，区域经济发展、企业集群的形成必须具备自然的、社会的和经济的等多元化发展要素。从发展的观点看，包括自然条件和历史基础在内的自然性要素虽然对区域经济发展有重要影响，在一定时期甚至是首要的影响，但不能长期起决定性作用。自生性要素对企业集群发展的作用随地区生产力水平的提高而削弱，即生产力越是进步，自然资源和历史基础对区域经济和企业集群的限制作用就越会淡化。建立在现有资源开采和加工基础上的原发性企业集群和以外向型加工为主的嵌入型企业集群的区别随着生产力水平的提高已经没有太多的意义，对于地方政府来说重要的是这些企业集群花落谁家，产业之花在哪里开得更艳丽。经济发展战略与企业集群的形成息息相关。从经济发展战略的社会性和人文性看，经济发展战略的连续性能够给企业集群的形成提供人文制度持续支持，加快企业集群的形成，促进其结构优化升级；战略布局中的地区基础性设施的提供会为企业集群竞争力的形成提供支撑。在各种自然资源禀赋充裕的黑龙江省，除了传统的优势产业外，并没有新兴的有竞争力的中小企业集群的出现，这不能不说同其经济发展战略嬗变密切相关。从“开辟第二战场”到“农业强省”，再到“建设哈大齐工业走廊”，看不到战略之间的连续性和关联性，这样的经济发展战略几乎不能给企业集群的生成提供有益支撑。

发展原发型企业也好，推进嵌入型企业发展也罢，还是两者并进来推动区域经济发展，都需要地方政府发挥主观能动性，审时度势，密切关注企业集群发展方向和重点，并给予持续推动。一些由地方政府操办的专业性较强的经济园区的成功是客观地发挥主观能动性的结果，由此而形成的企业集群竞争力费时短、生长速度快。

四、地方政府持续进行国有企业改革能力与中小企业集群竞争力

1. 国企改革释放中小企业集群形成的要素

当前经济发展的焦点问题仍然是工业化问题。现阶段国家经济的现代化就是

国家经济的工业化和信息化，而没有工业化的支撑信息化就是无源之水。国家老工业基地的突出特点是国有企业众多，国有经济占国民经济比重大。这个事实决定了振兴老工业基地的重点戏就是国有企业改革。通过改革，实现产权流动、重组，调整所有制结构，转换企业经营机制。国企改革要实现的目标就是机制创新，提升企业的竞争力。振兴东北老工业基地政策出台之初，中央政府就一再强调：企业必须先改制，然后中央政府给予资金支持。如果不能从企业内部解决自身的造血机能，输血再多也终归解决不了本质问题。众多国企改革重担必然主要落在地方政府身上。国企改制的快慢和成功与否决定区域组织要素整合效能和企业组织结构升级、决定区域经济发展快慢，进而影响到企业集群的形成和发展。

从国内现有的企业集群看，它们主要集中在制造业，对制造业中的技术、管理人才，对设备、工艺，对生产经营流程的制度设计、财务管理，对熟练员工的需求相当迫切。国有企业恰恰存在这些方面的大量积累，国有企业改革能够促进这些要素正常流动，充分释放要素潜能，使其得到合理配置。单纯从技术角度看，改革也好，形成企业集群也好，就是更合理地配置资源，提高效率和效益。由于国有企业产权的属性和历史累积的问题，国有企业改革需要政府参与其中，尤其是地方政府必然给国企改革提供指导甚至直接操作国有企业改革。这考验地方政府进行国有企业改革的实践操作能力。

2．运动式的改革不利于企业集群的形成

国有企业改制的方向是建立现代产权制度，形成企业法人财产权。中共十六届三中全会提出，股份制是公有制经济的主要实现形式。这为国企改革指明了方向。但显然，国有企业由于历史的原因，情况相当复杂，改制难度大，需要方方面面共同努力做细致的工作。但是作为改革指导者和协调者的地方政府往往更热衷于容易操作的招商引资，对国企改革采取简单化的冷处理办法，使企业随波逐流，使一些存量要素无所适从，处于呆滞状态。国有企业转制的目的是为了更有效地盘活存量资产，增强企业的竞争力，为社会和劳动者创造更多的效益。只要能够实现这一目的，任何形式的改革都应当是可取的，也都能为企业劳动者所接受。因此，在政府推动下的国有企业改革就不应当采取千篇一律的手段，强迫企业引进战略投资者，或强迫企业卖掉。战略投资者来了、国企卖掉了，政府就解脱了。这是一种非常天真的想法。曾经有中国饮料第一品牌之称的健力宝悲喜轮回是能够给人深刻启示的。招商引资在一些地区引进的是依附于政府的寻租企业，与市场公平竞争背道而驰。实际上一些企业效益不好的症结并非是产权问题，而是经营机制问题、是经营者的水平问题。先解决这方面的问题是有助于产权制度改革的。地方政府只有对国企存在的问题进行客观地评价，才能拿出可行的有针对性的对策。用刮风式的搞政治运动的手法对待国企改革会把事情搞糟的。此种改制思路不是为了搞好国有企业，而仅仅单纯是为了改制而改制。整个区域性的微观机制仍然是残缺的，直接影响企业集群的形成和区域经济的振兴。

观察发现，在中小企业集群初步形成趋势的地区，相对于货币资本而言，技术、管理人才的缺乏、熟练员工供给不足是企业面临更迫切的问题。因此在相当大程度上制约了企业的成长。一方面是新兴企业群对技术、管理及人力资本等生产经营要素有大量的需求；另一方面是一些国有企业囤有这些要素闲置不用，结构矛盾较为突出。如果国企改革更快更成功一些，把国有企业生产要素的潜能有效地释放出来，一些地区中小企业集群的形成和发展会更快速一些，对区域经济发展的贡献会更多一些。

中小企业集群竞争力的形成是经济、人文、社会、政治、地理及历史等复杂因素综合作用的结果，是企业之间及企业内部竞争与协作的结果，是企业自身发挥主观能动性与企业外部环境结合的结果。单纯考察其中的任何一个方面都显得有失偏颇。但是从方法论角度看，中小企业集群竞争力的形成既是物质的、自然的，也是社会的、人文的。前者强调企业集群竞争力形成的自然性历史性，立足于现存的各种物质条件；后者强调企业集群竞争力形成的人文性，在一定的客观物质条件下，发挥主观能动性，在制度设计、价值取向、秩序保障、法治环境等方面对物质条件发挥反作用。中小企业集群竞争力的形成是事物这种二重性的结果。一些自然条件、历史基础好的地区偏偏没有形成中小企业集群竞争力，而自然和历史条件比较一般的地区却看似自然地形成了企业集群竞争力，其原因可以从事物的二重性中得到解释。自然物质条件变数小，历史继承和延续性是可以用自然科学的精确性衡量的；社会人文条件变数大，产权的界定、保护和流动，政策导向，文化氛围等等往往存在不确定性。后者与政府行为息息相关。因此本书以地方政府基础能力作为考察方向。实际上前面阐述的三个方面是政府基本职能的组成部分，之所以把它称为政府能力是因为就同样的职能而言不同的地方政府行使职能的效率和效果不同，表现在中小企业集群竞争力上、表现在区域经济发展上地区之间差别较大。中小企业集群竞争力的形成及集群竞争力的持续既是企业协同竞争的结果也同地方政府能力密切相关。它既是自然必然性又是主观能动性的产物。

第十一章 中小企业国际化的成长环境

当今世界经济已经逐步走向全球化，企业的国际化成长是经济全球化的需要，经济生活从社会化到国际化，是科学技术进步推动社会生产力发展的必然结果。努力寻求企业国际化成长的规律，塑造具有国际竞争能力的跨国企业是一国经济真正融入全球经济的开始。我国经济国际化的步伐也在加快，企业间的竞争不仅突破了行业、地区的限制，而且淡化了企业竞争对手的国籍概念。自 20 世纪 90 年代以后，世界兴起了第五次兼并浪潮，由此造就了一大批规模空前巨大、资金无比雄厚、市场覆盖全球的经济巨人，使得竞争日益激烈化，这种趋势客观上削弱了我国中小企业集群生存与发展中存在的某些优势，给其带来难以想象的压力。而且我国加入 WTO 后，更多的国外企业进入了国内市场，国内市场不断国际化，中小企业集群必将面临更为激烈的国际竞争。在这种情况下，中小企业集群必须积极采取防御策略，以攻为守，建立全球化的战略，寻求广泛的国际化发展空间。但由于我国中小企业集群特有的规模小，财力、物力有限，人力资本弱等特性，在总体能力的国际对比上并不占有突出的优势，甚至处于劣势地位，因此研究我国中小企业集群的国际化成长途径就具有重要的现实意义。

中小企业集群国际化成长的过程就是规模逐渐扩张与核心能力演化适应国际环境之间的互动过程，而核心能力的培养提高关键要靠组织学习。组织学习包括知识的获取、处理、存储与应用。其中，知识的获取可以通过内部开发、外辅内部开发、市场购买，企业集群并购和企业集群合作。这一点与传统上对企业集群成长方式的划分方法大致也是吻合的。

一、中小企业集群国际化成长的方式

基于核心能力的理论，中小企业集群国际化成长的本质不仅仅是规模的扩张，更重要的是核心能力的不断积累演化及其对目标环境的有效适应。有鉴于此，将中小企业集群国际化成长方式分为三类：内部化成长、外部资源内部化成长及外部化成长。

1. 内部化成长方式

内部化成长始于进化论的思想，通过内部资源的不断积累，运用企业集群的“一般性扩张”策略，实现企业集群的自发性成长。只要各种核心能力的每一项特性都达到了令人满意的水平，则采用内部成长不失为一个好的成长策略。

内部化成长是指企业集群的成长是以一步一步演进的方式，随着外在环境的变迁与内部核心能力的自我积累、演变和转化，而逐渐茁壮与扩张。在内部化成长模式中，没有借助外部力量，而是企业集群的自发性成长，因此，内部化成长方式下的成长主体范围基本上是在公司的物理边界之内，如图 11-1 所示。

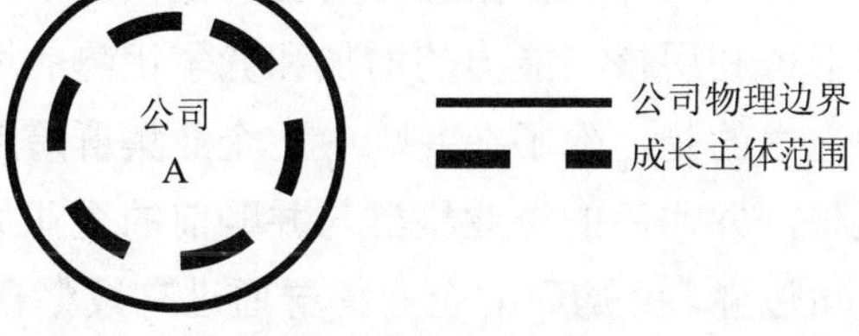

图 11-1　内部化成长方式下的成长主体范围

当成长主体范围将逐渐扩张时，企业集群边界并不一定随之扩张，甚至不发生改变。采用内部化的成长方式，成长主体范围始终无法突破公司边界。选择内部成长战略进行国际化成长，中小企业集群一般可以采用两种方式：在海外成立新公司；设立海外分支机构。

2. 外部资源内部化成长方式

外部资源内部化实际上是企业集群现有核心能力整合外部资源和能力，以实现核心能力快速积累的一种方式。跨国并购是国际化环境中实现企业集群快速成长的一种方式，通过跨国并购，成长主体企业集群利用自身的优势能力，吸纳和整合被收购企业集群的核心能力或非核心能力，以快速地实现自身核心能力的积累，增强企业集群的成长动力，促使企业集群对国际环境的有效适应。在跨国并购中，成长主体吸纳和整合了外部资源和能力，成长主体范围得到了扩张，同时，并购后企业集群的边界也扩大了。图 11-2 表示了外部资源内部化成长方式中成长主体范围变化与公司边界变化的关系。

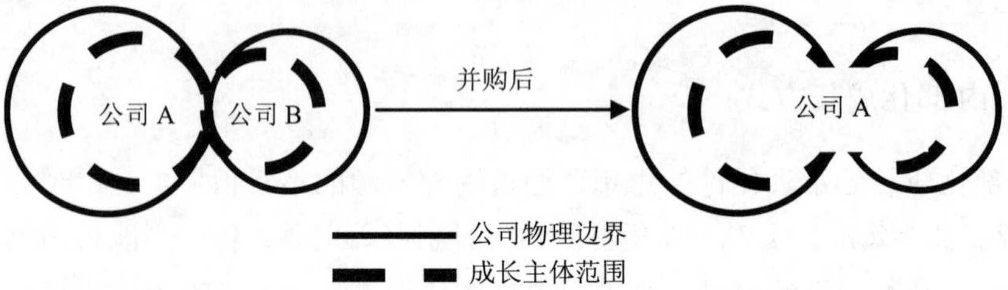

图 11-2 跨国并购引起的成长主体范围的变化

如图 11-2 所示，在并购过程中，并购方利用自身的核心能力，从公司边界之外的另一家公司吸收新的能力，并购后，新企业集群的公司边界和成长主体范围都发生了显著的扩张，公司边界的扩张意味着公司规模的扩大，而成长主体范围的扩张意味着企业集群可利用核心能力的增加和竞争优势的增强，体现着公司更强的成长潜力。值得注意的是，除了在并购中，企业集群跨越公司原来的边界吸收和整合新的能力之外，并购后的企业集群与并购前的企业集群一样，其成长主体范围均不能突破公司边界。并购后的企业集群通过有效整合，发挥协同的作用，可以产生“1+1＞2”的效应，实现核心能力的有效积累。

中小企业集群由于人力、财力、物力有限，不可能在较短时间弥补自身核心能力的不足。跨国并购成为中小企业集群进入东道国市场的一条捷径，若成功地并购一家海外中小企业集群，就等于拿到这家企业集群的销售网络、相关技术和客户，同时也就获得了东道国的一些相对廉价的资源。此外，东道国那些未被开拓的市场和东道国周边市场，也会因为企业集群生产规模的扩大和销售网络的扩张而很快得到开发。因此，为实现快速成长、有效地进入市场及迅速获取技术，在自身条件和环境允许的情况下，中小企业集群可以采用跨国并购的手段，积极应付全球竞争的挑战。

（1）中小企业集群跨国并购中的核心能力作用机制

在跨国投资实践中，跨国并购根据不同的标准有不同的分类：第一，从并购的目的角度而言，可以分为获得跨国经营和方便融资两个效应的“买壳上市”和为购买实际生产经营实体进行跨国生产经营的一般性并购；第二，从并购所采取的购买方式而言，可以分为直接以现金收购股权的现金收购和通过增发新股票换得股权的股票收购两种类型；第三，跨国并购还可分为直接并购和间接并购两种。

直接并购是指一国的跨国公司的母公司直接取得另一国企业集群的控股权；间接并购是指一国的跨国公司，通过其海外子公司取得另一国企业控股权[18]。

用基于核心能力的观点解释，中小企业集群跨国并购就是一国中小企业集群利用自身的核心能力优势去吸纳和整合东道国现有企业的核心能力或非核心能力，实现中小企业集群核心能力的最大化积累和对东道国环境的最佳适应，进而实现中小企业集群的国际化成长。第一，跨国并购的动机是为了在国际环境内实现核心能力的最大化积累和对国际环境的最佳适应。并购方通过自身的核心能力吸纳和整合另一家企业的能力来实现自身核心能力的积累，并避免因自行培育新的核心能力所耗费的大笔成本，有利于核心能力的快速积累和企业集群的成长。第二，跨国并购同样涉及核心能力之间的吸纳和整合问题。由于并购方和被并购方分处不同的国际环境，两者在能力上的差异十分突出，因此，并购方核心能力是否具有足够的相容性等问题将影响着跨国并购的成败。第三，与内部化成长方式相比，跨国并购对成长主体企业集群的核心能力的可移植性和可支撑性要求较低，而对相容性要求较高。也正是由于成长主体企业集群核心能力的可移植性和可支撑性较低，不足以支撑在海外国家的内部化成长模式，而采用跨国并购的方式可以弥补这些方面的不足，通过吸收外部的能力来增强核心能力对当地环境的适应性，支撑其企业集群在海外市场的成长。第四，一般来说，成功的跨国并购与循序渐进的内部化成长方式相比，哪一种更为有效，取决于并购成本及并购后对被并购企业集群能力的整合成本之和与企业集群自行培育相应的能力所耗费的成本之间的对比关系。一般来说，并购成本与整合成本之和要低于能力的培育成本，因此，通常成功的跨国并购将比内部化成长更为有效。

（2）中小企业集群跨国并购的动机

中小企业集群实施跨国并购的动因是多元化的，可能一次并购的动因不止一个，但利益驱动是最基本的，如追求自身成长的最大化。从总体上，把跨国并购分为两大类：一是战略性并购；二是投机性并购。所谓战略性并购，即以跨国公司为主的工商业资本投资；所谓投机性并购即以国际金融资本为主的资本投资。当然，这两大类动因并非截然分开的，相当多的企业集群并购实际上是两者相结合的结果。在探讨中小企业集群以跨国并购为成长途径时，主要以战略性动因为导向。这种动因不仅仅是为了获取短期的利润，而是跨国公司长期发展的需要，是为了赢得长期的竞争优势。

从战略的角度讲，中小企业集群并购是为了快速积累企业集群的核心能力，适应外部环境的变化。跨国并购作为一种核心能力聚集手段，是为实现核心能力的最大化积累和对环境的最佳适应服务的。在现实经济活动中，中小企业集群进行跨国并购的动因会表现为各种不同的具体形态，归纳起来，中小企业集群跨国并购的动机主要有以下几种：第一，增强企业集群的市场开发能力，扩大市场份额。在当今的世界商品市场上，各国之间的竞争异常激烈，为了保护本国经济利益，大家纷纷高筑贸易壁垒，采取种种保护主义的措施限制别国商品的进入。跨国公司为了躲过贸易壁垒，往往会选择对外直接投资的手段，其中跨国并购就是一种效率较高的方法。通过跨国并购，中小企业集群可以利用被并购企业集群的现有能力，迅速打入别国市场，节省时间，较快地在别国站稳脚跟。这种办法可充分利用被并购企业集群原有的销售渠道和客户资源，使跨国公司迅速在当地市场上占据一席之地，将其产品引入当地市场。事实上，很多中小企业集群正是由于以贸易方式在别国市场开展经济活动的努力受挫后才采取并购的手段的。第二，积聚战略性核心能力，赢得战略优势。跨国并购作为一种手段，可以积累核心能力，为实现中小企业集群的战略目标服务。积聚战略性核心能力，从财务角度看，往往在短期内使中小企业集群的整体盈利水平下降，但企业集群这样做正是在预测未来环境变化方向的前提下，为赢得在未来竞争中的战略优势地位和长远利益所做出的努力，是为了实现对环境的未来的或长期的适应。第三，实现核心能力的互补性培育，追求协同效应。并购发生后，两个中小企业集群受益于规模经济，通过协调、组织、减少重复的固定成本，节约人财物的耗费而使企业集群的实际价值得以增加。中小企业集群并购还有利于从市场营销、管理、科技开发等环节促进企业集群的规模经济目标，使原来分散的市场营销网络、科技人员可以在更大范围内实现优化组合。成功的跨国并购往往会产生“1+1＞2”的效应，并购后企业集群的效益要大于原来两个企业集群效益之和，其原因在于并购后的企业集群通过有效整合，从被并购企业集群吸取有效的能力成分，纳入本企业集群的核心能力体系，使并购后企业集群的核心能力发生量的有效积累或范围的扩大，甚至实现质的提升。这样，两个企业集群的资源并没发生什么变化，但通过重新组合和调配，对资源的利用能力增强了，因此，协同效应的出现必然提高并购后企业集群的业绩。由于当今世界经济的联系日益密切，国际分工大大加强，生产专业化和协作关系不断深化，各国中小企业集群都有自己的生产特点和经营特色；而跨国并购就是充分利用各个国家和地区最大优势，实现企业集群最佳组合，是各国中小企业集群间专业化与协作更加有效的重要手段。第四，调整核心能力构成，降低经营风险。通过并购其他行业中的企业集群，实现多角化经营，减少中小企业集群对现有业务范围的依赖，可以降低经营的风险成本。若将生产活动与不相关（或以至于负相关）的收益联系起来，就会减少该公司利润率的波动。萨缪尔森和史密斯1968年曾用纪实材料很好地证明了企业集群规模愈大，经营愈多样化，其生产率波动就愈小，从而能够减少目标企业集群的资本成本，提高回报，降低风险。跨国公司往往在不同国家不同行业的企业集群间进行并购，究其深层次原因，一方面企业集群可以通过跨国并购调整企业集群的核心能力构成，逐步摆脱一些过时的，或在未来有可能被淘汰的核心能力及体现这些核心能力的经营部门，将资产向新兴的、具有高营利性的核心能力部门转移，另一方面企业集群可以通过经营部门的多样化来分散经营风险。这样，跨国并购又成为跨国公司核心能力构成调整的工具，从这个意义上讲，跨国并购是公司的战略举措。第五，争夺新技术，实现技术核心能力的快速积累。科技的发展在经济中的作用越来越大，世界经济竞争归根到底是技术竞争，企业集群在成本质量上的竞争往往转化为技术上的竞争。一般来说，在各种核心能力中，技术核心能力的相容性最好，因此，跨国并购也就成为了国际竞争中争夺新技术的重要手段。20世纪80年代，大量的跨国并购都发生在高新技术领域和具有先进技术的部门，这绝不是偶然的。这反映了各国通过跨国并购获取最先进的技术的斗争。由于新技术一般不会轻易转让，跨国企业集群于是通过并购获得对方企业集群的整个所有权，从而将新技术据为己有。争夺新技术，是80年代企业集群跨国并购的重要原因。第六，积累管理核心能力，提高企业集群的经营效能。中小企业集群跨国并购可借鉴被并购企业集群及其所在国的先进管理制度和管理方法。从大量企业集群跨国并购案例分析，可以看出，被并购企业集群不一定都是经营管理不善的企业集群。许多经营效益好，管理水平高的企业集群也纷纷被并购。究其原因，除了并购主体出于市场、资源和获取高新技术的考虑外，还欲利用被并购企业集群的先进的管理制度，借此来提高企业集群整体的管理水平，积累管理核心能力，为适应新的环境变化和未来剧烈的市场竞争而奠定基础。通过跨国并购，特别是并购发达国家的企业集群，不仅可直接利用被并购企业集群的先进管理制度、方法从事该企业集群的经营，而且可将其先进管理制度、方法引入国内，提高并购主体企业集群自身的管理水平。通过中小企业集群跨国并购而获取被并购企业集群最先进的管理制度和管理方法，可避免利用外资所带来的国外管理制度、管理方法，因其传导上的周折而引起的变异，从而能最直接地掌握和运用这些先进的管理制度和管理方法。同时也可避免为创立一种先进的管理制度而耗费大量的探索时间。第七，吸收优势的文化观念，增强文化核心能力的适应能力。在并购中，并购方通过对被并购方之间文化的互动交流，可以从中吸收被并购方文化中的优秀成分，纳入自身的文化体系，增强对环境的适应能力。

总而言之，通过并购，中小企业集群可以快速获取被并购企业集群的能力，在经济规模、技术水平、整体实力等方面都有较大的提高，实现自身能力的迅速积累，推动中小企业集群的快速增长。而且，并购一个企业集群而获得增长的可能要比在新的领域内开拓而获得的发展花更低的成本和更少的时间，这是中小企业集群通过并购来谋求增长更深层的动因。

3. 外部化成长方式

企业集群的外部化成长就是指围绕企业集群核心能力，通过一种交易或准交易的形式借助外部资源来支持企业集群的生存和发展，从而实现企业集群的成长。采用外部化成长，主要是为了弥补企业集群某些方面核心能力的不足，使企业集群更好地适应外部化成长机会，追求核心能力的最大化积累和最佳的适应状态。采用外部化成长，对某些方面核心能力的要求特别高，特别是技术核心能力相容性、管理核心能力的可支撑性和相容性等。随着企业集群核心能力的不断增强，企业集群外部化成长正逐步从一种经营措施发展成一种战略，成为企业集群谋求快速成长的一种方式。事实上，许多企业集群已通过许可证经营、供应伙伴关系、分销协议和其他形式的联盟方式，成功地利用了第三方的核心能力，借此培育企业集群新的核心能力资产，以维持在现有经营领域的竞争优势或以多样化进入新的业务领域。

外部化成长方式之一是跨国联盟，跨国联盟是两个或两个以上的分处不同国界的企业集群通过核心能力之间的联合，相互利用对方的优势能力，借此扩大自身可利用能力的范围和强度，实现对环境的有效适应，进而推动企业集群在国际范围内的快速成长。

在这种成长方式中，成长主体跨越了公司边界，获得了对非自身核心能力的使用权，实现了自身核心能力的一种“虚拟积累”，成长主体范围也相应扩大了。值得注意的是，这种方式与内部化成长和外部资源内部化都不同，成长主体范围的扩大主要是来源于外部资源，而且对扩大部分的能力仅仅是一种使用权，而没有所有权。图 11-3 反映了跨国联盟中成长主体范围的变化过程。

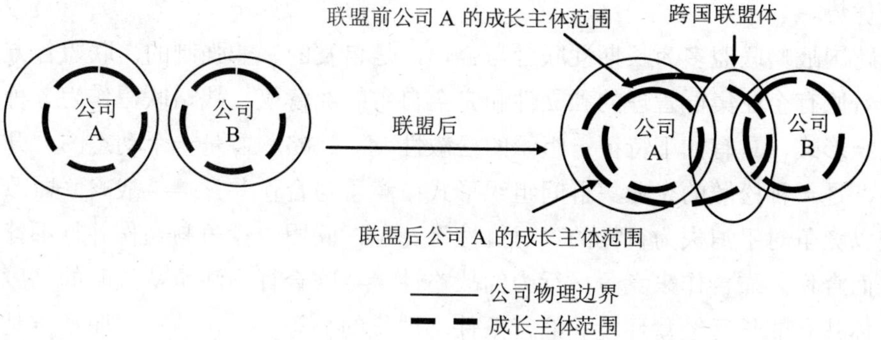

图 11-3　跨国联盟引起的成长主体范围的变化

从图 11-3 中可以看出，公司 A 与公司 B 通过联盟，形成一个共享的联盟体。这个联盟体可能是实实在在的实体，如合资企业集群，也可能是临时性的虚体，如项目合作协议等，无论怎样，联盟部分的成长资源和能力由双方共同提供，有效联盟体的所有资源和能力为双方共享。通过这种方式，公司 A 获得了对公司 B 的某些核心能力的使用权，借此扩大了自身可利用能力的范围。此外，由于联盟体为双方共享，并不属任何一方独享。因此，也不能完全归属于任何一方的边界之内，所以通过跨国联盟引起的成长主体范围的扩张已经超过了公司物理边界的范围。与跨国并购一样，跨国联盟能够带来成长主体范围的迅速扩张，不同的是跨国联盟带来的扩张部分的能力仅仅是核心能力的使用权，不包括所有权。事实上，虽然跨国联盟最初带来的是核心能力使用权的让渡，但通过联盟过程中的学习，联盟各方可以巧妙地吸收对方。

由于中小企业集群在跨国经营中经常遇到资金不足、设备不全、原料短缺和技术力量单薄的困难，为提高生存能力，增强产品在国际市场上的竞争力，中小企业集群可从实际出发，在国际上寻求联盟伙伴，使企业集群内部核心能力的构成和方向快速与外部环境保持动态平衡。

（1）中小企业集群的跨国联盟的特点

中小企业集群的跨国联盟，是由独立的不同国家的中小企业集群，为了抓住和利用迅速变化的市场机遇，通过信息交互方式，将先进制造技术和供需各方联合起来，进行过程重组、产品开发、生产制造、利益分配的一种新型生产制造组织系统。对于每个成员企业集群来讲，实质上就是一种借势的策略，以各种方式借助外力，对企业集群外部的资源优势进行整合，实现聚变，创造出超常的核心竞争优势。

跨国战略联盟多为长期性联合与合作，是自发的、非强制的，联盟各方仍旧保持着原有企业集群管理的独立性和完全自主的经营权。战略联盟作为一种全新的组织形式，具有如下特征：组织的松散性——战略联盟是一个动态的、开放的体系，是一种松散的企业集群间组织形式；竞争与合作共存——战略联盟改变了传统以竞争对手消失为目标的“对抗性”竞争，联盟中竞争与合作并行不悖，为竞争而合作，靠合作来竞争；行为的战略性——联合行为注重从战略的高度改善联合体共有的长远经营环境和经营条件；地位的平等性——战略联盟各方是在资源共享、优势相长、相互信任、相互独立的基础上通过事先达成的条款或协议而结成的平等关系：联合的协同性——战略联盟可将各相关企业集群独特的优势结合起来，建立一个“全优”的机构，其中每项工作、每个环节都可能是一流的，这是任何单个企业集群所望尘莫及的；范围的广泛性——战略联盟可以产生于企业集群价值链的各个环节，涉及众多行业，范围相当广泛。

（2）中小企业集群跨国战略联盟中核心能力的作用机制

从核心能力的角度对中小企业集群跨国战略联盟作出如下解释：两个或两个以上的中小企业集群通过核心能力之间的联合，相互利用对方的优势能力，借此扩大自身可利用的能力范围和强度，实现对环境的有效适应，进而实现中小企业集群在国际范围内的成长。

这个解释蕴含着如下几层含义：第一，跨国战略联盟是核心能力之间的联合，联盟企业集群之间并不存在核心能力的直接转移，但企业集群可以在联盟过程中通过学习，不断吸取合作伙伴的能力，来充实自身的能力，实现自身核心能力的积累；第二，联盟各方通过核心能力之间的联合，来弥补自身在某些能力方面的不足，提高自身能力的可支撑性，以有效地适应国际环境的变化，增强企业集群的竞争优势；第三，采用战略联盟的形式，尽管不存在核心能力的转移，但在联盟协议的指导和约束下，一方可以利用另一方的优势能力，使其为自身的经营和成长服务。在联盟期，可以认为联盟的任一方都享有整个有效联盟体的核心能力；第四，战略联盟的各方一般是力量均等的实体，每一方均拥有其他方所不具备的优势能力，各个企业集群所具有的绝对优势能力为战略联盟的形成奠定了基础；第五，战略联盟各方之间事实上是一种核心能力使用权的相互让渡关系，一个企业集群以出让自身核心能力使用权来获得对其他企业集群核心能力的使用权，通过这种彼此让渡，联盟各方可利用能力的范围都得到了扩大；第六，战略联盟方式所实现的各方可利用能力范围扩大，可以看做是各个企业集群核心能力的一种“虚拟积累”；第七，战略联盟对核心能力的相容性的要求比并购及内部化成长都要高，而且核心能力之间的互补性也较强。只有具有较高的相容性，一个企业集群的核心能力才能够与另一个企业集群的核心能力实现有效协同；也只有具有较强的互补性，核心能力之间的联盟才能带来效益。而对于核心能力的可移植性和可支撑性较差的企业集群，采用战略联盟的成长方式不失为一条捷径；第八，形成战略联盟的企业集群之间不仅存在着合作共生关系，也存在着潜在的竞争关系。因此，在核心能力使用权的让渡上，以保持一个度，或者设置一道屏障，避免核心能力的丧失，培养潜在的竞争对手。

（3）中小企业集群跨国战略联盟的动机分析

相对于依靠所有权关系的扩张（并购或者创建）以加强对价值链中的所有环节进行控制的内部化过程而言，战略联盟是针对选定的项目，按照优势相长的原则，共享各自价值链上的战略环节，以集中优势的经营资源和能力，加强彼此的薄弱环节。从本质上来看，战略联盟不是单个企业集群的内部化，但的确实实在在地扩大了单个企业集群的边界，因而可以将其视为两个或两个以上企业集群内部化的“共生”形式。然而，企业集群之间为何要采用战略联盟的方式，而不去致力于企业集群内部化的发展或纯粹利用市场呢？这一点恰恰就是我们所要研究的跨国联盟的动机问题。

前面已经从核心能力的角度对跨国战略联盟作出了新的解释，即两个或两个以上的企业集群通过核心能力之间的联合，相互利用对方的优势能力，借此扩大自身可利用的能力范围和强度，实现对环境的有效适应，进而实现企业集群在国际范围内的成长。

从这个阐释中，可以对跨国联盟的动机做如下几方面的解释：第一，获取互补性核心能力的使用权，提高企业集群自身的竞争能力。在技术日益分散化的今天，已经没有哪个企业集群能长期进行技术或其他方面垄断，企业集群单纯依靠自己的能力已经无法掌握竞争的主动权。为此，大多数企业集群的对策都是尽量采用外部技术资源并积极创造条件以实现内外资源的优势相长。于是跨国联盟应运而生，企业集群可以借助联盟内其他企业集群的技术和管理等方面的优势核心能力，通过与其他企业集群科研人员的合作，相互传递技术，加快研究与开发的进程。实践证明，联盟可以实现优势要素的互补，增强企业集群的竞争实力。大多数成功的战略联盟都是这种为了实现双方优势能力的互补而签订平等互利的协议。第二，通过技术核心能力的联合，分担技术开发风险并获得规模和范围经济。激烈变动的外部环境要求企业集群增强自身的研究开发能力，不断缩短开发时间，降低研究开发成本，分散研究开发风险。随着科学技术向着投资高、规模大的方向发展，技术本身的日益复杂化，企业集群资金的需要量成倍增加。这些都使得新产品、新技术的研究开发具有很高的风险。在这种情况下，企业集群自然要从技术自给转向技术合作和技术相互依赖，借助联盟方的资金、技术及其他优势能力，扩大信息传递渠道的密度与速度以避免单个企业集群在研究开发中的盲目性或因孤军作战，避免全社会范围的重复劳动和资源浪费，降低风险。联盟使得跨国公司在获得资金保证的同时，将互为敌手的竞争者转化为共担风险、合资开发的合作者。第三，共享各方的市场能力，防止过度竞争。目前，发达国家之间在高新科技产品等领域里贸易摩擦日益激化，特别是20世纪70年代末以来，随着日本高科技产品大量涌入发达国家市场，引起了激烈的贸易摩擦，在质量、技术和价格上居于优势的日本产品构成对发达国家国内产业的威胁，于是美欧各国纷纷采取措施限制日本产品进口；另一方面，随着区域集团化趋势的发展，对集团外国家商品的进入限制更加严格。面对日趋严峻的贸易形势，跨国公司被迫纷纷调整战略，变出口竞争为战略联盟，从而大举进入他国进行当地生产，以确保并努力扩大其在发达国家既有的市场份额。第四，通过联盟获得先进的技术和管理经验。采用某些形式的跨国联盟形式，可以获得保密性较强的技术和管理经验。此种联盟方式的实质是获得联盟的优势技术能力和管理能力。20世纪90年代以来，此种联盟所占比例有上升趋势，其主要形式更多地采取非股权参与。所谓非股权参与下的战略联盟是一种非股权投资的国际经营方式，它包括专利技术转让、生产许可协议、共同研究开发、共同生产、委托加工、市场销售合同、国际承包等形式。随着80年代以来跨国公司全球战略的发展，越来越多的跨国公司采取非股权参与的战略联盟形式参与国际经营。第五，通过联盟，实现与战略合作伙伴的优势互补。企业集群可以从合作伙伴身上吸收自身非优势的能力，转而将自己的主要精力放在自己优势核心能力的开发和进一步培养上。在跨国战略联盟中，两个或两个以上的企业集群根据自身的能力优势进行专业化分工，各自从事优势项目的经营，彼此保持长期密切合作的关系。通过这种战略的联盟形式，联盟整体的效益将达到最大化，各方也均能够实现效益的增加，因此，这是一种根本性、全面性的合作。

跨国联盟对于中小企业集群来说具有特殊的意义，每个中小企业集群都拥有一定的资源，但不可能拥有它所需的所有资源，每个中小企业集群都具有自己的技术优势、管理优势，但未必在国际市场上具有经营优势。通过跨国联盟，可使联盟伙伴优势互补，增强自身核心竞争能力。

二、中小企业集群国际化成长方式的比较与选择

中小企业集群国际化成长的一个出发点就是中小企业集群核心能力与外部环境之间的互动适应性。前面已就中小企业集群不同的成长途径中的核心能力作用机制进行了阐述。在不同的成长方式下，核心能力作用机制既存在相同点，又存在着较大差异性。

1．各种成长途径之间核心能力作用机制的异同点

中小企业集群三种国际化成长方式：内部化成长方式、外部资源内部化、外部化成长方式在核心能力作用机制方面具有以下不同。

（1）各种成长途径之间核心能力积累的方式不同

可以说，采用各种成长途径，均能实现核心能力的积累，但是在具体的积累方式上，各种成长途径又有各自的特点。

在内部化成长方式中，核心能力是通过企业集群自身的不断开发和培育，而实现核心能力的逐步积累。在这个积累过程中，企业集群依靠的是自身的力量，根据企业集群的战略部署和对环境的有效认知，来决定内部核心能力的培养方向，而并没有直接从外部获取其他企业集群的核心能力，以此作为自身核心能力体系的一部分。

在外部资源内部化方式中，核心能力的积累是通过吸收和整合另一家企业集群的核心能力和非核心能力，从而达到自身能力的积累，这种积累体现在两个方面，一是直接吸收的外部能力，二是通过内部能力与外部能力之间的协同效应而产生的新的核心能力。

在外部化成长方式中，企业集群通过与其他企业集群之间核心能力的联合，相互利用对方的优势能力，借此扩大自身可利用能力的范围。在这种成长途径中，成长主体是以出让自身某种核心能力的使用权来获得对联盟伙伴核心能力的使用权，所获得的仅仅是一种使用权，因此，这种可利用能力范围的增加可以看成是核心能力的一种“虚拟积累”。当然，在核心能力使用权的相互让渡中，一方完全

可以通过学习，吸收对方核心能力中的有效成分，借此充实自身的核心能力，实现自身能力的增强。

（2）各种成长途径之间核心能力积累的速度不同

各种成长途径在核心能力的积累速度上也存在明显差异。一般来说，内部化成长方式是一种自我开发的核心能力积累方式，其核心能力的积累速度取决于企业集群开发和培育核心能力的努力，这种成长方式的积累速度最慢。

跨国并购作为一种外部资源内部化的方式，企业集群通过收购其他企业集群，吸收和整合其他企业集群的核心能力，能够迅速地积累和增加企业集群的核心能力，实现成长主体范围的迅速扩张，这种成长方式的核心能力积累速度取决于企业集群吸收和整合外部能力的能力。一般来说，成功的跨国并购能够实现比内部化成长更快的积累速度。

而跨国联盟作为一种外部化成长的方式，主要获得的是一种核心能力的虚拟积累，这种积累的有效性和延续性取决于联盟协议的内容和联盟期限的长短，当然，这种成长方式与跨国并购一样，能够在较短的时间迅速获得对某种核心能力的使用权，也是一种积累速度较快的成长方式。

（3）核心能力积累的可靠性和协调程度不同

采用内部化的成长方式，核心能力是在自身基础上的一种自发积累，如同人体器官的生长一样，因此，新增的能力部分与原来的能力部分之间的协调程度较好，可靠性也较高。

采用跨国并购的方式，核心能力积累的可靠性和协调程度取决于企业集群对外部能力进行吸收和整合的有效性，如同器官的移植一样，母体与新移植器官之间或多或少都存在一些排斥，因此，通过这种方式来积累核心能力，对企业集群自身的能力提出了较高的要求，故一般来说其可靠性相对较低，与企业集群原有核心能力之间的协调程度也较差一些。

在跨国联盟中，核心能力的积累只是一种虚拟的积累，其可靠性取决于联盟协议及双方对协议的信守，因此，可靠性受到了一定的影响。同时，跨国联盟也存在与跨国并购一样的问题，要想实现新旧能力之间较高的协同，企业集群原能力必须具备高度的相容性，否则，可能影响企业集群对外部资源和能力的利用效率。

（4）各种成长途径中核心能力带动成长的方式不同

内部化成长中，企业集群是通过自身核心能力的逐步积累，企业集群规模不断扩张，增强企业集群适应环境的能力，从而带动企业集群的成长。

采用跨国并购的途径，企业集群是通过吸收和整合外部能力，扩大自身可利用能力的范围，企业集群规模不断扩张，增强核心能力的效用，进而使企业集群能够有效地适应环境的变化，推动企业集群的成长。

采用跨国联盟的途径，企业集群通过获得对联盟伙伴某些核心能力的使用权，实现自身能力的虚拟积累，扩大可利用能力的范围，采用借鸡生蛋的方式带动企业集群的成长。

从基于核心能力的成长理论来看，中小企业集群各种成长方式的本质都是核心能力的不断积累演化及其对环境的有效适应，其目的均在于追求核心能力积累的最大化和对外部环境的最佳适应，当然，对环境的最佳适应是对环境的一种能动适应，不仅要适应环境，而且要引导环境的变化，甚至改变环境，使其沿着有利于中小企业集群发展的方向进行。

2. 各种成长方式的效果比较

一般地讲，内部化成长战略太耗时间，在迅速发展的竞争条件下难以有利可图。打入强大对手所组成的国际市场，需要几年时间才能在公司客户中建立关系和信誉。通过内部化成长进入国际市场的另一不利条件是，新建成本是经营成本结构的重要组成部分，因此，相对拥有低成本设施，地位不稳固的中小企业集群来说，新手处于相当大的劣势。

而相比之下，跨国并购方案有可能太过昂贵，而且可能是荆棘遍地。候选的中小企业集群，往往又多是很多大的行业联合企业集群的一部分，并且这种中小企业集群可能有很大一部分股权掌握在与其友好的其他企业集群手里，因此，收购的代价昂贵，又难以执行。

然而，跨国联盟可能基本上没有严格的约束条款，只是一种松散的、不断发展的关系。合作双方带给联盟的是一种希望，即相信联合起来的力量大于各自为政。双方都相信自己拥有对方所缺少的独特的技能。因此为使联盟成功，双方都必须进行长期的努力。但是如果合作双方有一方力量薄弱，技能不健全，或不愿意努力探索合作的前景，情况就会出现危机。单方面的努力和重视只会使合作关系走向失败。

市场分析表明，如果目标是扩展到一个陌生的领域，那么联盟的成功率大大高于并购。与之相反，在合作伙伴地理市场重叠的情况下，跨国并购的成功率高于跨国联盟。联盟与并购之间的这种区别，其原因很简单。如果合作双方地理市场的重叠程度相当高，则发挥并购协同作用的潜力巨大。地理市场重叠往往给联盟带来麻烦：重叠可能产生冲突，并使联盟企业集群地位不稳固。跨国联盟与跨国并购，两者获得成功所需的条件不同，因此必须区分“并购思维”和“联盟思维”的不同。因为成功联盟的关键是互补活动和功能实力的相配；而成功并购的关键往往是国家内的重叠活动和国家间的技术转让。

因此，跨国并购不同于许多国内并购，前者提供的降低重复成本的机会往往有限。因此它们的价值很大程度上基于技术、产品和客户跨国分享，如图 11-4 所示。

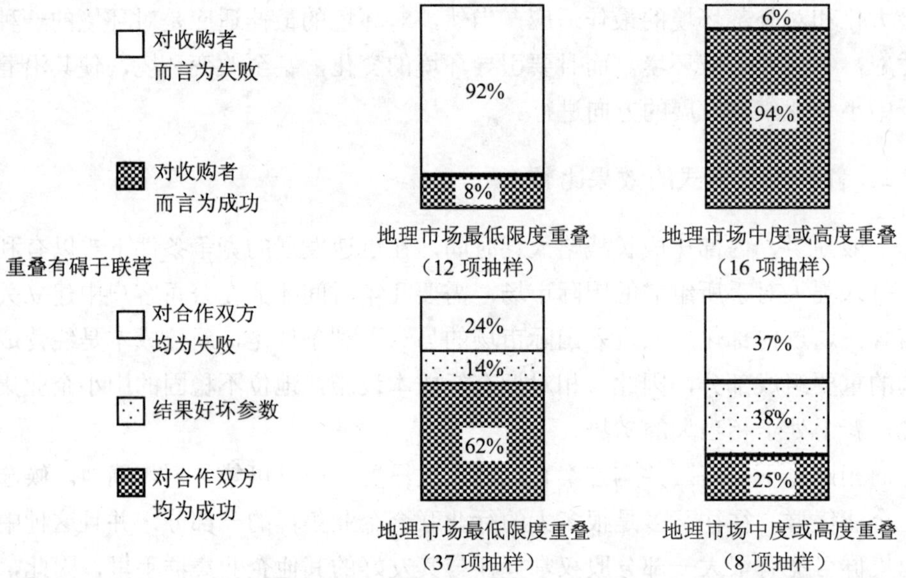

资料来源；转引自乔尔·布利克与戴维·厄恩斯特著，《在跨国联营中取胜的途径·哈佛商业评论》，1991 年 11-12 号。

图 11-4　地理市场重叠对跨国联盟和跨国收购的影响

跨国联盟和跨国并购都是国际化成长的实施途径，成功率不相上下（分别为 51%和 57%）。但这并不意味着它们可以互相代替。如果目的是扩大核心业务，跨国联盟和并购都有很好的效果。但如果目的是将现有业务向新的地理区域扩张，或逐步开展新的业务，则跨国联盟的效果更好。

3．基于核心能力选择合适的国际化成长方式的准则

在中小企业集群国际化的过程中，选择合适的国际化成长途径，对于实现有效的国际化成长，意义十分重大。在选择具体国际化成长途径时，应基于本企业集群核心能力的现状，选择合适的国际化成长途径。一般来说，中小企业集群在选择国际化成长时应遵循以下准则：

（1）评估东道国的环境因素与本身核心能力的适应性

中小企业集群在东道国内将面临来自各方的复杂环境，这些环境因素对于企业集群在东道国经营的成败关系重大。企业集群与这些环境因素之间的关系可以用图 11-5 概括。

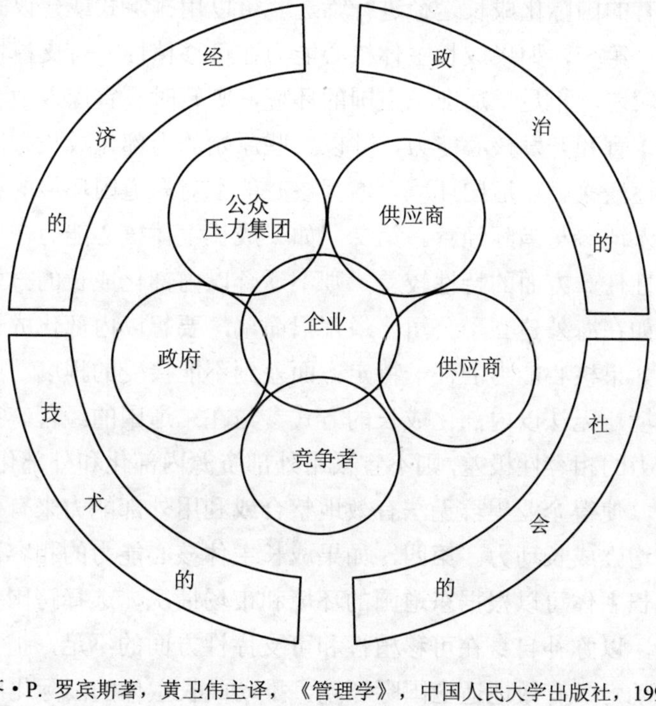

资料来源：斯蒂芬·P. 罗宾斯著，黄卫伟主译，《管理学》，中国人民大学出版社，1997 年 4 月第一版，第 67 页。

图 11-5 企业集群与环境之间的关系

因此，在进行国际化经营之前，成长主体首先必须对目标国的环境有清楚的认识，如东道国的政府法规、法律是否允许成长主体在该国的经营活动，社会和

文化环境是否对成长主体在该国的经营活动有利，市场的竞争态势如何，是否存在合适的收购对象、联盟对象等。认清东道国的环境，有利于企业集群；确定或调整核心能力的构成或发展方向，为有效地进入东道国市场打下坚实的基础。

在搜集到东道国环境状况的有关信息后，企业集群下一步的任务就是针对目标市场的环境状况，逐一评估自身核心能力对目标环境的适应状况，如技术核心能力对目标环境的可移植性如何、可支撑性如何、相容性又如何等。对这些能力的评估结果，将决定凭借成长主体当前的核心能力状态是否能够实现在东道国的经营。

（2）选择可行的国际化成长途径所遵循的基本原则

根据对东道国环境的认知和对成长主体核心能力的评估，就可以根据一些基本的原则对所有的国际化成长途径进行筛选。可以用排除式或建议式的方式提出几条基本原则：第一，如果成长主体核心能力在可移植性、可支撑性和相容性三方面的特性都较差，不足于适应东道国的环境，则暂时不宜深入地参与国际化经营，应进一步培育和开发核心能力，并以一些原始的内部化成长方式如间接出口或直接出口等逐渐接触东道国环境，增强核心能力对东道国环境的相容性。待时机成熟，再深入地参与国际经营。第二，如果成长主体核心能力在可移植性、可支撑性和相容性任一方面的特性较差，则不适合以内部化成长的方式深入地参与国际化经营，如在海外建立子公司。道理很简单，要想以内部化成长的方式进入国际市场，而如果核心能力的任一特定方面差到不能接受的程度，则无法很好地适应东道国环境，无法以内部化成长的方式参与在东道国的经营。第三，如果成长主体核心能力的相容性极差，则不宜采用外部资源内部化和外部化的成长方式。很差的相容性，使得企业集群无法有效地整合或利用外部能力来有效地扩大成长主体的范围，增强成长动力。第四，如果成长主体核心能力的相容性相对较好，则企业集群成长主体可以根据东道国的环境和市场情况，选择跨国并购、跨国联盟的成长方式，以弥补自身在可移植性和可支撑性方面的不足，扩大成长主体范围，增强成长动力，有效地适应国际环境，推动成长主体的国际化成长。

（3）综合评估各种国际化成长途径，选择最佳的方式

针对东道国的环境状况及成长主体核心能力的特性，对各种可能的国际化成长途径进行了筛选，选出了各种可行的成长途径，下一步的任务就是要从各种可行的国际化成长途径选择最佳的成长途径。事实上，东道国的环境状况和各种可行的成长方式下可能的成长主体范围规定了中小企业集群国际化成长的约束条

件，而国际化成长的效果则是目标函数。选择最佳的成长途径就是看通过哪一种成长途径能够实现目标函数的最大化，换句话说，就是哪一种成长途径能够实现企业集群核心能力的最大化积累和对环境的最佳适应。在这个评估过程中，将综合采用定性和定量的各种方法，根据企业集群自身的情况，确定一套合理的评估程序。

现实中，在特定时期中小企业集群采取何种成长方式，取决于外部环境，更取决于其核心能力的特征。实际上，任何一个中小企业集群在国际化成长中，都不是死守一条成长途径不变的，有可能同时采用多种成长途径，或根据环境的变化，适时地调整成长途径，以期实现对环境的最佳适应。

（4）小结

中小企业集群国际化成长途径可分为：内部化成长、外部资源内部化成长和外部化成长三大类。如果中小企业集群采取内部化的成长方式，不需借助外部力量，随着外在环境的变迁与内部核心能力的自我积累、演变和转化而逐渐扩张自己的规模，但需要时间较长，培育成本也较高；如果中小企业集群的核心能力可移植性和可支撑性较差，不足以支撑有效的内部成长，通过整合外部资源能够实现核心能力的积累，外部资源内部化成长不失为一种有效的备选方案，而跨国并购正是外部资源内部化的典型代表；如果中小企业集群自身核心能力不强，可以借助外部资源使核心能力达到一种“虚拟积累”，从而支持企业集群的生存和发展，实现企业集群的成长，跨国联盟的缔结正是中小企业集群外部化成长途径的体现。

通过核心能力的积累方式、核心能力的积累速度、核心能力的可靠性和协调程度、核心能力带动成长的方式等方面的比较，归纳出中小企业集群在选择国际化成长途径时，应考虑东道国的环境因素及本企业集群核心能力对目标环境的适应状况，从而选择出适合中小企业集群自身发展的最佳国际化成长道路。

第十二章 我国中小企业集群国际化的经营环境

改革开放 30 多年来，我国中小企业集群蓬勃发展，已成为推动我国经济增长的重要力量。尤其是加入 WTO 后，我国中小企业集群面临更多的机遇与挑战，如何把握这一重大的发展契机，抢占国际市场，实行国际化经营，已成为关系到中小企业集群生存与发展的关键所在。

一、中小企业集群国际化经营的战略意义

传统观点认为，只有大企业集群才具备成为跨国公司的条件，中小企业集群通常因为规模小、抗风险能力差、缺乏克服国际化障碍的能力，因而大多数中小企业集群的发展战略具有强烈的内向性。事实上，规模很小能成为真正的障碍，CALOFL 1993 年对加拿大公司的调查研究表明，小型跨国公司在国际销售强度上能够超过大型跨国公司，利用外国直接投资的小公司能从国外销售中获得总收益的 68%以上，而相比之下，利用类似投资的大公司只能获得总收益的 48%。而小型出口公司与大型出口公司同样都能从出口中获得大约 1/3 的收益。即使是最小的跨国公司（雇员不足 20 人）也可以在出口方面取得重大成功。据估计，这些微型公司的出口占美国全部出口的 12%。通常，小公司具有一些大公司无法匹敌的优势和更加稳定的组织。“全球之谜”的预言家约翰·奈斯比预言，小型跨国公司在日益增强的全球经济中将拥有更大的优势。他指出，小公司能够较快地革新产品并能利用更新的技术。相反，大型组织在采用新产品或新的管理方式时，必须通过庞大的官僚程序，而大型组织的官僚程序通常会延迟决策，甚至可能导致在全球市场上错失良机。对中小企业集群来说，速度就是中小企业集群的优势。当大公司对速度变化的条件反应迟缓时，雷厉风行的中小企业集群就可以利用它们的速度竞争优势，在大公司作出反应之前获取巨大的销售业绩。小公司的优势对跨国公司来说相当重要，因为全球经济日益要求快速变化以利用新的市场。实际

上，小公司国际化的许多障碍正变得越来越容易克服。各国政府支持中小企业集群出口销售的项目正在扩大，诸如世贸组织和北美自由贸易区等高效贸易协定使贸易变得日益简单，并降低了以往阻碍许多小公司国际化的资源要求。由政府及诸如 3W 网络等其他来源的国际商务信息的飞速增长，也为企业集群家们发现国际商务机会提供唾手可得的信息财富。

1. 中小企业集群的不可替代性

中小企业集群在各国的经济发展中有着举足轻重的地位，具有不可替代性。

（1）中小企业集群是经济发展的重要支柱

尽管大规模企业集群在现代市场经济中占据了重要的位置，但在许多国家，中小企业集群仍发挥着巨大的作用。如意大利中小企业集群占全国的工业企业集群总数的 99.6%，提供 45%左右的国民生产总值。我国台湾中小企业集群占台湾企业集群总数的 95%以上，其产值占 GDP 的 60%。

（2）中小企业集群提供大量就业机会

目前美国中小企业集群雇员人数占劳动力总人数的 60%，而且正制造出大量新的就业机会。1993 年以来，美国新增就业机会的 2/3 以上是由中小企业集群创造的。日本中小企业集群从业人员占总数的 79.1%；德国中小企业集群吸纳总劳动人数的 67%就业；我国从农业转移出来的劳动力，绝大部分在乡镇企业中小企业集群中工作。

（3）中小企业集群更适于技术创新和制度创新

从 20 世纪初到 70 年代，美国科技发展项目的一半以上是中小企业集群完成的，进入 90 年代以来，大约 70%的创新是由中小企业集群完成的。中小企业集群人均发明是大跨国公司的 2.5 倍。20 世纪的飞机、光纤监测设备、心脏起搏器、个人计算机都是由中小企业集群发明的。而目前几个闻名于世的高科技公司——微软、康柏、苹果都是由一些名不见经传的中小企业集群发展起来的。近年来，在法国、德国、意大利和西班牙等欧洲国家，出现了一类中小企业集群存在的新形式之一“虚拟企业集群”，这类企业集群是两种能够变大变小的技术先进的组织形式，是对企业集群制度的一种创新。

（4）中小企业集群是出口创汇的重要来源

在我国台湾，大企业集群以国内市场为主，中小企业集群以国际市场为主，其中 85%的中小企业集群的产品销往国际市场。中小企业集群的直接出口额占台湾出口总额的65%以上，中小企业集群的出口收入占台湾外销收入的75%。而美国中小企业集群的出口额也高达全国出口额的58%。

2. 中小企业集群参与国际化经营的可能性

开放经济条件下，中小企业集群同样可以而且应该积极参与国际化经营，其理论基础如下：

（1）外部规模经济

外部规模经济是指随着行业规模的扩大（企业集群总数量增加和行业总产出增加）和行业地理集中的发展，行业平均成本和每一个企业集群的成本都会下降。如果我们能够主动地推动部分同一行业的中小企业集群在某地区的集中发展，从而形成一种小商品的生产销售基地，那么这种外部规模经济优势和市场集中程度有时就可以确立，这种产业和企业集群发展模式在现实中是大量存在的。正是这种外部规模经济效应和市场集中优势就可以为中小企业集群降低成本获得国际比较成本优势创造条件，可以说这是中小企业集群的产品有可能进入国际市场的理论基础之一。

（2）内部规模经济

内部规模经济是指随着企业集群规模的扩张而带来的单位产品平均成本下降的现象，这种内部规模经济似乎为大型企业集群确立国际竞争优势奠定了理论基础，不可能成为中小企业集群参与国际竞争的理论基础。但是如果我们从动态的角度来理解内部规模经济问题，可能会得出完全不同的结论。随着现代技术的发展和产业结构的调整速度加快，一方面导致部分产业或者产品生产经营的最低经济规模提高，另一方面也会导致部分产业或者产品的最低经济规模的下降，除了技术原因，这种最低经济规模的下降还得益于产业内部专业化分工的深化，正是这种最低经济规模的下降成为部分中小企业集群进入国际市场的理论基础。

（3）产品差别特色

无论是生产性中小企业集群，还是服务性中小企业集群，或者是高科技中小企业集群，都必须强调专业化、特色化经营，由于中小企业集群本身资金实力有限，不可能按照多样化经营战略发展，那么中小企业集群就必须通过专业化、特色化来占领细分化的市场，确立自己的市场竞争优势，这种竞争优势实质上是非价格竞争优势。中小企业集群的发展要始终贯彻“专、精、特、新”的方针，围绕一个产品，或者一个零件，或者一种工艺，或者一种服务做精、做细、做透、做专，只要做到这一点就可以确立自己的国内市场地位和国际竞争优势，就可以找到自己的客户群体和合作伙伴，完全有可能融入国际经济一体化的大潮中。

（4）体制政策优惠

随着国际经济一体化程度的加深和国内市场开放程度的提高，普遍适用的“国民待遇原则”和“最惠国待遇原则”不仅为大型企业集群也为中小企业集群提供了进入国际市场的法律和制度保证，市场进入壁垒和产业进入壁垒都将降低。许多国家为了加速经济增长和充分就业都制定了许多吸引外来投资的优惠政策，同时也扶持和鼓励本国企业集群到国外开展国际化经营。许多国家对于中小企业集群的生产经营给予了更加特殊的政策优惠和扶持。所有这些因素都有助于中小企业集群进入国际化经营的快车道。

（5）时代技术进步

现代高科技和现代产业的迅速发展为中小企业集群参与国际经营创造了前所未有的条件。例如，国际互联网的发展使国际信息交换成本降低，现代运输工具和手段的应用使国际货物及人员往来的运输成本下降，运输速度提高，这种产业和技术的发展使跨国经营的直接成本降低到中小企业集群能够负担的水平，这是中小企业集群参与国际经营的物质技术基础。新技术和新产业的发展导致最低经济规模的大幅度下降，同样为中小企业集群进入国际化经营创造了具体的产业内容。

（6）专业分工的深化

随着国际经济一体化程度的加深和市场竞争的加剧，直接推动了产业之间和产业内部的分工越来越细，市场越来越细分化，这就为中小企业集群的生存和发展提供了市场条件和市场空间，专业化分工的深化同样为提高经营效率和降低成本创造了市场条件，这种分工的深化和大量专业化市场中介机构的出现同样为中小企业集群降低成本创造了条件，为中小企业集群的国际化经营奠定了理论基础。

3. 中小企业集群国际化经营的紧迫性

中小企业集群是我国国民经济增长的重要支持力量。中小企业集群是我国发展外向型经济的生力军。外向型经济的发展，是改革开放以来我国经济迅速发展的重要因素。我国发展外向型经济，最直接的体现是大量中小型外商投资企业的建立与发展。利用外资不仅弥补了国内建设资金的不足，促进了经济增长，引进了先进技术、设备与管理经验，促进了产业结构的调整与技术升级，培养了人才，形成了开放型的经济体系，也促进了经济体制改革的深入和思想观念的更新。

中小企业集群成为我国增加就业的主力军。中小企业集群，在增加就业方面同样具有大型企业集群无法替代的巨大作用。我国在经济体制改革过程中，十分重视发展中小企业集群以解决就业问题。

我国加入 WTO 以后，参与经济全球化合作的程度会加深，在关税水平大大降低的情况下，我国除了对某些幼稚性产业（其中中小企业集群数量极微）实施适度保护外，不可能采取非关税措施对中小企业集群进行保护。而我国中小企业集群中很大一部分是乡镇企业，它们大多是依赖天时地利发展起来的。"入世"以后，市场的游戏规则趋向透明，乡镇企业的本地化优势将消失殆尽。外资企业准入门槛降低，其经营风险减少，与国内中小企业集群的竞争将更加激烈。中小企业集群虽然经营方式灵活，但由于技术、资金、信息、人才方面的制约，抗风险能力较弱，竞争力不强，受国外企业挤压的影响更大。因此中小企业集群走出国门，选择适合自己特点的国际化成长之路势在必行。

二、中小企业集群在国际化经营面临的主要问题

我国中小企业集群在国际化经营方面虽然已迈出了可喜的一步，但与世界发达国家相比，存在相当大的差距，面临诸多问题。

1. 多数中小企业集群的海外市场开发能力较差

受传统经营方式的影响，我国大多数中小企业集群对海外市场环境认识不够，海外市场开发能力较差，因此，在选择国际化方式进行成长时，信心不足或十分盲目。长期以来，受我国经济体制的影响，我国大部分中小企业集群没有对外贸易经营权，必须通过专门的外贸公司以间接出口的方式来开展涉外业务。采用间接出口的方式，把制造商和海外市场隔绝开来，企业集群无法直接接触目标市场，不可能积累自己的市场进入经验，并适时了解目标市场的需求，针对目标市场的需求适时修正产品，因此，间接出口方式并不能很好地为我国中小企业集群提供经验学习机会，许多涉外企业集群通过间接出口并未真正积累国际经营经验，无法为更深入地进入国际市场、参与国际经营进而实现国际化成长奠定基础。一旦遇上国际化成长的机会，也是仓促应战，根本无法做到知己知彼，常常遇上一些始料不及的情况，最后是乘兴而来，败兴而归。因此，我国中小企业集群在国际

化的进程中，经常受挫。

2．国际竞争力差

我国中小企业集群在产品、价格、分销和促销方面，以及整个营销战略和管理方面都处于较低级的经营阶段，与国外发达国家的中小企业集群相比还有相当大的差距。从我国中小企业集群出口的产品结构来看，主要是劳动密集型产品，这与韩国、东盟、印度等国的出口产品存在严重的同构性，而我国中小企业集群在劳动力成本方面不具竞争优势。从管理水平来看，许多中小企业集群都没有建立科学管理体系，凭经验进行管理，管理的方式对环境反应迟缓，不能适应不断变化的环境需要。

3．国际化经营方式处于初级阶段

目前，我国企业集群国际化经营的主要方式是产品出口，仅有少数企业集群在同一价值链上进行连续活动（纵向一体化），其经营国际化程度基本上处于 20 世纪上半叶发达国家企业集群国际化水平，与目前跨国公司的国际一体化经营与国际战略联盟有很大的差距。不论是在跨国经营的战略部署、企业集群经营管理上，还是在资源的利用和有效配置上，我国中小企业集群都处于明显的劣势。

4．经营地区过于集中

我国中小企业集群海外经营主要集中在非洲、南美、东南亚等地的一些发展中国家和地区。由于对自身优势认识不足，从而缺乏到发达国家和地区去投资发展的信心和勇气。其实，中小企业集群只要具备自身的核心竞争力，完全可以在发达国家和地区找到有利的投资点。另外，发达国家和地区具有市场秩序规范、法律体系完备、政治经济较稳定的特点，是比较理想的投资环境。而发展中国家和地区在这些方面则相对较差，经济发展也不稳定，在此经营的海外企业集群往往受当地政治、经济等情况波动的影响较大。

5．多数中小企业集群核心能力的特性表现较差

我国中小企业集群在采用国际化成长方式时，很少选用内部化的成长方式，而大多数采用合资企业集群的方式，而且合资伙伴多以华侨为主。究其原因在于我国中小企业集群对海外环境的认知不足，制约了核心能力可移植性的发挥，同

时，由于中小企业集群自身能力水平的低下，核心能力的可支撑性差。传统的文化思想长期主导着企业集群的文化价值观念，使其难以与海外市场相容。因此，中小企业集群在选择国际化成长途径时，倾向于以合资的形式与华侨商人（如港、澳、台的一些商人）共同开发海外市场。

6. 国际化人才匮乏

当前在中小企业集群，不少负责人和专业管理人员，没有受过专门知识的培养、训练，尤其缺乏国际企业集群的管理理论和经验，不懂国际贸易惯例与法律法规。人才匮乏成了我国中小企业集群提高国际化经营水平的最主要的制约因素。

7. 社会化服务体系不健全

中小企业集群自身力量较弱，在国际化经营中，需要社会提供各项服务，包括投资方向、发展战略、融资、新产品开发、经营管理、技术进步、进出口贸易等方面的咨询以及人才培训等。目前西方国家对中小企业集群的社会化援助基本上已形成完整的体系。而我国尚缺乏健全、完善的社会化服务体系，严重制约着中小企业集群的发展。

三、中小企业集群国际化成长核心能力的判断

我国企业集群脱胎于传统的计划经济体系，与西方发达国家的企业集群相比，在核心能力的构成水平上表现出了较大的差距。尤其是中小企业集群更是如此。

从技术核心能力的角度来看，虽然我国中小企业集群与西方发达国家相比，总体技术水平相对落后。特别是在一些传统的制造行业，更是如此。但是，在一些新兴产业，如计算机、电信、金融等行业，我国中小企业集群与西方发达国家的企业集群技术水平差距较小，有些与国际领先水平持平。不过，由于我国中小企业集群的技术能力与发达国家相比，总体处于劣势，因此，技术能力向发达国家的可移植性和可支撑性都相对较差；但是，与发展中国家或不发达国家相比，我国中小企业集群的技术能力仍具有一定的优势，选择国际化成长途径时，必须注意这些优势的发挥。

从管理核心能力的角度来看，尽管我国中小企业集群的管理体制经过了多次改革，不断地吸收西方发达国家企业集群的先进管理经验，但由于受传统官僚主

义作风和模糊的责权关系的影响，旧观念根深蒂固，再加上缺乏高素质的管理人才，结果仍是收效甚微，难以与国际惯例接轨。许多传统行业的企业集群仍然沿袭计划经济时代的管理模式，管理核心能力十分低下，造成企业集群经营效率差，企业集群内部矛盾重重，在国内尚且难以立足，进行国际化成长，到一个陌生的环境去经营就更加困难。因此，可以说，我国大多数中小企业集群的管理核心能力仍处于初级阶段，亟待进一步的培养和开发。

从文化核心能力的角度来看，我国中小企业集群的文化核心能力普遍较弱，外在体现就是企业集群的凝聚力差。目前，我国企业集群的文化价值观念受到了多方面的影响，如中国传统的儒家思想、计划经济时期的官僚主义思想、改革开放以来不断流入的西方价值观念等。事实上，这些思想观念相互之间本身就存在冲突，那么同时受这些思想观念影响的企业集群文化价值观念肯定是不伦不类的。文化价值观念的感召力和凝聚力难以体现，文化核心能力的竞争优势较差。

鉴于我国中小企业集群核心能力的现状，我国中小企业集群在选择海外目标市场和国际化成长途径时，必须针对企业集群自身能力的现状和目标市场环境的特征，选择能实现企业集群核心能力的快速积累和有效适应目标市场环境的方式，增强企业集群的成长动力。

四、中小企业集群核心能力的再审视和再定位

对于今天的我国中小企业集群来说，国际化已不是一个抽象的空洞概念，而是切切实实的客观存在，是企业集群走向成功的必由之路。针对我国中小企业集群国际化成长中存在的问题，有必要对自身核心能力的构成方向及其海外目标市场特定环境之间的适应状况有一个清楚的认识，以便合理地选择国际化成长途径，实现企业集群内部能力的有效积累和对环境的最佳适应，推动企业集群成长的最大化。

我国加入 WTO 之后，意味着国内市场与国际市场将更加紧密地联系在一起。关税的降低、非关税壁垒的逐步取消，对尚处在幼稚期的我国技术密集型、资本密集型行业将产生一定的冲击，进口商品一旦大量涌入，势必使这类企业集群处于不利的境地。而允许资本雄厚的外国企业集群进入我国的金融、商业及其他服务业，也将加剧服务业的竞争。换言之，加入 WTO 必将引发价格、质量、技术、服务等各个方面对我国企业集群尤其是中小企业集群的冲击。因此，作为经济主

体力量的中小企业集群，必须以国际化的眼光来进一步审视自己的核心能力，构造其未来的国际竞争优势。

1.以国际化的眼光来审视决定核心能力发展方向的中小企业集群总体战略

在国际竞争日趋激烈的今天，中小企业集群必须转换视角，从国际化的角度来重新审视自己的发展战略。在经营领域方面，由于加入 WTO 将使我国经济进一步融入国际分工和世界经济体系中，我国产业结构调整的步伐将大大加快，中小企业集群必须在依据国家产业政策的基础上，着眼于全球范围来考虑各产业的发展前景，确定经营方向，寻找市场切入点。在确立国际扩张战略前，要对全球市场进行全面的分析和判断，包括对国际化分工趋势和格局的把握，对投资环境的深入调查，如对有关税收、劳工、环保等方面的法律法规的全面了解。在产品结构、市场范围、竞争层次等方面，也要以国际化的视角审视和定位，进而确定培育核心能力的主攻方向。

2．以国际化眼光来重新审视中小企业集群核心能力的现状

核心能力是中小企业集群特定时期发展战略的产物，它一旦形成，反过来又会影响中小企业集群的未来行为和战略选择。中小企业集群对现有核心能力的高度依赖性，势必制约着中小企业集群新的战略选择。因此，面对复杂多变的国际化市场，中小企业集群有必要通过并购、联盟等多种方式突破现有核心能力的限制，引入和培育新的核心能力，使其具有以国际市场为依托的更强的核心能力。在国内市场的制造业方面，一些中小企业集群目前也都各自具有一定的核心能力，并已初步形成竞争优势。但是由于这些核心能力是在国内特殊环境中成长起来的，如果从国际化视角来看，这些能力显然难以支撑其产品在国际市场上的竞争优势。因此，突破既有核心能力，引入、培育更高层次的核心能力，并重新作出战略选择，便成为某些中小企业集群实现国际化成长所面临的首要任务。

3．以国际化视角重新审视中小企业集群核心能力的技术系统及管理系统

这里有两层含义。一是以国际化标准来衡量核心技术。市场的国际化要求中小企业集群将产品或服务的品质标准提升到世界水准，因此，支持产品或服务品质的核心技术以及围绕它的技术系统，无疑要达到世界水准。原本在国内领先的一些技术系统，如机械制造、电子、化工、汽车等方面的技术系统，必须以国际

化视角重新审视，升级换代以向世界水准看齐。二是以国际化标准来衡量管理系统，包括企业集群组织制度、组织结构、管理模式、业务流程以及人力资源系统。在中小企业集群改革进程中，管理系统在革新方面严重滞后的局面至今仍未有大的改观。虽然许多中小企业集群都实行了现代企业集群制度，但现代企业集群的管理系统并未同步到位，在今后相当长的一段时期内，对国内中小企业集群而言，管理系统的变革与创新是核心能力发展的关键所在。特别是在国际化经营中，全球性采购、国际化营销等已经成为国际企业集群经营的关键。国内企业集群在供应链设计、国际营销网络建设等方面，与国际企业集群存在较大差距，全面提升这些方面的能力，也是中小企业集群发展核心能力的重要任务。

4．以国际化视角审视中小企业集群核心能力中的文化系统

在当今国际化浪潮中，随着各国开放程度的不断加深，各国文化之间的渗透也在加强，这对企业集群及其员工价值观念势必产生巨大的影响。中小企业集群要开展国际化经营，必须把握这一趋势，吸收别国成功企业集群文化中的优秀成分，同时要注意防止不良思潮的渗入。只有这样，中小企业集群才能适应国际环境的变化，在国际经营中保持和发扬自身文化优势，增强企业集群的凝聚力和向心力。如果只是单纯地强调文化的自我演化，而一味地排斥其他的文化，势必会阻碍对其他国家资源的利用和开发，难以适应国际环境的变化。

哈佛大学商学院迈克尔·波特教授等的研究成果，即反映一国竞争力基础的微观经济竞争力指数，其理论认为，一国经济发展以及国际竞争力水平并非只与政治环境和宏观经济条件有关，而微观经济基础起着同样重要的作用，提高国际竞争力仅仅依赖于改善外部环境是远远不够的，不在微观经济基础上进行改革，不提高生产率，一国经济就难以获得长期繁荣。

五、中小企业集群国际化成长的战略发展

世界许多发达国家都非常重视中小企业集群的发展，在国际化经营方面有着相当的成功经验，对此，我们在制定策略时可充分借鉴。如在澳大利亚，目前已有 4 500 家中小企业走向国际市场，其中有 500 家建成了跨国公司，年产值 40% 来自海外经营活动。

1. 选择适合自身发展的国际化成长途径

中小企业集群国际化成长途径的选择，从大的方面，可以分为下面三大类：根据进化论渐进的观点，生产经营系统以内部化成长的方式部分进入或全部进入海外市场；以外部资源内部化的方式收购当地企业集群，建立海外子公司；基于外部化成长的方式，以战略联盟的方式进入海外市场。

实际上，跨国公司追赶世界先进水平的进程不一定要按部就班、循序渐进，而是完全有可能采取跳跃式的步骤实施跨国经营。我国中小企业集群在选择国际化成长途径时也是如此，只要对东道国的环境状况有确切的了解，并能评估出自身核心能力对目标环境的适应状况，就能够选择出适合自身发展的国际化成长途径。

我国中小企业集群在进入方式的渐进型成长战略一般可表述为：首先，用选定的产品向选定的目标市场国家出口，特别是尽可能地采用直接出口。其次，在产品出口进入取得一定成功的基础上，在东道国建立拥有经营控制权的销售子公司或分公司，由依靠当地的进口商转变为依靠自己的销售服务系统来实现产品分销。再次，在直接销售取得稳固市场，且销售潜力仍然很大的条件下，进一步投资建立产品装配及储运系统。最后，如果当地生产条件明显有利，且产品市场可望长期增长，则中小企业集群进一步扩大投资，把部分乃至全部中间半成品的生产环节建立在目标国家。通过这种成长方式中小企业集群核心能力逐渐得到积累，各种特性也不断得到加强，从而推动企业集群进入下一阶段的成长。

在向海外直接投资时，如果中小企业集群拥有较强的技术核心能力，但核心能力的相容性较差，或者目标国是技术与经营管理水平低于我国的发展中国家，或者成长主体希望按照自己的经营方式和战略意图实现国际成长，则应更多地考虑新建企业集群的内部化成长途径。

在采用外部资源内部化的跨国并购成长方式时，中小企业集群可根据自身核心能力的特性，在权衡利弊的基础上加以选择。对管理人员素质高、核心能力相容性较好的中小企业集群，在向企业集群经营管理水平高于我国的发达国家作战略进入时，可以首先考虑跨国并购的方式，特别是当中小企业集群的战略目标是取得技术信息、管理知识、经营诀窍等公开市场不易获得的稀缺资源时，收购将是最合理的选择。但是，跨国收购涉及大笔资金的投入，因此，对成长主体企业集群的资金筹措能力提出了较高的要求。

在外部化成长方式上，如果我国中小企业集群在发展中国家进行的直接投资是为了获取自然资源，应以合资经营为好，这样可以降低投资风险；对发达国家的投资进入，如果目的在于先进技术、管理经验的获取，则应建立战略联盟，采取合资经营也具有很大的可行性。在战略联盟形式中，所有权和管理控制权的重要性已经变得弹性化了。对我国中小企业集群来说，目前尚处于跨国经营的起步阶段，企业集群的规模较小，技术水平低，缺乏必要的融资能力和国际化管理的经验，这些都是我国中小企业集群国际化经营进一步发展的障碍。但是，战略联盟发展的趋势表明，如果我国中小企业集群拒绝加“盟”入“网”，长期独来独往，势必影响我国参与国际分工的广度和深度，我国就会游离出世界经济发展的主流，就会在这一主要领域与世界脱轨，就会与许多新形式和新来源的贸易与投资利益失之交臂。

在当今的全球经济中，没有哪家企业集群能够脱离其他企业集群而独立存在，强调互利互惠的跨国联盟已成为现代企业集群国际化的现实选择。因此，我国中小企业集群要转变观念，破除国际竞争就是你死我活的陈旧观念，根据我国企业集群的实际情况，选择和发展一些合适的国际化合作方式，以促使我国的跨国公司全方位、多层次地充分发展，为我国中小企业集群早日打入国际市场奠定坚实的基础。

事实上，由于受具体目标国投资法等环境与企业集群资金情况等自身条件的限定，中小企业集群国际化成长的具体所有权形式的选择往往是各类因素折中的结果，不可能是理想状态的完全重合。国际化成长到底向外输出何种能力要素、采用何种成长途径，需结合企业集群的能力优势及经济合理两个方面综合考虑。由于高技术及设备等非资金投入方式既可节省外汇，又有利于企业集群对海外机构实施非股权控制，还可配合国内产业结构调整，因此，我国中小企业集群对外投资时应尽量争取使用非资金投资方式或合作方式（如建立战略联盟等），只在不具备其他优势而不得已情况下才采取外汇资本的直接输出。海外企业集群采取何种组织形式，应依照行业特点和竞争实力而定。以贸易、金融和服务为主的非生产性项目，应尽量保持对其股权的高拥有率或独资占有；制造业中生产差异性产品且中方具有竞争优势的项目，也应采取独资形式，以充分获取竞争优势带来的利益；而生产标准化产品的项目则应尽量在东道国寻求合作企业集群，以更好地利用当地资源，达到降低成本、打入本地市场和获得当地政府支持的目的。我国中小企业集群对外直接投资时往往倾向于另起炉灶、新建企业，效果并不好。实践证明，并购方式能快速扩充企业规模，减少社会资源损失，已成为国际直接投资新的发展趋势；而战略联盟的形式可以为企业节约资金，同时获取对外部资源和能力的有效使用，增强企业成长的动力。因此，中小企业集群在进行国际化成长时，应充分评估自身的能力条件与目标国环境的特点，采用科学的方法选择合适的成长途径，以推动企业集群更快、更有效地实现成长。

在加入 WTO 以后，新的国际经济环境和全球化国际生产给我国中小企业集群带来了新的机遇，在此契机下，中小企业集群应积极应对，充分利用“船小好掉头”的灵活机制，努力挖掘自己的竞争优势，制定相应的经营策略，只有这样，才能在竞争激烈的国际市场中占有一席之地。

应当说，无论从国际经济背景考虑，还是单纯从发展我国国民经济的角度出发，我国都需要大力发展国际化的中小企业集群，其需要和可能决定了我国中小企业集群走出国门的紧迫感。但由于我国中小企业集群在总体能力的国际对比上并不占有突出的优势，甚至处于劣势地位；而且，我国中小企业集群的国际化成长又都是地道的后起者，这决定了我国大多数中小企业集群在国际化成长中应采取谨慎和稳健的态度。

我国的中小企业集群国际化成长，在总体安排上，应遵循“雁行”战略，即由少数核心能力较强的、具备条件的企业集群领先成长，紧随其后的是正在积累核心能力、准备条件的企业集群，依次类推分层次扩张。从个体发展步骤上，应推行“循序渐进、步步为营”的成长战略。

2．开拓中小企业集群国际化经营的地域环境

鉴于我国中小企业集群核心能力的相对劣势和国际经营经验的不足，我国中小企业集群在进行国际化成长时，可以先选择一些与我国毗邻、与国内环境差异较小或存在某种历史渊源、具有文化共性的区域，以此积累企业集群海外经营的经验，积累企业集群对海外环境的适应能力，实现自身能力在可移植性、可支撑性和相容性等方面的加强，为进一步深入国际市场奠定基础。从实际出发，我国中小企业集群的国际化成长大多数应该选择港澳或其他地区作为前进基地，再从港澳或其他某一地区向自己认为有利的地区进行战略扩张。

在具体的成长区域选择上，我国中小企业集群应进行充分的可行性论证。过去我国企业集群集团海外投资区域集中于港澳地区和发展中国家。在港澳地区投资有明显的地缘优势，但香港、澳门已经回归祖国，此类投资已难以称得上真正意义上的跨国投资。发展中国家资源丰富，劳动力成本低廉，我国企业集群的技术、管理等能力在这些国家具有相对优势，而且我国与这些国家已形成了长期友好关系。所以，发展中国家是我国成本导向型和资源导向型跨国投资的重要场所。但也应看到在发展中国家投资环境中有政治动荡、劳动力素质差、市场容量小，基础设施不完善等不利因素，更难学到先进技术和管理经验，因此，虽然在这些地区的国际化成长对核心能力的要求较低，容易进入，但不利于核心能力的进一步培育和开发。发达国家是我国出口产品的主要对象，市场广阔，同时又是我国学习先进科学技术和管理经验的主要场所。因此，发达国家应成为市场导向型和效率导向型对外投资的重点选择对象，也应该成为今后我国中小企业集群实施国际化成长战略的重点区域。

总之，我国中小企业集群成长区域的战略选择应当是：第一，初期以发展中国家特别是东亚及东南亚周边国家和地区为主；第二，逐渐以西方发达国家和地区与独联体及东欧各国为目标进入；第三，兼顾其他地区。这种战略的基本指导思想是：全方位地对国际市场实施投资进入，同时又明确战略的主攻方向和区别不同地区的战略层次和地位。

应当指出的是，上述原则只是针对一般的中小企业集群，而对于不同行业、具有不同经营特点和能力条件的企业集群，其国际成长区域战略的构思与拟定，应充分考虑自身的能力状况，客观识别和分析不同国家和地区的环境优势和障碍，分别确定各自近期和长期的战略主攻方向和重点。

3．创造适应中小企业集群国际化成长的行业环境

我国目前对外直接投资以贸易型和开发海外资源为主，制造业项目比重偏小。在国外投资兴办贸易企业集群，有利于取得国际市场信息，疏通销售渠道，但毕竟是低层次的对外投资，在投资初期可大力发展，但随着对外投资水平的提高，其所占比重应不断下降。以开发海外资源为主的对外投资实际是资源替代型投资，对输入国内相对缺乏的资源有积极意义，但不能作为投资的重点行业。因为这类投资需要资金量大、周期长、地区有限，而且现在国际市场的初级产品市场供需矛盾不大。相反，制造业市场大，产品附加值高，我国在有些部门也确有优势可利用。加工装配型的制造业部门是目前国际直接投资的重要部门，也是我国中小企业集群集团应积极进入的重点行业。

统而论之，我国中小企业集群国际化成长的行业选择，至少要考虑两个方面

的因素：一是世界各特定行业市场的发展与竞争状况以及我国中小企业集群的能力在国际上所处的比较优势；二是如何发挥我国现有产业基础的优势。基于此，在贸易业和工程承包业，我国中小企业集群的核心能力基本上与国际上同类企业集群的相似，其水平较高，各种特性构成相对较好，能够很好地适应海外环境，比较适合于国际化成长，以此作为突破口，能够带动一大批其他行业的企业集群的国际化进程；目前，我国制造业和资源开发业的企业集群核心能力在世界上最具比较优势，拥有较强的成长潜力，不过由于缺乏国际经营经验，其核心能力在可移植性、可支撑性、相容性等方面表现不同，相对较差，因此，这是一个值得国际化的、亟待国际化的行业；至于高科技和服务业，属于我国新兴的产业，其核心能力与国际先进水平相比，还存在较大的差距，但核心能力的发展潜力很大，对于这些行业的国际化，应该谨慎待之。

从我国中小企业集群个体的国际化成长而言，则应根据自己历史形成的经营经验和现实的能力条件，具体地分析特定行业及国际市场的需求、供给和竞争等环境因素，来制定自己短期和长期的国际市场开发战略。就中小企业集群个体而言，一般存在两个层次的选择：一是如果保持自己的行业不变，企业集群则将主要进行国别和地区市场的选择。二是企业集群如果追求多样化扩展，则将既面临对新行业的选择，又要进行具体国别的抉择，从我国中小企业集群国际化成长的长期战略目标着眼，有条件的企业集群可尝试跨行业进行多样化扩张，担当起我国中小企业集群国际化成长“领头雁”的角色。但对于绝大多数中小企业集群来说，还需要一个从单一行业向跨行业渐变的发展过程。

六、中小企业国际化经营的网络组织环境

积极利用集群内资源和配套中介机构，通过企业联盟或组建企业网络，充分发挥集群优势，协同开拓国际市场。

1. 联合开展电子商务，联合进行网络营销

在现今的互联网时代，电子商务正在逐渐成为一种趋势，例如美国95%的企业将电子商务作为主要的贸易手段，新增业务中85%是通过电子商务开拓的，其互联网用户已达到全国人口的45%，日本为15%，韩国为21%。中小企业联合开展电子商务、实施网络营销既可以无限扩大与外界的联络，增加许多潜在机会，

增加与国外客户的合作空间。联合开展电子商务由于业务内容集聚可以提高电子商务网站的访问量，聚集人气，吸引消费群体，从而产生注意力经济；此外还可以加强集群内企业之间的联系。联合时可以通过协会建立自己的电子商务网站，规划网络营销战略，也可以通过协会与其他知名网站合作，实现优势互补。例如浙江的一些企业集群利用互联网形成了五大产业网站，由于网站内容丰富，解决了许多企业产供销信息障碍，既增加了销售量，又降低了销售成本，嵊州领带产业集群就是通过与阿里巴巴网站合作建立中国领带在线（chinaticlcom），通过电子商务活动，提高了营销效率。

2．成立集群内企业互助联合组织

互助联合组织是集群中的重要角色之一，集群内企业只有通过这样的组织才能有效连成一个整体。日本十分重视互助组织的建设，设有各种形式的企业互助组织，例如事业联合型互助会、商工互助会等，负责定期促进集群内企业间的交流，通过企业要素（包括人、财、物、信息等经营要素） 互助，降低要素搜寻的使用成本。我国很多企业集群中没有这样的组织，或是存在一些难以有效发挥作用的官方派出机构，这不利于集群发展。应以市场机制为导向，在集群内成立企业互助组织。企业互助组织的职能应包括：建立并维持集群内自律机制；负责维权活动，保护会员企业合法权益；建立标准提高集群整体质量水平；了解集群内企业的需求，推动集群内各种中介服务机构的建设；为集群内企业提供有关的国际市场信息，解决国际化经营过程中的问题；代表集群内企业与政府部门打交道，争取工商、海关、商检方面的便利和其他政策优惠；维护集群品牌信誉和集群内诚信机制，监测、管理集群发展过程中的危机和风险，保障集群的持续发展等；此外，还可以包括组织联合申请中小企业国际市场开拓资金，联合展销、联合接受订货、联合采购、联合宣传促销、联合进行培训等。

总之，我国中小企业集群的国际化成长不能按部就班，需结合自身特点和能力，分析本行业和国际环境的变化，选择出适合自己的成长途径，实现本企业集群在国际经营中的快速成长。

结论：在经济全球化和信息化日新月异的时代，大量中小企业集群不断涌现，它们同大企业集群面临着前所未有的机遇和挑战。培育和积累核心能力，选择适合自身特点的国际化成长途径是中小企业集群在经济一体化的大潮中发展的关键所在。

中小企业集群的国际化成长动机是追求核心能力积累的最大化和对目标国环境适应的最佳状态。在中小企业集群国际化成长中，与国内环境相比，企业集群国际化成长所面临的国际环境更为复杂，核心能力如何在新的国际环境中实现积累，不断地适应国际环境甚至引导国际环境的变革（积极地适应），也就成为企业集群国际化成长成败的关键。此外，本书用三种特性（可移植性、可支撑性和相容性）来衡量核心能力对国际环境的适应状况。

内部化成长是企业集群的自发性成长，是内部核心能力的自我积累、演变和转化，没有借助外部力量。外部资源内部化成长（并购）是企业集群现有核心能力整合外部资源和能力，以实现核心能力快速积累的一种方式。外部化成长方式（跨国联盟）是两个或两个以上的分处不同国界的企业集群通过核心能力之间的联合，相互利用对方的优势能力，借此扩大自身可利用能力的范围和强度，实现对环境的有效适应进而推动企业集群在国际范围内的快速成长。从根本上讲，中小企业集群国际化途径的选择取决于核心能力的构成和发展方向。每一时点上各种核心能力的可移植性、可支撑性和相容性三种特性及其相互间的协同效果则直接影响到中小企业集群国际化成长方式的选择。中小企业集群在国际化成长中，都不能固守一条成长途径，有可能同时采用多种成长途径，或根据环境的变化和自身能力的调整，适时地变更成长途径，以期实现对环境的最佳适应。

我国中小企业集群在国际化成长实践中，应充分审视自身的能力状况，做好战略定位。我国中小企业集群在成长地域和成长行业上需要逐步扩展，在成长途径上实现从内部化到外部化的逐渐升级。对于有条件的企业集群，可以根据自身的能力，选择较高形态的跨越多阶段的成长方式，实现快速成长。

本书仅揭示了核心能力对中小企业集群国际化成长的重要作用，并作出了一般性的概括，但各种类型的核心能力是如何作用于不同类型的中小企业集群的国际化成长过程，值得进一步深入研究。

参考文献

[1] 胡振虎，夏厚俊. 国外中小企业政策比较及政策借鉴[J]. 商业研究，2005（2）.

[2] 袁红林，陈小锋. 我国中小企业政策与中小企业成长环境的相关性[J]. 公共管理，2012(2).

[3] 王平. 江浙中小企业集群发展模式探析[J]. 探索，2006（6）.

[4] 党怀清. 论中小企业集群的演化[J]. 中南财经政法大学学报，2005（3）.

[5] 谯薇，江文清，宗文哲. 论中小企业集群形成动因及方式[J]. 财经问题研究，2003（8）.

[6] 郭子雪. 美日韩三国中小企业政策比较[J]. 经济论坛，2004（6）.

[7] 吴德进. 产业集群论[M]. 北京：社会科学文献出版社，2005.

[8] 李昆. 企业群落生态化的复杂动力机制[M]. 北京：经济科学出版社，2010.

[9] 锁箭，刘益汉. 中小企业集群竞争力：中关村与新竹的比较[J]. 经济管理，2005（23）.

[10] 杜靖，蔡翔. 论中小企业集群成长中的政府作用[J]. 商业研究，2005（14）.

[11] 邓旭东，杨月锋. 政府对产业集群发展的政策扶持与社会化服务体系建设[J]. 企业经济，2005（6）.

[12] 任道纹. 中小企业集群国际竞争力的提升[J]. 经济导刊，2008.

[13] 杜道洪. 中小企业集群对群内企业竞争力的影响研究[D]. 暨南大学博士论文，2009.

[14] 朱小斌，林庆. 中小企业集群竞争优势来源的演化差异——基于浙江绍兴纺织业集群的案例研究[J]. 管理世界，2008（10）.

[15] 刘长全，李靖. 国外产业集群发展状况与集群政策[J]. 经济研究参考，2009（53）.

[16] 马歇尔. 经济学原理[M]. 北京：商务印书馆，1997：284.

[17] 仇保兴. 小企业集群研究[M]. 上海：复旦大学出版社，1999：8-9.

[18] 王缉慈，等. 创新的空间——企业集群与区域发展[M]. 北京：北京大学出版社，2001.

[19] 刘乃全. 产业聚集理论及其发展[J]. 上海财经大学学报，2002，4（2）：22-28.

[20] 魏江，叶波. 企业集群的创新集成：集群学习与挤压效应[J]. 中国软科学，2002（12）.

[21] 王海光，丁宁. 产业集聚下科技型中小企业创新机制研究[J]. 辽宁经济管理干部学院学报，2008（1）.

[22] 晏雄，寸晓宏. 基于文化层面的企业集群竞争力探析[J]. 经济问题探索，2005（11）.

[23] 林中. 中小企业集群融资优势探析[J]. 企业论坛，2006（11）：93.

[24] 石琴. 中小企业融资：现状分析与模式构建[J]. 财经理论与实践，2004（3）：116-120.

[25] 刘峰，郑垂勇．中小企业集群融资研究探讨[J]．商场现代化，2007（2）：337-338.

[26] 刘洪弟．中小企业信用担保体系的探讨[J]．科技信息，2007（9）：130.

[27] 黄基伟，费瑞波．基于社会资本理论的中小企业信用制度建设[J]．内蒙古科技与经济，2007（6）：34-35.

[28] 夏智伦．区域经济竞争力研究[M]．长沙：湖南大学出版社，2006.

[29] 岳芳敏．集群企业创新行为机制分析[J]．财经科学，2007（8）：82.

[30] 邓旭东，周应其．中小企业集群创新及集群创新战略[J]．企业经济，2005（7）.

[31] 李文博．基于内在经济运行机理的中小企业集群创新研究[J]．科技进步与对策，2007，3（3）.

[32] 王瑞清．我国中小企业集群创新对策初探[J]．科技成果管理与研究，2009（5）.

[33] 胡恩华，单红梅，李桂芹．企业集群创新行为群外环境影响因素的实证研究[J]．研究与发展管理，2008，8（4）.

[34] 任熹真，陈红霞，常云峰．中小企业集群竞争力的环境系统[J]．中外企业家，2012（5）.

[35] 李俊利．我国中小企业的核心竞争力[J]．科技经济透视，2004（11）.

[36] 仇立华，仲梁维．提升中小企业核心竞争力途径探析[J]．企业参考，2004，10.

[37] 邱晓文．中小企业核心竞争力的构建[J]．企业改革与管理，2004（1）.

[38] 申庆涛．论中小企业的制度创新与发展[J]．商务现代化，2012.

[39] 涂晓春，蔡强．中小企业集群理论研究综述[J]．湖南工程学院学报，2003（12）：29-32.

[40] 仇保兴．新型工业化、城镇化与产业集群[J]．现代城市研究，2004（1）：17-23.

[41] 王缉慈．我国制造业集群分布现状及其发展特征[J]．地域研究与开发，2003（12）：29-33.

[42] 苗娴雅．企业集群与地区竞争力[J]．商场现代化，2006（6）：196.

[43] 符正平．论企业集群的产生条件与形成机制[J]．中国工业经济，2002（10）：20-26.

[44] 林忠．中小企业集群融资优势探析[J]．企业论坛，2006（11）：93.

[45] 马建会．推进中小企业集群融资[J]．金融观察，2003（10）：13-15.

[46] 杨雪莱．利率市场化条件下中小企业的融资约束及解决办法[J]．商业研究，2004（13）：66-68.

[47] 苏凌云．信息不对称条件下中小企业信贷约束的解决途径[J]．新金融，2006（12）：29-32.

[48] 陈晓红，等．中小企业融资[M]．北京：经济科学出版社，2000（11）：65-78.

[49] 梅强，谭中明，等．中小企业信用担保理论模式及政策[M]．北京：经济管理出版社，2002：56-67.

[50] 林毅夫，李永军．中小金融机构发展与中小企业融资[J]．经济研究，2001（1）：10-18.

[51] 应展宇．中国中小企业融资现状与政策分析[J]. 财贸经济，2004（10）：33-38.

[52] 董亚辉．我国中小企业集群探析[J]. 中小企业科技，2006（8）：34-35.

[53] 刘彪文．产业集群与中小企业融资[J]. 当代财经，2004（10）：100-102.

[54] 王红岩，林文荣．中小企业融资中信息不对称的博弈分析[J]. 东北财经大学学报，2006（4）：9-12.